《经济学动态》编辑部◎编

中国社会科学院
经济研究所
学术研讨会观点集
2020

中国社会科学出版社

图书在版编目（CIP）数据

中国社会科学院经济研究所·学术研讨会观点集.2020/《经济学动态》编辑部编. —北京：中国社会科学出版社，2021.10
ISBN 978 - 7 - 5203 - 9123 - 8

Ⅰ.①中⋯　Ⅱ.①经⋯　Ⅲ.①中国经济—经济建设—文集
Ⅳ.①F124 - 53

中国版本图书馆 CIP 数据核字（2021）第 199652 号

出 版 人　赵剑英
责任编辑　王　曦
责任校对　赵雪姣
责任印制　戴　宽

出　　　版　中国社会科学出版社
社　　　址　北京鼓楼西大街甲 158 号
邮　　　编　100720
网　　　址　http://www.csspw.cn
发 行 部　010 - 84083685
门 市 部　010 - 84029450
经　　　销　新华书店及其他书店

印刷装订　北京君升印刷有限公司
版　　　次　2021 年 10 月第 1 版
印　　　次　2021 年 10 月第 1 次印刷

开　　　本　710×1000　1/16
印　　　张　23.5
插　　　页　2
字　　　数　329 千字
定　　　价　118.00 元

编者说明

为庆祝《经济研究》创刊 65 周年、《经济学动态》创刊 60 周年，2020 年 10 月 24 日，中国社会科学院经济研究所主办了"后疫情时期的经济高质量发展：面向 2025 年的中国经济——《经济研究》创刊 65 周年·《经济学动态》创刊 60 周年学术研讨会"。研讨会上，《经济研究》原主编张卓元、《经济学动态》原主编冒天启回顾了两刊创刊、办刊的艰辛历程和两刊的办刊宗旨，中国社会科学院副院长蔡昉、中国社会科学院副院长高培勇、国家高端智库中国（深圳）综合开发研究院院长樊纲、中国人民大学校长刘伟等 100 余位知名专家学者对两刊表示祝贺，并就疫情冲击下的经济发展走势、"十四五"时期中国经济的发展格局、发展战略和战略重点等重大理论和现实问题发表了观点、看法，形成了本次会议的重要学术成果。

为了完整清晰地把与会专家学者们的学术思想、观点展现给学界同仁，《经济学动态》编辑部经过几个月的努力，在会议发言的基础上整理形成了《中国社会科学院经济研究所·学术研讨会观点集（2020）》。这部"学术研讨会观点集"既是两刊刊庆的特殊时点的产物，也是经济研究所因疫情整合"经济研究·高层论坛""经济学动态·大型研讨会"两个会议的学术盛宴，还是《经济学动态·学术观点集》的升级版，更是不同于会议论文集的一种学术尝试。

能够顺利出版这部"学术研讨会观点集"，要感谢中国社会科学出版社王曦主任的鼓励与督促，感谢与会专家学者的耐心与支持，感谢中国社会科学院经济研究所领导的关心以及《经济研究》编辑部的帮助。最后，要感谢《经济学动态》编辑部编辑团队的每个成员（胡家勇、杨新铭、李仁贵、谭易、陈建青、武鹏、刘新波、何伟、刘洪愧、孙志超），在"学术研讨会观点集"的整理、编辑、校对、出版过程中大家分工协作、团结一致，才完成这一高质量的学术成果。

《经济学动态》编辑部

2021 年 8 月

目　录

迈向"两个一百年"奋斗目标的经济理论与政策

中国特色经济学的知识体系与学科发展

习近平新时代中国特色社会主义经济思想研究

"十四五"时期中国经济高质量发展

后疫情时期的世界经济展望与发展战略

建设现代化经济体系的理论及重大问题

数字经济与人工智能的经济学前沿问题

经济增长潜力、新动能的理论和政策

收入分配与共享发展

后疫情时期的经济高质量发展：
面向 2025 年的中国经济

——《经济研究》创刊 65 周年·《经济学动态》创刊 60 周年学术研讨会开幕词

黄群慧

今天我们在这里召开《经济研究》创刊 65 周年、《经济学动态》创刊 60 周年纪念学术研讨会，首先我代表中国社会科学院经济研究所、《经济研究》和《经济学动态》杂志社，对各位嘉宾的到来表示衷心的感谢和诚挚的欢迎！2020 年《经济研究》和《经济学动态》分别迎来了创刊 65 周年和创刊 60 周年，自创刊起，《经济研究》和《经济学动态》一直坚持以马克思主义为指导，以推动和繁荣中国经济学研究为己任，立足中国现实，坚持学术性、时代性、创新性、前沿性，为中国经济理论和经济学发展做出了重要的贡献，在学界享有盛誉。今天我们纪念《经济研究》六十五华诞、《经济学动态》六十华诞，既是祝福《经济研究》和《经济学动态》有更加美好的未来，也是祝愿新时代中国的经济学理论和经济学有更大、更好的发展。60 年和 65 年的春华秋实，这里对《经济研究》《经济学动态》的发展做出巨大贡献的前辈表示崇高的敬意，对长期以来关心、支持、帮助《经济研究》《经济学动态》发展的各位领导、各界人士，以及《经济研究》《经济学动态》的作者、编者、读者表示衷心的感谢！

即将过去的 10 个月的 2020 年应该是中国当代史上甚至当代世界史上极不平凡的一年。2020 年是中国全面建成小康社会和"十三五"规划的收官之年，也是谋划第十四个五年规划，承前启后推进中国特色社会主义建设，实现"两个一百年"奋斗目标的关键之年。突如其来的新冠肺炎疫情给2020年的全球经济社会带来了巨大的冲击，也给后疫情时期世界经济发展提出了全面的挑战。"十四五"时期是全面建设社会主义强国新征程的开局起步期，是世界百年未有之大变局演化的后疫情时期，是新一轮科技革命和产业变革的加速和拓展期。中国需要从世界百年未有之大变局和中华民族伟大复兴的战略全局两个大局着眼，促进中国经济高质量发展，加快形成以国内大循环为主体、国内国际双循环相互促进的新发展格局，这也是今天与会的各位嘉宾将展开学术研讨的重大主题。

本次刊庆纪念研讨会也合并召开了2020年"经济研究·高层论坛"和"经济学动态·大型研讨会"，"经济研究·高层论坛"是我所主办的、《经济研究》杂志社承办的全国性的高端学术会议，旨在"关注经济发展，引领理论创新"，定位为代表中国经济学研究高端水平、引领中国经济学理论前行方向的经济学界盛会。"经济学动态·大型研讨会"也是我所主办的、《经济学动态》杂志社承办的全国性大型学术会议，旨在"探讨重大问题，追踪理论前沿"，定位为关于中国经济学重大问题、全球经济学理论前沿的高水平的交流平台。值此刊庆之际，考虑到疫情影响，这两个会议我们合并召开，由《经济研究》杂志社和《经济学动态》杂志社联袂承办，本次会议还得到了中国社会科学出版社的协办，在此一并表示感谢！

中国社会科学院经济研究所、《经济研究》杂志社、《经济学动态》杂志社走到今天，离不开各个部门、各界朋友一直以来的关心、帮助和支持，在此对场内场外、线上线下的所有的各部门的领导、各界朋友表示衷心的感谢！

（作者单位：中国社会科学院经济研究所）

疫情后复苏的中国经济走向

蔡　昉

我今天想讲一下后疫情时期的经济发展。这是我关心的一个问题。具体而言，就从疫情后复苏的 K 字形曲线来看，"十四五"时期重要的政策方向是什么。在疫情尚未得到有效控制时，我们就开始研究面对重大冲击事件应该有什么政策。我总结了过去发生公共卫生危机、金融危机和经济衰退时的经验。当时总结了若干个特征化事实。其中包括疫情面前并非人人平等。这是一个过去的经验，但是我也尝试着为今后做一个警示性预言。

中国的疫情早已得到有效控制，并非常顺畅地推进复工复产和复商复市。与此同时，一些国家特别是美国，在面对疫情的时候，穷人与富人、大企业和中小企业之间以及其他群体之间表现出非常明显的分歧。一开始，他们就讨论疫情后的复苏是什么形状的？V 字形、U 字形还是 W 字形？最后大家比较一致地锁定在 K 字形，辅之以 W 字形。这是一个比较能够描述美国现在一边复苏（当然还谈不上复苏）一边疫情反复的经济走势。所以既是 W 字形又是 K 字形。

面对疫情，每个人的防范能力不一样，在出现疫情的时候能够保持社交距离的能力也不一样。有一些白领可以在家里线上工作，还有一些人越是危险的时候越得到第·线，如医护人员和其他服务行业从业者等。还有，如果在正规部门就业，可以暂时不上班并能保住工作，但如果是非正式就业就必然丢掉工作。而且历史经验表明，在那些国家，如果失去一份工作，可能多年甚至终身回不到原来那个档次的岗位上。所以，K 字形的复苏已经显现出来了。

最近,有资料表明,在美国深陷疫情的同时,其股市靠几家著名的科技大企业支撑,持续高涨。同时,富人的财富也有大规模的提升,半年内643家最富企业的净资产增加了接近30%。这表现出了在灾难面前并非人人平等,在冲击面前存在着分化。从某种程度上说,这既是灾害本身造成的也是相关政策造成的。大规模的经济刺激中,这些资金去了哪儿?很显然,谁的吸引力大,谁的磁性大,谁就能吸引更多钱,这也是一个普遍的现象。

中国很早就控制住了疫情,经济在全球恢复得最好。如果说全世界2020年会出现一个V字形复苏,那应该就是中国。这一点是毫无疑问的。但是,中国的经济复苏也有不平衡性。农民工还没有完全回到城里。有一部分农民工没有回城,还有一部分回到城市后找工作困难,又返乡了。这些情况都是存在的。2020年到目前为止,我国的财政收入增长大幅落后于往年。与此同时,富人的财富也在大幅提高。根据刚公布的胡润排行榜,截至2020年8月28日,资产超过20亿元的企业家人数同比增长了32%,在榜企业家的总财富增长了54%,而且资产达千亿元的企业家人数达到了前所未有的高度。胡润本人说,看起来中国经济和中国的企业没有受到疫情影响。他这句话本身是错的。他接着说中国发生了一个V字形的复苏。这句话也没说全。或许他看走眼了,因为K字形上半部分就是V,而下半部分则是倒V字形。回过头来想一想,从疫情中能得到什么教训?未来应该把什么放在政策优先序的顶端?

第一,K字形复苏轨迹是一个规律性的现象,是一般现象。在历史上,繁荣从来不是大家一起增加财富,大家分享成果。我小时候看电影《林家铺子》时记住了一句话,"大鱼吃小鱼,小鱼吃虾米"。现在又听到一个新词叫"赢者通吃"。这说明市场在向前发展繁荣的同时,天生具有推进两极化的性质。过去说,被吃掉的小鱼和虾米是牺牲者,现在看来,少数高科技大企业一旦占有垄断地位以后,其他企业很难生存,受到的冲击面就更大了。在创新发展和靠生产率提高驱动经济的条件下,需要"创造性破坏"。有创造就要有破坏。但是，最糟糕的是，真正被破坏掉的、受到损害的是那些企业的职工。也就是说，如果企业在竞争中没有胜出的话，企业职工就会失业，失去基本生活来源。如果没有好的社会政策托底，这些人难以享受经济发展成果，反而失去了很多东西。因此得出这个规律。K字形是一般的规律，对此需要有更深的认识。

第二，市场不会天生的给所有人带来收益。这是我更深的认识。美国总统特朗普最像美国历史上的另一位总统，就是里根。两个人都是共和党，都擅长表演，两个人都重视一个经济学家，即阿瑟·拉弗。拉弗现在年纪已经不小了，最近特朗普授予他一个自由勋章。这证明特朗普接受的经济学理念就是所谓"涓流效应"。该假说认为，给富人的好处，如减税等，富人自然会通过种种渠道使其滴流到其他的企业乃至最后到穷人身上。这个信仰导致美国一直坚定地站在新自由主义经济学的旗帜下。从K字形复苏，可以认识到涓流经济学是不存在的，一定要摒弃它。

但是我们的确面临一个逻辑矛盾。过去在中国经济的高速增长时期，生产率的进步也做出非常重要的贡献。但是那时生产率进步的来源相当于低垂的果子，举手可得，即来自资源的重新配置。把劳动力从生产率低的部门转移到生产率更高的部门，他们个人能得到更高的收入，同时全要素劳动生产率也得到提高。因此，在那个时候，只要做到让剩余劳动力转出来成为农民工，整体生产率就提高了。现在，这个生产率源泉在消失，人口结构在变化，没有那么多劳动力了，或者至少是劳动力转移速度慢了很多。

这时，我们更需要有生产率的提高。这时的生产率也仍然是资源重新配置，但是不再是在农业与非农产业之间，而是非农产业的企业之间。也就是说，在同样的行业内部，要让那些生产率更高的企业，取得生产率较低企业所使用的生产要素和资源。其含义就是"优胜劣汰"，也可以叫作"创造性破坏"。提高生产率需要创造性破坏。创造什么呢？创造效率，创造全要素生产率。破坏什么呢？可以破坏没有效益的企业，可以破坏过剩的产能，甚至可以破坏过时的岗位。但是，唯独不能破坏的是人的基本生活和发展机会。因此，越是需要建立起创造性破坏的机制和环境，越需要有一个好的社会政策来托底。用社会政策托住人，不让任何人在竞争中成为"输家"。因此，涓流经济学的逻辑悖论给我们一个启示，就是需要更好的社会福利体系，才能勇于拥抱"创造性破坏"。

"十四五"时期是建立一个社会保障制度，完善一个基本公共服务体系的最佳时期，因此也是最需要加大再分配力度的时期。社会保障体系越完善，不仅对人的保护更加充分，而且有利于提高全社会的生产率。一个最简单的办法是看 OECD 国家的情况。如果把社会支出占 GDP 的比重作为社会保障程度高低或者基本公共服务程度高低的衡量指标的话，在 OECD 国家中，劳动生产率与社会支出占GDP 比重高度相关。也就是说，福利国家模式有利于提高生产率。大家注意，发达经济体和中等收入经济体最根本的区别之一，就是政府再分配力度的高低。再分配是收入差距缩小的终极手段。我国观察中等收入阶段乃至加上低收入阶段的国家，可以发现基尼系数都在 0.4 以上。然而，国家一经进入高收入阶段，基尼系数一下子就降到 0.4 以下了。在 OECD 国家，通过税收和转移支付等再分配手段，基尼系数在初次分配的基础上可降低 35%。

我的结论是，要完成"十四五"时期的发展目标，应当大幅度提高中国特色基本公共服务的供给水平和均等化水平，明显加大政府的再分配力度。这有助于我国顺利跨越中等收入阶段，同时保持经济可持续发展及其成果的均等分享。

（作者单位：中国社会科学院）

中国经济学研究的历史性变化

——在《经济研究》创刊 65 周年·《经济学动态》创刊 60 周年学术研讨会上的演讲

高培勇

今天在这里举行的这次学术研讨会不同寻常。

第一个不同寻常，它是在疫情之下举行的研讨会，同以往在这里举行的任何一次学术会议显然不同。刚才群慧所长提到，无论是《经济研究》高层论坛还是《经济学动态》大型研讨会，最初设立的目标，就是代表中国经济学研究最高水平、引领中国经济学发展方向的学术盛会。这两个学术活动，本来要在每一年的春秋两季分别举办。但是，今年疫情之下一再推迟。到了秋季，只好把两个学术活动合在一起举办了。其实，特别担心大家不能应邀前来。因为，不论是代表中国经济学研究最高水平还是引领中国经济学发展方向，一个基本前提就是"全覆盖"——能够覆盖中国几乎所有的经济学教学和科研单位，能够覆盖中国几乎所有的经济学领域各个学科代表性人物。所以，今天大家能够在这里相聚，在疫情之下相聚，着实不易。

第二个不同寻常，我还想提及一件事。在这次会议之后，经济所就要搬家了，搬回我们自己原来的家——月坛北小街 2 号。大家也都知道，那是一座充满经济所人回忆的小楼。从 2017 年 5 月经济所搬到国谊宾馆，我们已经在此"蜗居"了三年零六个月。如果大家有机会再去看一下今天的那座小楼，就会发现，它不仅仅是修缮一新了。除此之外，还有一个很重要的变化，就是它已成为经济所专用的办公地。那座小楼最初称作经济所，后来随着经济所孵化出若干个经济片研究所，便改称为经济片。现在，随着其他兄弟所有了新的办公地，小楼又可以称作经济所了。如果说过去的经济所办公条件比较困难的话，那么，现在可以说，经济所的办公条件已经能够和全国人民迎来全面建成小康社会的步伐一样，进入到全面小康阶段了。讲到这儿，相信大家肯定会感觉异常兴奋。

今天这次会议的主题是"后疫情时期的经济高质量发展：面向2025年的中国经济"，利用这样一个颇具不同寻常意义的场合，我想围绕"十四五"时期中国经济学研究可能呈现的一个历史性变化和大家分享两点基本看法。

基本看法之一：新发展格局的灵魂和核心要义在于统筹发展和安全。

不管谈论疫后还是谈论"十四五"，构建新发展格局都是一个绕不开的主题。然而，不知道大家注意到没有，迄今为止，我们所能见到的围绕构建新发展格局问题的讨论，大多聚焦于"畅通"两个字。几乎所有的讨论，都是围绕如何畅通国内大循环、国际大循环以及国内国际双循环如何相互支撑而展开的。其基本出发点，就是打通产业链、供应链。我所见到的最具标志意义的讨论，就是把两个循环形象地比喻为阿拉伯数字的"8"。至于"8"的上半部分大一点，还是下半部分大一点，并不特别重要。重要的是它能够畅通，可以彼此支撑。

这种分析固然是对的，但并不一定全面。在某种意义上，也尚欠深刻。应当说，构建新发展格局所传递给我们的信息，不仅仅是畅通，甚至更重要的不是畅通。或者说，畅通只是构建新发展格局的表象。

我们总是说，要透过现象看本质。注意一下"双循环"提出的背景，就可以看到，之所以要提出构建新发展格局，之所以要在这个时间点上提出构建新发展格局，其基本成因就在于，新冠肺炎疫情的全球大流行，严重冲击了全球产业链、供应链。在产业链、供应链受阻的背后，是我国经济发展的不稳定性不确定性明显增强，经济安全受到了威胁。

习近平总书记不久前曾经说过，今后一个时期，我们将更多面临逆风逆水的外部环境，必须做好应对一系列新的风险挑战的准备。从事物的本质或本质意义上理解，构建新发展格局更为深刻的考量在于，我们要用内循环的确定性来应对或对冲外循环的不确定性。换句话说，构建新发展格局是在国家经济安全受到威胁的背景下，基于重塑我国国际合作和竞争新优势而做出的战略抉择。

可以由此说两句话。第一句话，新发展格局凸显和强调的是"安全"二字，构建新发展格局的灵魂和核心要义就在于统筹发展和安全。若打比方，它就如同一架天平，发展和安全系天平两端的砝码。如果说以往我们相对偏重于发展一端，那么，今后一个时期，我们将不得不在安全和发展两个方面做统筹、做平衡。这是一个非常重要的观察点。

以企业采购原材料为例，如果放在过去，应该是哪个地方的产品物有所值，哪个地方的产品质量高，就采购哪个地方的。但是在今天，除了以往这些考虑之外，还必须考虑采购的来源地是不是安全可靠，会不会出现断供情况，等等。所以，在疫后，从步入"十四五"开始，我们的考量范围至少是双重的。既要考虑到发展，又要考虑到安全。

也可以注意到，最近一个时期，党中央围绕构建新发展格局，做出了一系列新表述，有了一系列新提法。比如，"统筹发展和安全"。再如，"办好发展安全两件大事"。又如，"实现发展规模、速度、结构、质量、效益、安全相统一"。还如，"越是开放，越要重视安全，越要统筹好发展与安全"，如此等等。

更具标志意义的是，作为高质量发展阶段目标定位的那"四个更"已经调整为"五个更"。原来的表述是"更有效率、更高质量、更加公平、更可持续"，现在在此基础上添加了一个"更"——更为安全，从而形成了"更有效率、更高质量、更加公平、更可持续、更为安全"的全新概括。

也正是在这样一种特殊语境下，作为源于实践又用于指导实践的两项重要理论成果，关于加快形成以国内大循环为主体、国内国际双循环相互促进的新发展格局的理论和关于统筹发展和安全的理论，恰如一对孪生姐妹相伴而生，并且彼此呼应，融为一体，共同成为习近平新时代中国特色社会主义思想的重要组成部分。

说到这里，可以做这样的归结：之所以要构建新发展格局，其根本出发点和落脚点，就在于维系经济安全。反过来也可以说，维系经济安全的战略抉择，就在于构建新发展格局。

将聚焦点对准我们的经济学研究，还可以进一步看到，实践虽然常常跑到理论的前面，但理论终归要成为实践的先导。因而，统筹发展和安全并非只是实践层面的事情，它必然要反映到理论层面进而推动中国经济学研究格局的变化。

可以确信，在"十四五"时期以及更长的一个时期，统筹发展和安全将成为中国经济学研究的一大全新命题。

具体说来，如下的几个方面变化可能是大概率事件：

我们不仅要研究经济发展问题，而且要研究经济安全问题，特别要注重研究统筹经济发展和安全问题。

我们不仅要引领经济发展问题的研究方向，而且要引领经济安全问题的研究方向，特别要注重引领统筹经济发展和经济安全的研究方向。

我们不仅要基于经济发展目标布局宏观经济政策，而且要基于经济安全目标布局宏观经济政策，特别要注重基于统筹发展和安全方面的考量布局宏观经济政策。

我们不仅要研究宏观经济政策的操作效果，而且要研究宏观经济政策的操作成本，特别要注重做宏观经济政策操作的成本与效益分析。

我们不仅要研究如何构建新发展格局的问题，而且要研究构建新发展格局背后的经济安全问题，特别要注重研究统筹构建新发展格局背景下的安全和发展问题。

我想说，作为一个历史性的变化，今后一个时期的中国经济学研究，可能要在发展和安全两个线索上同时作战，以双维视角做双元分析。这是我的一个基本看法。

基本看法之二：统筹发展和安全并非平地起高楼，也非另辟蹊径，实质做的是一道加法。

添加了什么呢？就是在一系列事关经济发展与经济工作的理念、思想、战略基础上，添加了"安全"考量。具体来说，在有关经济问题的分析上，我们须考量的因素增加了，我们须考量的范围拓宽了。

这实际上是说，我们不能就统筹发展和安全而论统筹发展和安全，不能就构建新发展格局而论构建新发展格局，不能脱离党的十八大以来的理论创新成果谈论统筹发展和安全以及构建新发展格局问题。站立于包括经济发展新常态、新发展理念、供给侧结构性改革、高质量发展、现代化经济体系等一系列新理念、新思想、新战略的肩膀之上，研究统筹发展和安全、研究构建新发展格局，以上下贯通、逻辑内洽为目标构建一个完整而系统的中国特色经济学理论体系，应当成为中国经济学界致力的目标。

事实上，今年8月24日，习近平总书记在经济社会领域专家座谈会上，已经对我们党在改革开放以来所提出的重要论断做了11项高度概括。这里包括，关于社会主义本质的理论；关于社会主义初级阶段基本经济制度的理论；关于创新、协调、绿色、开放、共享发展的理论；关于发展社会主义市场经济、使市场在资源配置中起决定性作用和更好发挥政府作用的理论；关于我国经济进入新常态、深化供给侧结构性改革、推动经济高质量发展的理论；关于推进新兴工业化、信息化、城镇化、农业现代化同步发展和区域协调发展的理论；关于农民承包的土地具有所有权、承包权、经营权属性的理论；关于用好国际国内两个市场、两种资源的理论；关于促进社会公平正义、逐步实现全体人民共同富裕的理论；关于加快形成以国内大循环为主体、国际国内双循环相互促进的新发展格局的理论；关于统筹发展安全的理论。

可以发现，其中的前9项，产生于此次疫情之前。后两项，则产生于此次疫情期间，是针对以新冠肺炎疫情全球大流行为代表的一系列"黑天鹅"事件所带来的严峻风险挑战而提出的，从而形成了"9+2"的格局。我之所以用"9+2"来加以高度概括，其目的无非是想说明，构建新发展格局的理论与统筹发展与安全的理论，是站立于既有理论研究成果肩膀之上的理论与实践创新，上下贯通，逻辑内洽，是一个完整的理论体系。

10月14日，习近平总书记在庆祝深圳特区建立40周年会议上对于"十四五"做了四句话的描述。他是这样说的，从进入新发展阶段大局出发，落实新发展理念，紧扣高质量发展，构建新发展格局。这实际上告诉我们，新发展格局是和新发展阶段、新发展理念、高质量发展高度关联的一个完整的统一体。其最基本的变化、最深刻的变化和最突出的变化，还是"安全"二字。在这个过程中，适应疫后经济社会发展的新要求，适应"十四五"时期经济社会发展的新特征，我们必须全面地调整经济研究的理念、思想、战略乃至立场、观点和方法。

这就意味着，在疫后，在"十四五"时期，中国经济研究格局可能呈现的突出变化，一是要增维度，要在既有研究维度的基础上添加"安全"维度。二是要构建完整的中国特色经济学理论体系，要将安全作为一个重要维度纳入经济研究棋盘，要从统筹安全和发展的意义上研究经济问题。而且，要以此为基础，全面而系统地建构中国特色经济学理论体系。

以往我们总是说，之所以要在经济学前面加上"特色"两个字，其实无非是说要立足中国实践，解决中国问题。在今天，要在一个与以往大不相同的新的发展环境中致力于为中国经济发展提供学理支撑与方法论支持，很显然，我们应当也必须把统筹发展和安全这样一个全新的维度，纳入中国特色经济学理论体系。也可以说，缺少安全维度、缺失统筹发展和安全视角考量的经济学理论体系，绝非完全意义上、适应新发展阶段需要的中国特色经济学理论体系。

因而，是不是可以就此做这样的预期，在疫后、在"十四五"时期，经济学研究不仅要聚焦于规模、增速，而且要聚焦于质量、效益，除此之外，还要聚焦于安全，更要在统筹发展和安全的基础上，实现发展规模、速度、质量、效益和安全相统一。再比如，经济学研究不仅要着眼于短期调控，而且要着眼于跨周期设计和调节，除此之外，还要注重风险防范，更要在统筹发展和安全的考量基础上，实施短期调控、跨周期设计与调节以及风险防范相统一。经济学研究不仅要立足于社会主要矛盾的变化，而且要立足于高质量的发展，除此之外，还要立足于新发展阶段的新变化，更要站立在统筹发展和安全的基础上，实现更高质量、更有效率、更加公平、更可持续、更为安全的发展。

所以，最后一句话想说的是，我们要以学术研究层面的统筹发展和安全来支撑实现实践层面的新发展格局构建。

（作者单位：中国社会科学院）

《经济研究》从创刊起坚持择优用稿

张卓元

《经济研究》杂志已经创刊 65 年了，我今天主要是来祝贺的。我算是曾经参与《经济研究》创刊的工作人员。1954 年我刚刚大学毕业分配到经济研究所工作，第二年即 1955 年让我做《经济研究》创办者之一林里夫研究员的助手，帮他做些具体的工作。比如，创办《经济研究》需要组稿，我还记得曾经到西城区三里河一区当时国家计委副主任骆耕漠的办公室找他约稿，到现在一晃过了 65 年。65 年来，《经济研究》一直紧紧围绕中国社会主义建设的实际，发表经济学家的研究成果，推动经济热点问题的讨论，无论是办刊初期关于社会主义基本经济规律作用问题的讨论，20 世纪 50 年代后期关于社会主义商品生产和价值规律问题的讨论，60 年代关于社会主义再生产、经济核算、经济效果三大问题的讨论，还是改革开放后关于价值规律、计划与市场的关系、社会主义经济是不是具有商品经济的属性、社会主义市场经济理论问题的讨论，进入 21 世纪后关于深化市场化改革、转变经济增长和发展方式、工业化、城市化、信息化、经济全球化、"三农"等问题的讨论，《经济研究》都能一直发表当时国内比较高质量的、有代表性的学术文章，并且尽可能做到百家争鸣，从而产生了比较大的社会影响，被学界认为是国内比较权威的经济学杂志。

《经济研究》在"文化大革命"的时候停刊了，因此没有充当"四人帮"的打手，没有沾上革命大批判的骂名。《经济研究》能够一直比较好地体现中国经济学界研究的发展动态和水平，除了院所领导的关心和支持、《经济研究》编辑部工作人员的努力以外，我认为最主要的是能够得到国内经济学界的大力支持和呵护，特别是专家学者愿意把自己的研究成果投给《经济研究》。《经济研究》则从创刊起基本上能够做到比较公平地对待每一篇来稿，能够坚持以质定取舍，自主刊登，不卖版面，不走后门，包括21世纪前后实行匿名审稿制度，等等。

我这里举个简单的例子。20世纪80年代初经济研究所所长是许涤新同志，他是《经济研究》主编，许老是当时中国经济学界的"四大名旦"之一（其他三位是薛暮桥、孙冶方、于光远），他当时给《经济研究》的文章，我记得编辑部有时候也排到第二篇或者第三篇，而不总是放在第一篇，力争把我们认为最好的稿子放在前面，这体现了《经济研究》的公平。随着中国经济的快速发展，经济学的刊物越来越多，竞争也越来越激烈。我殷切地期望《经济研究》继续保持优良的作风，尽责尽力，百尺竿头更进一步，发表更多的精品力作，把刊物办得更好，更有社会影响力。

（作者单位：中国社会科学院经济研究所）

经济的韧性与批判思维

——纪念《经济研究》创刊 65 周年· 《经济学动态》创刊 60 周年

冒天启

就《经济研究》创刊 65 周年、《经济学动态》创刊 60 周年学术研讨会这一会议主题，谈点感想。

《论语》里曾说"六十而耳顺"。"耳顺"不同于"顺耳"，《经济研究》和《经济学动态》都进入了耳顺之年，刊物从创刊、复刊，始终坚持守正、学术、创新，搭建了培养、发现人才的平台。但是，两个刊物刊发的文章却又有不同的风格，这是我在两个刊物同时工作时的深切体会。两个刊物的几代编辑部工作人员，为此付出了心血、智慧！

最近，在谈到我国经济问题时，使用频率很高的一个词是"韧性"。

韧性，本是一个物理学概念，表示材料在塑性变形和破裂过程中吸收能量的能力。韧性，也是心理学的一个用语，是指人在一种压力下复原和成长的心理机制。韧性，更是我们中华民族赖以生存发展的内在精神！

当今，"韧性"，这一用词，被移植进经济学，我想，我们应该对"韧性"给予经济学的严格定义并以此制定涉及民生的经济政策。

首先，韧性，是指人们为获得衣食住行的物质资料生产的各种经济活动，具有人性化的自然属性。我们都知道，人们首先必须吃、喝、住、穿，然后才能从事政治、科学、艺术、宗教等。2020 年，在新冠肺炎疫情的突袭下，人们谈论最多的话题就是要活着。2020

年，第一季度 GDP 同比下降 6.8%，这是一个非常可怕的数字，因为这种经济状况，已经危及人们的吃穿住行的生存问题。但随着有效的疫情管控，第二、第三季度经济增长由负转正，我们都非常自豪地说，我国经济具有很强的韧性。疫情，让我们为活着而迸发出的"动物精神"，极具韧性，体现了马克思唯物主义一个最基本、最简单的理念。这种经济韧性具有人性化的自然属性。

其次，韧性，是指人们在为衣食住行的生产活动而形成各种财产组织形式即广泛的就业和经济运行的适应性，具有时代的社会属性。

在我国经济发展的历史过程中，曾有过多次危及人类生存发展的事件，但能渡过难关的主要措施是让劳动者自主选择，发展多样的经济活动和财产组织形式。

比如，20 世纪 60 年代初，面对饥饿，1960 年前后，曾实行了"包产到户"生产责任制形式，农民从中得到了温饱。再比如，70 年代末，千万知青回城，国家无力提供就业岗位，为解决就业，不得不开放了个体户创业。"个体工商户"作为民营经济的幼婴，撬开了由计划经济向市场经济转型的大门，将我国经济推入了轰轰烈烈的市场经济时代。失业的知青，从自主创业中解决了衣食住行问题。面对这次疫情的突然袭击，许多小微企业在转产生产抗疫的急需物资中，发挥了非常重要的作用。

事实说明，涉及衣食住行这一类使人能活着的财产组织形式和经济活动，具有丰富的多样性、适应性和顽强性。从包产到户、个体户直到民营经济，最能体现我们经济的韧性。

改革开放以来，民营经济快速发展，它最大的贡献就是拓宽了就业渠道，同时，也加快了一批新兴产业和行业的发展，增加了国家财政收入，支持了国民经济的高速增长。近几年，民营经济对新增就业的占比贡献超过 90%，这说明，民营经济是我国国民经济的基础，是促进社会生产力发展的重要力量。民营经济的存在，已经具有了法律的保证，宪法第 13 条的核心概念就是私有财产（权），规定私有财产不受侵犯，规定国家保护私有财产权，规定民营经济是社会主义市场经济的重要组成部分。读法律，看事实，我们不能再像过去那样，把民营经济看作大观园中的小丫鬟，有了难事，就呼之招来，没事了，就打发走人，甚至把私有资产留下充公！如果有人在敲边鼓，引经据典，提出一些低级红而高级黑的理论，那更是毁了有新时代中国特色的政治经济学理论体系的完整性。

最初的民营经济即个体户一类，是为解决衣食住行的基本物质生活资料，具有极强的活力；当今民营经济，在新的科学技术日新月异的大环境下，为了发展，具有极强的创新精神。我国经济的韧性，更多的是体现在民营经济的发展与强大上。如今决策层已经出台了一系列扶持民营经济大发展的政策。但是，如果没有坚实的理论支持，没有思想的彻底更新，再好的扶持民营经济发展的政策也难以落地。所以，后疫情，我们仍然要理直气壮地为民营经济的发展提供理论支持。

我这里是讲"思想更新"而没有沿用思想解放，是说对某些基本理论，需要有一个思维的大转变，比如，研究《共产党宣言》，就不能以《宣言》的论述谈《宣言》。因为1847年11月《共产党宣言》发布后，马克思还独自写有一"言"，即1859年1月为他的《政治经济学批判》写的"序言"（详见《马克思恩格斯全集》第13卷）；恩格斯也独自写有一"言"，即1895年3月他病逝前半年为马克思《1848年至1850年的法兰西阶级斗争》一书的德文版写的《导言》（详见《马克思恩格斯全集》第22卷）！马克思明确讲：一定要用批判思维精神来透彻地研究新的材料！恩格斯也明确讲：历史表明，我们以及所有和我们有同样想法的人，都是不对的。系统、完整，这是阅读经典著作时应该有的科学态度，也是从发展中把握经典著作思想所必需的！

第二点感想，就收入分配问题的学术研究，无论是《经济研究》，还是《经济学动态》都发表了很多优秀的文章，这些文章以科学的研究方法、扎实的调查数据、严谨的理论阐述，揭示了一个经济现象：伴随着改革开放的深入，居民收入差距过大、地区收入差距过大、城乡收入差距过大，收入分配的不合理，影响了拉动经济增长的主要因素即消费，造成内需严重不足。这种经济现象及深层原因，早就是成熟的经济学研究成果。但是，2020 年 5 月 28 日，李克强总理回答记者提问时说，我们人均年收入是 3 万元人民币，但是有 6 亿人每个月的收入也就 1000 元，"有 6 亿人每个月的收入也就 1000 元"，短短一句经济研究结论，却轰动了舆论。这是为什么？我想，其中一个重要原因是学术研究成果没有广泛向社会转化，学术研究注重问题矛盾分析、个案事实解剖。但是，媒体传播，注重成绩赞扬，而赞扬的最有效办法就是使用"平均数"。平均数，本是统计学的术语，在经济学研究中，"平均数"也是避不开的一个重要的数据分析，科学的平均数，在于确定"总数量"以及和总数量对应的总份数，弄清内在的经济关系。但在少数的媒体报道中使用的平均数，大都是简单的数学平均。当今，有很多自媒体，最喜欢集中报道少数富人的赚钱门道、生活方式，这就造成了一种大家都很富有的假象，这些自媒体，收割了流量，但当社会大众听到"有 6 亿人每个月的收入也就 1000 元"，一下就惊呆了！但事实是，李克强总理不过是重申了经济学研究的结论。这件事，提醒我们，经济学研究的成果不但要重视向政策的转化，同时也要注重向社会的转化，这就需要刊物注重文风，发表能让社会大众读得懂的经济学文章。

《经济研究》创刊 65 周年、《经济学动态》创刊 60 周年，我有幸在这两个刊物中都曾工作过，应该说，这是我的荣幸，在这双刊的生日之际，真诚地感谢刊物编者的嫁衣付出、作者的智慧奉献，还有广大读者热情的支持。

（作者单位：中国社会科学院经济研究所）

中美"战略竞争"与发展经济学的发展

樊　纲

　　首先祝贺《经济研究》创刊65周年、《经济学动态》创刊60周年。谈到《经济研究》创刊65周年，其中我向《经济研究》投稿就有30多年，第一篇文章在《经济研究》发表是1988年，到现在已经30多年时间了。我也有幸参加了《经济研究》编辑部的一段工作，在《经济研究》编辑部大家共同的努力下做了一点事情。现在编辑部逐步年轻化，看到年轻人都成长起来，《经济研究》杂志也一定会更有生气，在此也表示祝贺。

　　2019年经济研究所成立90周年时，我讲了发展经济学的一些问题，今天我进一步谈谈发展经济学。

　　第一，这次大变局对发展经济学有什么样的新启示？第一个大启示就是我们得加一章。以前讲发展经济学是落后国家的增长理论，一说到落后国家的增长理论，肯定就要分析这个过程有多么艰难，你没有那些高质量的增长要素，还要实现较快的增长，是多么困难，叫作要跨越"贫困的陷阱"。一定会有这一章。然后你发展了一段时间，到了中等收入阶段，又会遇到所谓的"中等收入陷阱"，还要专门分析，也写一章。但是从来没有写过一章说，当你发展起来了，跟发达国家接近时，还会遇到什么情况。就是新型大国崛起过程当中，遇到守成大国利用国家力量打压企业、打压市场的情况，贸易争端的情况，断供和脱钩等一系列问题，称为"修昔底德陷阱"。所以对发展经济学的启示是还要再增加一章，发展之难，不仅在初期，在中期，而且在后期，都会面临重重的困难，包括你发展起来之后遇到新的困难，至少有这种可能性。

第二，关于相对优势哪个更重要的问题。是后发优势更重要还是比较优势更重要？2019 年我讲了后发优势更为重要。后来有人发表文章跟我商榷，但是这一年来我更加坚持自己的观点，就是说，比较优势很重要，在最初别的增长要素都没有，不利用比较优势，就不可能起步；但是要真正成长起来，要真正和发达国家缩小差距，特别是在要素结构上缩小差距，比较优势带不来。比如，如果只有比较优势，只做劳动密集型，你就没有提升，你可能就会被"锁定"（Locked - in）在低端产业。所以真正实现缩小差距的是后发优势，是我们这些年的开放，是我们这些年吸收各国的先进经验，让发达国家的知识"外溢"到我们这儿来，才实现了真正的追赶。现在有些领域我们走到前沿甚至领先，这当中最重要的就是发挥了后发优势的作用，是因为我们提高了要素质量，才使我们走到今天，否则的话，我们仍然落后，也就不会有今天发生的这些事情。

第三，过去还没有深入分析的这件事情，就是最近我们提出双循环。双循环里面最重要的不是需求侧的问题，而是供给侧的问题。我认为双循环提出的一个重要原因是美国对我们的断供，因此我们要更加注重国内的自主创新，补短板。这里提醒我们研究的一个问题是进口替代和出口导向这两种发展战略的差别和关系，注意这两种战略实施当中可能出现的问题。20 世纪 50 年代至 70 年代，拉美国家等发展中国家贸易逆差太大，购买发达国家的东西相对越来越贵，资源密集型和劳动密集型产品越来越便宜，结果负债越来越多。怎么办？当时的发展战略就是不进口那么多东西，都搞进口替代减少进口。结果是搞保护"幼稚工业"（Infant Industries）这样的事情。但是几十年下来保护了很多落后，一些所谓的幼稚工业最后成为襁褓中的老人，没有实现发展。后来发展中国家实现发展的多数都是东南亚这种"出口导向"的发展战略。出口导向是发挥比较优势，去赚钱购买自己没有的东西；进口替代是补短板，没有要素优势就通过保护措施来发展它。这是相当不同的发展战略，一个是发挥优势,所以能够赚钱,能够开始良性循环;一个是怎么消除弱势,而消除弱势往往很难做好。当然,我们现在的情况不一样,经过几十年后发优势的过程,很多增长要素已经成长起来,很多领域有了接近前沿和自主研发的能力,因而相对来说不会出现那么多当年所发生的问题。但是仍然要警惕,要仔细分析我们应该怎么补短板,怎么发挥自主创新的力量,同时避免保护落后,避免出现现在所说的"科技烂尾楼"的这些事情,这需要我们认真地思考。因此,发展经济学应进一步关注优质生产要素也就是禀赋结构的提升,你发展不出这些优势要素,你不搞教育和基础科研,你不可能把真正的短板都补上。所以,真正的短板是我们的要素短板,因此在发展过程中要不断思考如何提升我们的要素质量的问题(要素质量包括四个方面,资本、人力资本、制度和科技能力),如何在这些方面不断地提高我们的质量,我们才能不断地发展。

[作者单位:中国(深圳)综合开发研究院]

新发展格局的要义

刘　伟

这次大会的主题是纪念《经济研究》创刊 65 周年，《经济学动态》创刊 60 周年，这两个杂志都有着广泛深刻的学术影响、政策影响，对于我们经济学人才培养方面也有着引领作用。《经济研究》和《经济学动态》都是我们非常尊重的刊物，我也是这两个刊物的编委，在这里祝贺两个杂志取得的成就。

今天研讨的主题是关于后疫情时代的经济增长，讲大变局、新格局等。在此我简单就我们今年刚刚提出来的国内大循环为主体，国内、国际双循环相互促进的新的发展格局的战略抉择谈谈我的认识。围绕着新发展格局，大概列了九个问题，我力图摸索一下这九个问题的内在关系。

第一，新发展格局提出的历史动因是"两个大局"下如何实现民族复兴。其动因有疫情冲击形成的世界变化放大了对我们的孤立、阻挠效应。但更多的不是被动提出来的，而是以此为契机主动提出来的战略。当前我们面临着两个大的变局，在实现现代化目标时遇到了新的挑战、新的机会、新的矛盾，因而是为在新的历史条件下破解这些难题、实现我们的奋斗目标而主动提出来的。

第二，新发展格局的基本要求是实现经济协调和均衡发展。其中，均衡发展包括总量均衡、结构均衡，国内与国际的均衡，说到底是供给与需求在新发展阶段的新水平上的动态新均衡。

第三，新发展格局的直接目标是构建现代化的经济体系。习近平总书记在2018年1月政治局集体学习时,将现代化经济体系概括为七大体系,即现代化产业体系、市场体系、分配体系、布局体系、发展体系、开放体系和经济体制。

第四,新发展格局的战略支撑是创新驱动。习近平总书记讲话中就提出,新发展格局的关键是创新引领,其中,既包括技术创新,也包括制度创新。

第五,新发展格局的战略方向是以供给侧改革为主线,从供给侧入手。我们既然要追求新的需求和供给的动态均衡,矛盾的主要方面在现阶段是在供给侧,转变增长方式解决的问题主要集中在供给侧的要素效率上,不平衡、不充分发展的主要方面也是供给侧发展的不平衡与质量水平的不充分。不仅要从供给侧入手,而且要以此为主线,因为供给侧涉及的是生产者,生产者与效率、全要素生产率、要素效率联系更为直接。

第六,新发展格局构建的战略基点是扩大内需。这是习近平总书记讲话当中明确提出来的,以扩大内需为战略基点。这个战略基点有潜力,有新形势下的客观需求,再加上我们有大国的优势。虽然供给侧入手为主线是方向,但不能摆脱市场需求去搞供给侧结构性改革,必须通过有效的市场需求牵引有效的供给。

第七,新发展格局的战略前提是新的开放,通过"一带一路"实现双循环。习近平总书记也讲了以国内大循环为主不是关起门来搞,不是封闭的,应当以国内大循环为主体,国内国际双循环相互促进。尤其在现在,我们提出"一带一路"、人类命运共同体,实际上是把内外联动的机制提高到了一个新的高度,不是单纯地开放,而是通过开放和国内的改革发展、国内不同地区的协同发展协调在一起。

第八,新发展格局的战略突破是培育新的增长极。它不可能均衡地全部推动,习近平总书记在纪念深圳特区成立40周年时讲到,一些发展比较好的地方、改革发展比较快的地方可以作为新的高地,可以作为先行突破。比如京津冀、长三角、粤港澳大湾区,这些新的增长极条件比较好，可以作为突破口。

第九，新发展格局的战略方针是坚持稳中求进工作总基调。

总之，这九个方面是理解新发展格局含义的重点，它们之间有内在的关系，需要深入研究。

（作者单位：中国人民大学）

迈向"两个一百年"奋斗目标的经济理论与政策

"人本产权"价值的实现机制探讨

常修泽

中国社会内部特别是社会底层，蕴藏着很大的创新潜能。现在的问题是，我们的理论、我们的政策怎样把这些潜能释放出来，而不是相反。围绕这个问题，需要探讨"'人本产权'价值的实现机制"，特别是关注实践中"人本产权"价值的初显化趋势。

（一）"人本产权"问题的提出

2003 年 5 月，我曾经完成并上报一篇内部研究报告，题为"论建立与社会主义市场经济相适应的现代产权制度"。这个报告经过国家发改委报给有关方面（中共十六届三中全会《决定》起草组）。我在研究报告里建议中央"从广义上"把握"产权"：在提法上，建议"超越"范围较窄的"现代企业产权制度"。因为在企业层面可以讲企业产权制度，但是作为一个国家，从宏观上讲，应讲"现代产权制度"。在产权范围上，除了当时已经确定的物权、债权、股权、知识产权等以外，建议补充其他与人本相关的产权，特别是劳动者的"劳动力产权"和管理者的"管理产权"，建议把这些"人本产权"都纳入中央文件所提的"产权"范围，"从而使要素产权体系完整化"。在我看来，有产权的不都是要素，但是凡是要素——不管是土地、资本，还是劳动力、知识、技术、管理都有产权（所谓"要素市场化配置"，它的实质是"产权配置"，即要素的产权配置）。

基于这样的判断，在 2004 年出版的《转型中国（顶级学者访谈）》中，收录了我的一篇访谈文章，题为"在改革中要让人民群众拥有自己的产权"。其中我认为，知识分子的知识产权，技术创新者的技术产权，劳动者的劳动力产权，管理者的管理产权，这些都是人本产权，应该让人民群众拥有这些属于自己的产权。2009年，拙著《广义产权论》出版。按照此书的理论逻辑，我认为：人力产权将成为第一资源、第一资本、第一财富。后来进一步指出：人类社会到某一天，人力资本产权总值会超过物力资本产权总值。所以，建议经济学界应有人著述"第一资本论"。

（二）"人本产权"价值实现的新探索

最近这几年在人本产权的价值上，出现了一种初步显性化的新情况，除了一般的技术产权的评估以外，有三点值得大家关注。

1. "身价赋能"系统试验。山东济南有此实践。试验内容：（1）身价评估。通过"四采模型"对人力资本所有者的"身价"进行评估、作价。他们创办了《身价》杂志，并建立大规模的"身价赋能"系统试验数据库。（2）银行授信。把这种评估作价的结果与金融挂钩，有关银行建立"新型授信制度"。（3）抵押担保。中小型企业，特别是小微企业，如果到银行贷款，在没有土地、厂房作抵押的情况下，拿什么来作为授信的抵押担保根据？试验可以用企业家和工程技术人员的"身价"作为一个抵押担保依据。在这里，"身价"在一定意义上具有类似土地和资本的抵押担保功能。2020年6月1日，李克强总理在山东讲"要研究人力资本作为银行授信额度的重要依据"。这就意味着把身价和金融挂钩。现在这个研究试验正在深入进行中。

2. "职务发明"的产权分割试验。笔者在拙著《广义产权论》曾指出："应将这部分'知识'产权的一部分分配给具体创造该'知识'产权的技术人员。"即"分为两部分，一部分为该单位所有，另一部分由技术人员持有"。但是，这些年有沉痛教训：几位大学科技专家因给"研发团队分配"而被处理。中共中央、国务院《关于构建更加完善的要素市场化配置体制机制的意见》（2020年3月30日）明确提出"健全职务科技成果产权制度"。其中第十五条写明了："深化科技成果使用权、处置权和收益权改革，开展赋予科研人员职务科技成果所有权或长期使用权试点。"现已有几个省开始试点。职务发明的产权（所有权和长期的使用权）机制，将成为人本产权价值实现的新途径。

3. "知识产权证券化"试验。国务院批复大湾区体制创新文件提出，要"开展知识产权运用和保护综合改革试验"。笔者在广州调研中发现，根据国务院指示，"中新广州知识城"已经启动"知识产权证券化"改革试验。据调研获得的数据，2019 年，中新广州知识城知识产权证券化累计募资 7.4 亿元，2020 年，完成专利权质押融资金额 21.49 亿元，帮助 144 家科技企业融资，占广州全市的43.17%。与此同时，深圳也已开始试行"知识产权证券化"改革。

以上三点，只是实践中的几种探索。我之所以执着地探讨此问题，是因为人本产权的价值之实现，涉及把人才的潜能价值挖掘出来，以促进我们国家、企业和整个社会的全面创新问题。而这个挖掘是要有新的思维、新的维度、新的模式。

（三）四点具体建议

为了推动"人本产权"价值的更好实现，在实践基础上，笔者提出下列四条建议：

第一，建议有关方面不再使用"赋予"人本产权的说法，而采用"承认""尊重"的提法。在国家有关材料用的提法叫"赋予"某某"产权"。对此，需要斟酌、改正。我认为，人本产权是作为要素的各类"人本"自身的"内在属性"，是客观存在的，不是外部"赋予"的。如劳动者的"劳动力产权"、知识分子的"知识产权"、管理者的"管理产权"，都不是外部赋予的，都是自身具有的（当然各自有差别）。因此建议，有关部门不要再用"赋予"要素产权的说法，而采用"承认""尊重"之类的说法，以更好地激发要素主体的活力，不然，就容易产生很麻烦的、扭曲性的"感恩关系"。

第二，国家文件应明确增加管理要素（企业家）市场，从而使要素市场体系完整化。《关于构建更加完善的要素市场化配置体制机制的意见》也明确开列五大市场：劳动力市场、土地市场、资本市场、技术市场、数据市场。但是没有正式把管理要素（企业家）列入市场体系之内，应补充完善。

第三，尽快在全国开启职务发明"产权分割"试点。在哈尔滨工业大学工业研究院调研中，深感科研人员迫切希望职务发明"产权分割"，以解决科技创新中这一"卡脖子"的问题。

第四，推动"知识产权证券化"的互认系统。现在粤港澳大湾区乃至与周边国家（如新加坡）之间的"知识产权证券化"，还处于"单向确认"阶段，即只是广州、深圳等单向确认港澳等的知识产权证券，而对方尚未确认中国内地的知识产权证券。现在只是迈出第一步，下一步应推动"知识产权证券化"的互认机制。

（作者单位：中国宏观经济研究院）

从中国的经济实践中提炼经济学新知

李稻葵

新时代经济学学科发展面临的新任务、新挑战是什么，也就是如何从中国的经济实践中提炼经济学新知。

首先，中国经济发展是人类经济史上的奇迹。过去十多年我和我的团队通过查阅中央和地方的历史文献，根据原始数据计算北宋、明朝以及清朝经济活动的总量，发现中国经济以北宋为起点，占全球经济的比重是逐步上升的，1600 年（明末）的时候达到最高峰，占全球 GDP 的 34.6%，此后逐步下降。中国人均 GDP 则从 985 年开始，基本没有大幅度提升，1700 年后稳步下降。1820 年西方国家第二次工业革命全部展开时，中国占全球经济活动总量呈断崖式下降。到改革开放前，按购买力平价计算占全球总量的 4.9%；改革开放后，中国 GDP 增长远超全球平均速度，目前占全球 GDP 达 18.2%。因此，我们今天所见证的中国经济崛起是过去 400 多年来的第一次。对比英国、美国、德国、日本等国家历史上经济快速增长的 40 年，从占世界经济比重上升的幅度可以发现，改革开放 40 多年间，中国贡献了人类历史上最大规模的经济增长，且这一增长今天仍在持续。面对人类历史上最大规模的经济增长，我们有理由相信，中国经济实践应该能够在经济思想层面产生自己的贡献，能够为经济学贡献新知。

其次，重大的经济思想往往产生于重大的经济实践。这是人类认知的基本规律，也就是说思想来自实践。但如果这句话反过来讲，就不一定正确，即每一次重大的经济实践不一定自动产生重要的经济学理论，日本和德国就是例子。那什么样的经济实践才能产生经济学理论呢？至少有以下三个要素：第一，经济发展本身必须是可持续的，不能昙花一现；第二，经济发展必须要给其他国家的百姓带来福祉，而不是带来战争和动乱；第三，也是非常重要的一条，就是经济快速发展国家的经济学学者必须有意识地坚持总结自己国家经济发展的经验，并将经验上升为经济学理论。

最后，如何将中国的经济实践上升为经济学新思想。首先我们的研究必须要有新知意识和普遍性意识，也就是说必须要从中国经济发展中提炼出之前经济学研究所没有关注到的，且在全球范围内具有普遍性、对其他国家的经济发展也有借鉴意义的经济学新知。在这方面，中国的经济实践最有可能在"政府与市场经济学"方面为国际经济研究同行带来启发。

政府与市场经济学是研究政府在市场经济中的作用与行为的经济学新分支，它有三个基本的出发点。第一，政府在现代市场经济中是一个极为重要的直接参与者；第二，政府的行为直接影响着市场经济的表现；第三，必须要建立一套机制，激励政府培育与监管市场经济的发展。这三条是政府与市场经济学研究的根本原则，与现有的其他经济学分支有明显不同——其他经济学分支要么假设政府是站在上帝视角，追求社会总体福利最大化；要么就反过来假设政府有缺陷，要尽可能减少政府干预。在政府与市场经济学的研究中，这两类假设都是极端的，而需要研究的是在现实生活中如何建立一套合理的机制，能够让政府的作用与市场的作用同向发力。

在这方面，清华大学已经进行了积极的努力。三年前成立了清华大学中国经济思想与实践研究院（Academic Center for Chinese Economic Practice and Thinking，ACCEPT），目的就是要从中国经济发展中提炼出经济学新思想和新知识。并且，在国际上创办了国际政府与市场经济学研究会（The Society for the Analysis of Government and

Economics，SAGE)，由诺奖获得者马斯金教授和我一起担任联合会长，目的是在国际上提倡政府与市场经济学的新理念。此外，创办了一本国际学术期刊，叫《政府与市场经济学研究》（*Journal of Government and Economics*，*JGE*）。

（作者单位：清华大学中国经济思想与实践研究院）

理论和政策研究要守正创新、开拓创新

裴长洪

为实现"两个一百年"奋斗目标，理论和政策研究的任务十分艰巨，题目很大，涉及的内容也很多，但所有这些理论和政策研究都有一个共同的基本要求，那就是要守正创新、开拓创新。这说起来很容易，做起来很难。什么叫守正，我个人的理解"守正"就是要以马克思主义为指导。马克思主义不仅包括马克思主义经典作家的著作和基本原理，其立场、观点和方法；还包括党的路线、方针和政策，包括中华人民共和国成立以来党和国家的重要文献以及历代党的领导人的论述。当前，对我们的研究最具有现实指导意义的是习近平新时代中国特色社会主义思想，这是当今的马克思主义，它对于在新的历史条件下如何坚持和运用辩证唯物主义和历史唯物主义，如何开拓马克思主义政治经济学新境界，如何推进中国特色社会主义理论建设都提出了系列新观点、新理念和新思想，是马克思主义中国化的最新成就。经济学理论研究以及经济政策研究，都应当从马克思主义不断发展的逻辑中寻找现实观点的理论依据，从大的方面说，这就是"守正"的要求。有了这个立足点，创新和开拓就有了明确的方向，就不会变异为中国经验的西方思想解说。守正创新、开拓创新的研究成果必然具有鲜明的特征。

（一）人民性，以人民为中心

正如习近平总书记 2016 年 5 月 17 日在哲学社会科学工作座谈会上的讲话指出，世界上没有纯而又纯的哲学社会科学，为什么人的问题是一个根本性、原则性的问题，是一个为多数人服务，还是为少数人服务的问题。西方经济学主要以资本为中心，是为少数人服务的，中国的经济学应当为大多数中国人民服务，也为大多数世界人民服务，这就是根本的区别。

以人民为中心并不是一句空洞的口号，这是一个马克思主义政治经济学的大道理，它是管各种小道理的。在我们的经济建设实践和理论研究中，我们会遇到各种各样的矛盾，各种各样的两难问题，例如市场配置资源与政府调控的矛盾；经济发展与社会发展、生态环境的矛盾；经济发展与安全稳定的矛盾；企业中的劳资矛盾；社会各阶层在分配中的利益矛盾；政府、企业与居民在收入分配中的矛盾；东部发达地区与中西部欠发达地区的矛盾；城乡居民收入差别的矛盾；中央政府与地方政府的矛盾，等等，解决这些矛盾的大道理和大逻辑就是要以人民为中心，要以我国全体人民的根本利益作为统筹解决这些矛盾的基本出发点和落脚点。这就是马克思主义政治经济学中国化的根本立场，也是它最基本的特征。

（二）实践性

当代中国经济学研究不应当是书斋里的象牙塔，应当强调它来自实践，运用于实践，并在实践中检验和修正。因此，所谓实践性，在理论研究中实际上就是问题导向和解决问题的方法。发现问题、筛选问题、研究问题、解决问题的过程实际就是实践与认识反复循环的过程。实践性的另一重含义是，在理论研究中就是表现为根据实践的变化对以往的认识进行修正和更新，得到更实际、更全面、更科学的新认识。马克思主义认识论认为，任何认识和理论都不可能结束真理，而只是不断开辟了认识真理的前进道路，因此理论创新是发展真理的必然结果。

（三）民族性

首先是需要有民族文化的自信。中华民族有深厚的文化传统，形成了自身特色的思想体系，是中国先贤几千年来积累的知识智慧和理性思辨。这是我国的独特优势。在财经知识领域，古代中国知识分子以"治国平天下"为己任，"居庙堂之高，则忧其民"，产生了大量关于国家理财和社会经济治理的思想。当西方资本主义生产方式创造了比以往所有时期更大生产力的时候，同时也催生了现代西方经济学理论。而中国在落后的生产力水平和半殖民地半封建经济关系下，文化也落后了。这就需要用辩证的历史的观点来看待世界文化的多样性，看待各民族文化的价值，看待东西方文化的差别。从文化的民族性看，每个民族都有它的长处，也都有它的短处。任何事物，有共性，也有个性，有相同的方面，也有相异的方面。这是自然规律。只承认个性、民族性，否认共性、普遍性，拒绝学习外国优秀成果是错误的。只承认共性、普遍性，否认个性、民族性，照抄照搬外国的东西，同样是错误的。因此毛泽东同志主张，一切国家的长处都要学，政治、经济、科学、技术、文学、艺术的一切真正好的东西都要学；同时他也明确反对照搬照抄外国的东西。既反对文化保守主义，也反对文化教条主义。

习近平同志就中国经济学如何学习西方经济学有过精辟的论述，他指出，我们坚持马克思主义政治经济学基本原理和方法论，并不排斥国外经济理论的合理成分。西方经济学关于社会化大生产和市场经济理论中的专用名词、范畴、概念和一些分析方法，都是可以借鉴的。但是对其中反映资本主义制度属性、价值观念的内容，对其中具有西方意识形态色彩的内容，不能照抄照搬。经济学虽然是研究经济问题，但不可能脱离社会政治，纯而又纯。在我们的经济学教学中，不能食洋不化。

（四）时代性

回答时代之问是马克思主义政治经济学的使命。时代是出卷者，中国共产党人是答卷者，人民是评卷者。马克思主义政治经济学在其中国化过程中，不断回答了时代之问。今天，马克思主义政治经济学的发展并没有结束，我们仍然面临着许多时代之问，怎样认识数字经济、人工智能等新生产力的发展对生产关系和上层建筑的影响；怎样推进供给侧结构性改革，完善社会主义市场经济体系；怎样推进国家治理体系和治理能力现代化；怎样建设生态文明，构建开放型经济新体制，实施总体国家安全观，建设人类命运共同体；怎样认识资本组合的公司组织向数字技术组合的平台经济主体的变化；怎样认识数字技术与金融资本的结合加快了国际垄断平台的形成；怎样认识国际垄断的发展进一步加深了资本主义的基本矛盾，加剧了发达国家之间，以及发达国家与发展中国家之间的矛盾竞争；怎样探索稳定全球经济循环，构建开放型世界经济，等等。这些都是未来具有原创性、时代性的概念和理论课题。

（作者单位：中国社会科学院经济研究所）

在不断转型中实现共享发展

魏后凯

回顾改革开放以来我国经济社会发展的历程，并展望未来两个阶段的发展趋势，一个基本的逻辑主线就是在不断转型中实现共享发展，而转型发展和共享发展则是实现共同富裕的两个车轮子。为此，需要加强这方面的理论和政策研究。

改革开放以来，我国一直在积极推进中国特色的社会主义现代化建设。最初邓小平同志在改革开放初期谈到中国式的现代化时，提出了"小康"概念和"小康社会"的构想，这一构想后来被逐步纳入国家战略之中。1997年中央提出了"建设小康社会"的任务，2002年提出"全面建设小康社会"，2007年又提出到2020年实现全面建成小康社会的奋斗目标。从发展的过程来看，我觉得可以用"转型发展"这四个字来高度概括。事实上，改革开放40多年来我国的现代化已经实现了两次大的飞跃，这种大飞跃是大转型的结果。

第一次大的飞跃是2000年我国基本解决农村贫困人口的温饱问题，总体迈入了小康社会。到2000年，经过20多年的改革开放和持续高速增长，我国已经如期实现了小康目标，按不变价格计算的国内生产总值和国民总收入分别比1980年增长5.55倍和5.48倍，均超过了翻两番的预定目标，人均国内生产总值达到959美元，按1978年标准，农村贫困人口下降到3209万人，贫困发生率下降到3.5%，人民生活总体上达到了小康水平，使占世界五分之一的人口顺利进入总体小康社会，实现了从温饱型社会到小康社会的飞跃。

第二次大飞跃是2020年实现打赢脱贫攻坚战、全面建成小康社会目标后，我国又从总体小康社会迈入全面小康社会。到 2020 年底，我国脱贫攻坚取得了全面胜利，现行标准下农村贫困人口全部脱贫，全面实现"两不愁三保障"和饮水安全有保障，832 个贫困县全部摘帽，解决了区域性整体贫困问题。从 2013 年到 2020 年，贫困地区农村居民人均可支配收入年均增长 11.6%，增速比全国农村高 2.3 个百分点；贫困地区农村居民人均可支配收入相对水平由 67.0% 提高到 73.5%，与其他地区之间的差距在不断缩小。再从经济增长目标的实现程度看，按不变价格计算，2020 年全国人均国内生产总值是 2000 年的 4.73 倍，提前 3 年实现了党的十七大提出的人均国内生产总值比 2000 年翻两番的目标；按可比价格计算，2020 年全国城乡居民人均可支配收入是 2010 年的 2.01 倍，如期实现了党的十八大提出的城乡居民人均收入比 2010 年翻一番的目标。

根据中央的两个阶段战略安排，可以大致界定，到 2035 年基本实现现代化时，我国将总体上迈入相对富裕社会；到本世纪中叶全面建成社会主义现代化强国、基本实现共同富裕时，我国将总体上迈入共同富裕社会的门槛。因此，从发展的眼光来看，未来我国还将实现两次大的飞跃：一次是从全面小康到相对富裕的飞跃。假如我们把基本实现现代化看成是相对富裕的标准，到 2035 年我国将从全面小康迈入相对富裕阶段，进入相对富裕社会；另一次是从相对富裕到共同富裕的飞跃。假如我们把基本实现共同富裕作为进入共同富裕社会的门槛的话，那么到 2050 年我国将由相对富裕社会迈入共同富裕社会。在这种转型发展的过程中，有很多需要从经济学的角度来进行研究的理论、机制和政策问题。

当然，在转型发展的过程中，从发展的目标来看，也可以用四个字进行概括，就是共享发展。因为我们最终的目标就是要建立一个共同富裕的社会。作为社会主义的本质属性，共同富裕是一个共建共富和逐步共富的长期过程，它并非只是一部分人、一部分地区和一部分领域的富裕，而是包括物质富裕和精神富裕的全面富裕，更是覆盖各个民族、各个地区、各个群体和广大城乡居民的全民共富。我国是一个社会主义国家，完全有能力克服欧美"富裕社会"（Affluent Society）的种种弊端，寻求并努力实现一种全面、公正、共享的富裕社会（Prosperity Society）。所谓"全面"，不单纯是物质上的富裕，更包括精神上的富裕，是指经济、政治、文化、社会和生态文明建设的全方位进步；所谓"公正"，就是坚持以人民为中心，让每个人都能够感受到公平正义；所谓"共享"，则是追求普遍性繁荣，走共同富裕之路，能够让最广大民众共享发展成果。这种中国特色的富裕社会，大体可分为相对富裕社会和共同富裕社会两个阶段。其中，共同富裕社会是富裕社会的高级阶段，它是我们追求的最终目标。

尽管共享发展具有丰富的科学内涵，但最为关键的是缩小居民之间、城乡之间和区域之间的差距，实现共享共富和协调发展。第一是缩小居民之间的收入和生活水平差距，充分体现全民共富的要求；第二就是缩小城乡差距，促进城乡协调发展和共同繁荣；第三就是缩小区域差距，实现区域高质量协调发展。

从居民收入和生活水平差距来看，虽然我国已经全面实现了脱贫攻坚目标任务，解决了现行标准下的农村绝对贫困问题，但应该看到我国现行的农村贫困标准还比较低，按 2011 年购买力平价计算约相当于每天 2.3 美元。这一贫困线虽然高于世界银行 2015 年发布的每天 1.9 美元的极端贫困线，但低于每人每天 3.2 美元的中等偏下收入国家的贫困线，更低于每人每天 5.5 美元的中等偏上收入国家贫困线和每人每天 21.7 美元的高收入国家贫困线。反贫困是一个永恒的课题，也是一项长期的艰巨任务，未来需要建立减缓相对贫困的长效机制。

从城乡发展差距来看，需要全面统筹新型城镇化和乡村振兴战略。要依靠全面推进乡村振兴，加快农业农村现代化，促进农民持续稳定增收，进一步扩大农村投资和消费，构建多层次、多领域、多类型的城乡发展共同体，推动城乡全面融合，实现城乡协调发展和共同富裕。到 2035 年，城乡居民收入和生活水平差距显著缩小，城乡收入比缩小到 1.8 左右，实现城乡基本公共服务均等化；到本世纪中叶，实现城乡居民收入均衡化和生活质量等值化。

从区域发展差距看，要统筹推进区域协调发展与区域高质量发展，并把两者有机地结合起来，积极探索符合中国国情的区域高质量协调发展之路。一方面，区域协调发展本身就是高质量发展的重要内容之一，也是实现高质量发展的重要途径；另一方面，高质量发展的要求也为区域协调发展规定了方向。在当前新的形势下，有必要将高质量发展理念融入区域协调发展战略中，在区域协调发展与区域高质量发展之间建立联动和衔接机制，推动形成区域高质量协调发展的新格局。很明显，在新发展阶段，我们需要的不是那种低水平的区域协调发展，而是兼具高质量、高效率、公平和可持续性等特征的区域高质量协调发展。从寻求区域协调发展到追求区域高质量协调发展，不仅体现了区域发展理念的变革，也适应了当今中国区域发展转型的需要。

（作者单位：中国社会科学院农村发展研究所）

以人民为中心的独立自主发展思想

张车伟

我主要谈对于中国经济和经济学成就的两点个人感受。第一点是我们中国的经济学更强调对普通民众的认识和帮助，进一步来说就是以人民为中心的经济学，这个经济学和西方经济学差别比较大。西方经济学，研究总结的是市场经济，市场经济的本质就是马太效应，本质就是让穷人更穷富人更富，似乎是企业差的越来越差，好的越来越好，结果是国民生活被大资本无形地控制，国家的资本变成资本的国家。这是它的本质所在。如果过去完全按这样的机制来走，我们就不会取得今天这样的成就。我们的发展从政策从实践来看，首先是体现对普通民众的认识和帮助，就是以人民为中心的发展思想，包括中华人民共和国成立之初的土地改革和后来的改革开放，国家不遗余力地发展教育、改善健康、提高妇女地位，都是抓住了这一点。这是我们中国的经济学。

第二点是中国经济的发展得益于健全的产业体系，我们没有像其他国家那样或者没有像国际上很多所谓先进理论那样按照比较优势只发展自己有比较优势的产业。如果我们真的那样做，将会永远处于产业链低端，成为发达国家的附庸和输血机器。经济地位不会得到提高，美国今天也不会全方位打压我们。中国的发展经验，至少有一点是可以自豪的，就是建立了健全的产业体系，第一、第二、第三产业都有长足的进步。我国历来重视第一产业。可以没有第二、第三产业，但是不能没有第一产业，有了第一产业生存就没有问题，不一定发展但是可以活着，如果不重视农业，那么可能连活着的话语权都没有。这是第一产业的意义。第二产业是工业产业，这也是一个核心价值所在。从历史上看，我国丝绸陶瓷等的大量出口，基础就是当时工业的强大。第三产业是服务业，服务业主要是为第一、第二产业服务，这才是真正的生产性服务业，而不是生活性服务业。从产业的角度来说，重要的服务业是为生产服务的部门。我国今天取得的经济成就不仅体现在增速快，还体现在逐步建立了一个门类齐全的产业体系，这是我们取得今天这个成就非常重要的方面。

总之，我们就是要坚持以人民为中心来发展，让我们完整的产业体系在两个循环的格局下健康发展。

（作者单位：中国社会科学院农村发展研究所）

理解新发展格局:新坐标、新挑战、新对策

张晓晶

新发展格局应有三个关键词：新坐标，新挑战，新对策。

首先是新坐标。中央提出以国内大循环为主体、国内国际双循环相互促进的新发展格局，实际上为我国经济社会发展确立了新的评价标准和战略方向，换言之，确立了中国发展新坐标。过去40余年，我们推行市场化取向的改革，评价标准是效率、效益与市场原则；现在强调统筹发展与安全，即在效率、效益与市场原则的基础上，突出发展中的风险与安全维度。如果说过去从市场原则、效率原则出发，用的是纯经济学的框架；那么现在强调风险安全等因素，就突破了纯经济学的框架，变成了政治经济学的分析框架。因为只有在政治经济学框架中，我们才能更加全面地考虑地缘政治、安全等非经济因素。

其次是新挑战。新发展格局带来的挑战是多方面的，其中最重要的挑战是什么？是对于市场在资源配置中发挥决定性作用的挑战。为什么这样说？过去40多年市场化改革的成就，最重要的就是逐步实现市场在资源配置中的决定性影响。如果现在更强调安全因素、风险因素，我们就要在市场原则之上增加一些非市场考量，这些非市场考量就会带来扭曲。巴格瓦蒂指出扭曲有两类，一类是先天造成的，比如市场发育不足带来的扭曲（如价格扭曲）；还有一类是政策干预性的，比如为了实现赶超而采取的偏离优化均衡的战略，典型的如早期的重化工业化战略，压低利率、强制储蓄、工农业"剪刀差"等。现在出现一个新的导致扭曲的因素，即安全因素。这里

需要补充的是，我们现在强调安全，其实最初提出安全重要性的不是中国，而是发达经济体。进入 21 世纪以来，美国等西方发达经济体相继提出供应链安全问题，并且将供应链安全作为国家安全战略的一部分，很多相关文件都已经出台。2005 年欧盟制订了《欧盟海关安全计划》，为能按照欧盟要求保证其供应链安全的全球可靠供应商提供认证及海关程序便利，以保证全球供应链安全。自 2005 年起，美国多次将全球供应链写入国家战略中，2012 年提出《全球供应链安全全国家战略》，2019 年 4 月美国国防后勤局（DLA）修订《国防后勤局战略规划 2018—2026》，2019 年 7 月发布《供应链安全战略》，以指导 DLA 的供应链安全实践。英国 2014 年发布名为《加强英国供应链》的报告，2016 年公布《供应链计划指南》。德国率先提出"工业 4.0"战略，构建智能制造供应链网络。2014 年，联合国经济和社会理事会发布《物流与供应链风险管理》专题报告。同年，OECD 和国际运输组织发布名为《提高供应链的弹性：对挑战和战略的回顾》的报告。欧美国家觉得中国加入了全球供应链体系且在其中发挥越来越大的影响（当然还有其他因素），导致了不安全。这样一来，一些国家就会有新的考虑：比如搞"中国＋1"，推进供应链的本地化和区域化，更加重视国内大循环，等等。我想强调的是，发展与安全问题，我们在 20 世纪五六十年代就遇到过，而且我们有很多做法，比如说"两弹一星"、进口替代、"三线建设"，等等。这里面有经验也有教训。显然，今天如果我们继续这样做的话，就需要考虑由此可能带来的扭曲问题。

最后是新对策。从长期看，效率与安全是辩证统一的，习近平总书记讲"发展是最大的安全"。因此，一方面，要重视发展，重视经济增长。第一，"东升西降"要求中国必须比发达经济体增长得更快。只有这样才能够赶超，才会有中华民族的伟大复兴。第二，较快增长是中国形成国际合作和竞争新优势的重要支撑。尽管对于国际合作和竞争新优势，我们可以列出一个长长的清单，比如超大规模的市场、良好的基础设施、较完整的产业体系、不断改善的营商环境、"性价比"高的人力资源，等等，但有一条最重要，即中国仍然有较高的潜在增长率，能够让世界分享中国增长的红利；如果没有这一条，其他的一切恐怕都很难成为真正的新优势。第三，较快增长是我们赢得中美之间"持久战"的底气所在。说中美较量，时间在中国这边，一个重要的依据在于中国增长更快。如果没有这样一个更快的增长，我们就没有办法保持定力。从这个角度，"十四五"时期仍有可能给经济增长赋予较高的权重。另外，也要防止因过分强调风险和安全维度导致市场扭曲过度。效率原则是市场在资源配置中发挥决定性作用的重要体现，增加安全维度，就要超越效率原则，从而市场的决定性作用会打折扣，而非市场因素会有所凸显，这在相当程度上会对我国长期经济增长潜力造成损害。这显然并不符合构建新发展格局、实现中华民族伟大复兴的初衷。因此，我们不能忘记过去40多年市场化改革给我们带来的重要经验，我们的安全还是要立足于社会主义市场经济之上。

（作者单位：中国社会科学院金融研究所）

乡村振兴战略的实施

张晓山

党的十九大报告指出乡村振兴、促进城乡协调发展，把农村和城市共同放在城乡一体化发展的框架中，形成城乡良性互动、共同繁荣的格局，这是一个伟大的系统工程。

第一点，实施乡村振兴战略的钱从哪儿来？一句话，以地生财，地是农民的地，这是这么多年一直在干的。这里还有两句话，一句话是吃饭靠财政，花钱靠卖地，卖谁的地？就是农民的地。另一句话，习总书记说，取之于农，用之于城，你卖地的钱是用在城市上面。所以现在乡村振兴战略实施就是要改变这种格局，前面不讲了，就说最近，2020 年 9 月，中共中央办公厅、国务院办公厅印发了《关于调整完善土地出让收入使用范围优先支持乡村振兴的意见》，意见指出长期以来土地增值收入取之于农，主要用之于城。有力地推动了工业化、城市化快速发展，但是直接用于农业农村的比例偏低。然后提出调整土地出让收益城乡分配格局，到"十四五"时期末，以省（自治区、直辖市）为单位核算，土地出让收益用于农业农村的比例达到50%以上。这个比例好像不高，但是已经很不容易了。

这是国民收入分配格局的调整，也是财政制度的改革，财政制度这方面我谈过很多观点，"三农"是基础，这个不说了。实际上这是利益格局的调整，利益分配格局调整很难，所以只能渐进而审慎地推进。

这里有一个问题，要调整城市和乡村的收入分配格局，首先要改革中央和地方的收入分配格局，因为地方很清楚土地财政这些问题，只有什么时候地方政府不是再依靠卖地的钱干事儿，什么时候农民才有可能真正享有土地的增值收益。怎么办？只有通过中央与地方间的收入划分改革，将更多的财政资源向地方和基层倾斜，有效化解地方债务，使地方政府自身具有实现提供公共服务、维护市场秩序等多重目标的财政能力；同时，通过改革转变政府职能，使地方政府逐渐从经济型政府转为服务型政府，这样城乡融合发展才有坚实的基础，农民的财产性收入才可能大幅度提高。农民的消费潜力才能真正发挥，农民才能分享到土地产生的增值收益。这是第一点。

第二点，乡村有钱，这个钱谁来用？这个钱怎么用？这里有两个导向性的政策措施，我给大家说一下，一是近年来脱贫攻坚和实施乡村振兴战略中提倡发展集体经济并出台了相应的政策措施。农村土地制度不断创新及相关政策释放出发展空间，使农村集体经济有了较为雄厚的资金来源。《中共中央关于制定国民经济和社会发展第十四个五年规划和二〇三五年远景目标的建议》提出："深化农村集体产权制度改革，发展新型农村集体经济。"二是《中国共产党农村基层组织工作条例》自 2018 年 12 月 28 日起施行。《中国共产党农村工作条例》自 2019 年 8 月 19 日起施行。条例提出：村党组织书记应当通过法定程序担任村民委员会主任和村级集体经济组织、合作经济组织负责人，也就是说负责村的政治、社会、经济的领导呈现四合一的特性。

人民公社时期，许多农村地区曾经有过较发达的集体经济，此后，随着时代的变迁，许多农村地区的集体经济凋零了。集体经济之所以溃败并不在于它是集体经济，而在于它蜕变成了干部经济，就是少数乡村干部来掌控本应由集体成员所有和控制的资源并从中获益。如果说在政治、社会、经济三合一的领导下，发展新型集体经济，这样做能够节约决策成本、行政成本和执行成本，关键问题是对交叉任职后一元化的农村基层领导如何进行有效监督，如何避免走集体经济蜕变为干部经济的老路？应改革与完善农村基层治理体系和治理机制。要做到农民群众作为集体成员对决策能够民主参与、对农村基层权力运行能够有效监督与制衡。这才是新型集体经济。

另外一个问题是钱怎么用？用在哪儿？这涉及政府和农民的关系，以及政府和市场的关系。很多地方政府对项目和资金有很大的支配权和参与权，但地方政府在乡村振兴资金使用的优先序上和农民群众心目中资金使用的优先序并不一样，所以这个时候更应发挥农民群众的主体作用。

（作者单位：中国社会科学院农村发展研究所）

中国特色经济学的知识体系与学科发展

中国经济学是中国的也应该是世界的

范从来

追溯"中国经济学"的概念起源，早在中华人民共和国成立之前就有不少经济学家对此进行了大量的探索。20 世纪 40 年代，著名经济学家王亚南在《中国经济原论》一书中，就提出要致力于编出一个站在中国人立场来研究经济学的政治经济学教程纲要。

在讨论中对中国经济学的内涵，逐步形成了三种看法。第一种看法，认为"中国经济学"在内涵上应扎根中国本土，以研究中国经济问题为主要对象，形成一种研究中国经济问题、反映中国经济实践的"中国经济学"，有学者称之为中国"本土经济学"。第二种看法，认为"中国经济学"就是构建"有中国风格的经济学派"。第三种看法，认为"中国经济学"就是依托"中国模式"重构经济学体系。

确实，各国的国情不一样，所处的发展阶段也不一样，经济学研究对象以及适应范围等方面具有地域性、国别性和本土性，研究中国本土的经济问题当然是必要的。但是，我们建设中国经济学就不能局限于本土的、中国的，应该是基于中国实践抽象出具有世界意义的、具有一般性的经济理论。

中华人民共和国成立以来最成功的实践就是建立起中国的基本经济制度，党的十九届四中全会把公有制为主体、多种所有制经济共同发展，按劳分配为主体、多种分配方式并存，社会主义市场经济体制等确立为我国的基本经济制度。中国的基本经济制度体现了王亚南先生所说的中国人立场。中国的基本经济制度是特殊的，大多数西方人不理解不认可，但是中国的成功证明了中国的基本经济制度是可行的，而现有的西方经济学体系难以对中国的基本经济制度做出科学的解释。

比如说，新古典经济学是基于"需求—供给"的均衡模型分析市场运行，是研究给定制度下的企业利润最大化行为和个人效用最大化行为。在新古典经济学的理论框架里，制度是预先给定的，隐含的制度设定是一般的市场经济制度，强调的是竞争，主张的是大市场小政府，政府的作用被严格限定在市场失灵的领域。我国选择的是社会主义市场经济体制，强调的是市场对资源配置起决定性作用和更好地发挥政府作用。在社会主义市场经济体制下，不是简单地把政府和市场对立起来，市场强政府就必须弱，我们希望的是强市场和强政府有效组合，通过政府对市场的调控，市场对企业的引导，实现资源配置的高效以及公平与效率的统一。显然，解决了这一命题，不仅会完善中国的社会主义市场经济体制，解放和发展社会生产力，实现中国的高质量发展，而且，这也是强企业、强市场、强政府共生的新经济理论，具有经济学的一般性。我们以中国的实践为基础，对中国基本经济制度下的经济运行和经济关系做出科学的分析，建立起中国经济学，它就不局限于本土的和国别的，而是具有经济理论的一般性。

再比如说，中国的金融改革和发展并没有按照一般所说的自由化、市场化进行，虽然我们还不能说中国是金融强国，中国金融也确实存在着高杠杆、结构不合理等问题，但是，改革开放以来，中国金融并没有发生拉美那样的债务危机，也没有爆发日本那样的房地产泡沫危机，亚洲金融危机我们扛过去了，次贷危机发生之后中国金融又迅速回归到正常。很显然，没有中国金融的稳定，中国经济的腾飞是不可能实现的。经济与金融之间遵循共生共荣关系，是中国金融改革发展的主线。改革开放初期，以放权让利来搞活实体经济之后，再把银行从计划与财政里面独立出来，通过金融的快速发展，助推中国经济摆脱贫困的陷阱。产生经济过热后，1993年及时出台宏观调控的 16 条措施，并启动企业化的商业银行股份制改造上市工作，打造强大的中国金融产业，然后到 2012 年发现银行信贷太高了，我们又启动了金融去杠杆、严监管的调控。我对经济金融之间的共生度进行了研究，就经济与金融之间的共生共荣来讲，经济对整个金融贡献，要高于金融对经济做出的贡献。也就是说我们的金融发展是在经济的引领下渐进式的改革发展，而不是简单地按照自由化与市场化的要求进行改革。所以，只要坚持共生共荣的原则，去处理金融与实体经济之间的改革和发展问题，既能解决中国的问题，也能解决世界的问题。

因此，我认为，中国经济学在中国实践的基础上探索新经济理论，一定具有经济学的一般性。中国经济学是中国的，也应该是世界的。

（作者单位：南京大学长三角经济社会发展研究中心）

构建中国特色经济学学科体系的几点看法

龚六堂

今天大家在谈构建中国经济学学科体系的问题，我说几点看法。

第一，现在是谈这个问题的好时期，中国经济70年，特别是改革开放40年取得的伟大成就，需要经济学的理论来解释。2010年开始中国已经成为世界第二大经济体，2019年中国GDP接近100万亿元，全世界可能对中国的发展有各种各样的评价，但是有一个共同的评判就是，中国经济70年来取得的成就是谁都不可否认的。另外，我们也看到现有的经济学理论在解释我国过去经济增长上的局限性，因此，需要有全新的理论框架，也就需要我们建立基于中国伟大实践的经济学学科体系。

第二，现在是制订"十四五"规划的关键时刻，在这个时刻讨论经济学学科体系建设，把建设学科体系作为任务写进"十四五"规划对经济学学科体系的构建有极大的帮助。在座的学者来自不同的学校，各个学校都在制订"十四五"规划，北京大学在制订"十四五"规划时就要把构建中国经济的知识体系写进去，北大"十四五"规划对经济科学有这样的一段话："我们经济科学应分析与提炼中国与世界的丰富经验，运用专业性的知识、技术、方法来分析中国的实践，形成理论，然后研究尝试和解决中国经济社会发展的重大问题，为构建人类命运共同体贡献中国方案。"这段话是对北京大学所有从事经济学学科研究的学者的要求，也是未来的使命与任务。但是我们应该看到：（1）这个任务写出来容易，要完成非常难，怎么扎根中国大地，怎么运用经济社会方法，把中国经济问题提炼出理论，这是非常难的。这个任务是一个长期的过程，需要一代一代学者的不断努力，不断发展。（2）目前经济学的理论还落后于中国的经济实践，但是经过不断的努力，应该是会成功的，我们应该有信心。（3）可喜的是经过不断探索，现在经济学实践方面已经开始有突破了。比如说现在关于地方政府的竞争、土地制度的改革，地方政府竞争与我国经济增长之间的关系，北京大学的学者很早就开始研究，相关成果在国际顶尖杂志上发表，最近，有学者将这个研究理论化，从理论上构建中国特色的地方政府竞争行为与经济增长的理论框架，成功地把这个中国特色的框架理论化，也有在这个框架下来讨论地方政府竞争行为与经济波动的关系。这些探讨把中国的实践变成中国理论，丰富了经济学理论，也为世界经济的发展贡献了中国思想。

第三，中国特色经济学学科体系构建过程中最关键的因素是人，需要大量的经济学学者，也需要我们有完整的经济学人才培养体系和人才成长的公平竞争环境。改革开放初期，我国经济学研究的人才学者还很缺乏，各高校、研究机构和政府部门陆续从海外引进人才，刚开始时只是零星引进，现在开始成批成批引进经济学人才，这对于我国经济学研究起到了极大的作用。另外，随着经济学人才的引进，我国经济学人才培养体系不断改进，经济学人才的培养质量得到极大提升。但是经济学人才市场还缺乏一个公平竞争的环境，现在一些高校、研究机构等引进人才时还是要看出身，是不是国外的博士，是在哪个学校拿的博士学位，这是不公平的，因此，需要各个高校联合起来创造一个公平竞争的环境。

第四，中国特色经济学学科体系还有一个重要的问题就是数据资源共享的问题。经济学是科学，除理论研究外，经济学的研究还有大量的是基于数据资料的分析，我们大量的数据掌握在政府部门，如国家统计局、财政部门等，这些数据需要对学者开放，现在政府部门也在逐步开放数据，但是还不够。

知识体系的构建是长期的，不是一朝一夕能够形成的，所以希望有耐心。

（作者单位：北京大学社会科学部）

构建中国经济学知识体系的目标取向

黄泰岩

今天会议这一阶段讨论的主题是中国特色经济学知识体系和学科发展，我觉得这涉及两个问题：一是有没有中国特色经济学？二是如果有的话，其知识体系是什么？由于时间关系，我仅从经济思想史的视角谈点看法。

第一，有没有中国特色经济学，或者中国经济学？大家知道，从经济思想史来看，西方经济学存在各种各样不同的学派和流派：如果按照国别命名，就有德国学派、瑞典学派、奥地利学派等；如果按照地名命名，就有剑桥学派等；如果按照人名命名，就有凯恩斯主义经济学等；如果按照理论命名，就有货币主义经济学、自由主义经济学、制度经济学等。从马克思主义经济学的形成来看，马克思的《资本论》是以英国为典型完成的，但这并不妨碍对资本主义经济规律的揭示。既然如此，以中国经济发展的典型事实为基础构建中国特色、中国气派、中国风格的经济学自然就是顺理成章的事，不应该有什么争议和怀疑。

第二，中国特色经济学的知识体系是什么？从经济思想史来看，西方经济学之所以划分为不同的学派和流派，核心要义就是能够解决他们所处阶段最核心的经济学问题，提出一个解决问题的经济学理论，弥补当时经济学理论大厦的短板或漏洞。只要做出了这个贡献，就会在经济思想史上有一席之地，并不是说不同的学派要改变现有的全部知识体系和话语体系，如凯恩斯主义经济学就是否定了供给自动创造需求的神话，通过验证市场失灵构建了他的理论学说。

马克思主义经济学创立劳动价值理论和剩余价值理论，揭示资本主义的基本矛盾和运动规律，不仅没有否定市场经济的一般运动规律，反而是从商品出发构建他的伟大理论，并运用劳动价值论和剩余价值理论对工资、利润、地租、利息等经济学范畴做出了新的解释，形成了经济学的继承和超越。这就说明，构建中国特色经济学的知识体系，必须回归马克思的科学方法，即在中国经济发展成功经验的基础上，以中国经济发展面临的问题为导向，以解决中国经济发展的核心问题为目的，形成包容世界上经济学一切科学成果，又创新超越这些成果的中国特色经济学，使中国特色经济学成为当今世界经济学不可或缺的理论，不仅对中国经济发展，而且对世界上其他发展中国家的发展都具有指导意义。

我认为，中国特色经济学当前面临的最大问题或最核心的问题就是如何实现中国的现代化，具体包括三个层次：一是作为一个发展中国家如何跨越"中等收入陷阱"，顺利进入高收入国家，以及在进入高收入阶段后如何巩固发展成果，顺利推进现代化。从国际发展经验来看，在实践上，自20世纪60年代到2008年的世界经济发展黄金期内，先后有101个经济体进入中等收入发展阶段，但只有13个经济体成功进入高收入经济体行列；在理论上，那些进入高收入的经济体也没有依据成功经验总结提升出特有的发展理论。二是作为一个发展中的大国如何跨越"中等收入陷阱"，顺利进入高收入国家，以及在进入高收入阶段后如何巩固发展成果，顺利推进现代化。按照刚才讲的国际发展经验，进入高收入经济体的13个经济体没有一个像中国这样的超大经济体，因而我国能够跨越"中等收入陷阱"，就将在世界经济发展史上创造新的发展奇迹。这意味着作为一个发展中大国这一阶段的发展在实践和理论上都是空白。三是作为一个发展中的社会主义大国如何跨越"中等收入陷阱"，顺利进入高收入国家，以及在进入高收入阶段后如何巩固发展成果，顺利推进现代化。在世界经济发展史上，尚没有一个社会主义国家实现现代化，更没有构建出系统的社会主义经济学说来指导社会主义国家的现代化。这就是说，在当今世界现有的经济学知识体系中存在一个漏洞，就是作为一个发展中的社会主义大国如何跨越"中等收入陷阱"，顺利进入高收入国家，以及在进入高收入阶段后如何巩固发展成果，顺利推进现代化的系统知识体系。中国特色经济学的历史任务就是补上这一漏洞，不仅为中国的社会主义现代化提供系统的理论指导，而且为其他发展中国家提供一个新的选择。如果我们把这个体系构建起来了，就是对世界经济学的贡献，中国特色经济学就会得到世界的认可，就会站立起来。从这个意义上说，中国特色社会主义经济学，既是中国的，也是世界的。

（作者单位：中央民族大学）

面向国家重大战略需求　提出中国特色的经济理论

李善民

　　今天讨论的题目是中国特色经济学知识体系和学科建设，我从学科建设这个角度来谈一点自己的看法。我觉得中国经济学40年来取得了很大的发展。我觉得老一辈经济学家，我们的前辈对中国经济学学科的发展做了很大的贡献，同样对中国的经济社会发展做出了非常大的贡献。但是中国经济学的学科建设是存在一些问题的，现在将经济学分为理论经济学与应用经济学，好像搞应用经济学的不做理论研究，做理论经济学的不做应用经济学，这是有点问题的。

　　第一，学科建设问题。我觉得学科建设还是要强调三个面向：就是面向国家重大战略需求，面向学术前沿，面向区域经济社会发展。根本一点是面向国家重大战略需求。国内现在不少单位尤其是大学，不像中国社会科学院这样目标非常明确，就是要服务国家重大战略需求。大学的学科建设更多强调的是面向学术前沿，好像这两者之间是矛盾的，其实两者是统一的。面向国家重大战略需求，比如我们现在谈到"两个一百年"奋斗目标，我们要用什么样的理论来指引，这就是我们要认真研究的。像现在讲的"双循环"、构建新发展格局，究竟怎么构建新发展格局？前面刘伟校长提了九个方面的重大问题，这都是我们面向国家重大战略需求需要研究的大问题。对理工学科来说，刚刚黄群慧所长也谈到了600多个"卡脖子"工程问题，比如芯片问题，它既是国家重大战略需求，同时也是学术前沿问题，两者实际上并不矛盾。刚刚李稻葵教授讲得非常好，政治与经济的关系问题，在中国与西方国家是一样的。郑永年教授说中国改革开放以来，我们很多东西都已经西化，但是中国的制度一直没有。这么多年我们的制度还是中国人的制度，你看看制度是没有什么变化的，所以我们要研究怎么把中国的制度特色提炼出来，中国的制度一定是具有中国特色的。我们要把面向学术前沿的问题，与我们国家的重大战略问题，包括区域发展的问题结合起来。"三个面向"是我们学科建设的重要原则，不管是理论经济学还是应用经济学都一定要考虑的。现在国家社会科学基金、自然科学基金项目一部分选题离国家战略有一定差距。我们要围绕国家重大战略、社会经济中的重大问题来做研究。

　　第二，学科发展。我们做经济学研究的，要入主流、出理论、走出去，根本是要出理论。因为主流问题，就是国家发展需要解决的问题，是我们政府、社会面临的问题。习近平总书记反复强调要以人民为中心，我们怎样解决贫困问题，贫困问题解决后怎样实现乡村持续发展？这些都是我们要研究的重大的主流问题。其次是出理论，我们现在的研究基本上采用西方的研究方法、西方的范式，因为这样才能在国际上发表我们的研究成果，但因此也出现问题，部分学者就是在家里找点资料做研究，很少深入社会、深入乡村和企业去调研，对社会现实问题不了解，也不沉下心来认真思考，出不了理论和思想。甚至就拿西方的理论、中国的数据验证一下，这样的研究没有多少价值。事实上西方是以资本为中心，我们以人民为中心，西方的市场经济非常发达，我们现在市场经济还不发达，这样的情况下，验证的这些理论是不可能符合中国实际的，对中国的发展也没有指导价值。

　　第三，走出去。中国的理论、中国的思想走出去还比较少，讲中国的故事讲的也不是很圆满，在这一点上我支持李稻葵教授在国外注册杂志来发表我们自己的文章。因为西方的杂志接受我们的文章的时候，还是以他们的价值观和他们的方法来判断，我们要有自己的阵地发出自己的声音。

（作者单位：中山大学）

对我国国防科技工业发展历程的简要回顾

吕　政

2019 年中华人民共和国成立 70 周年的国庆阅兵，展示了我国现代化武器装备新体系。新一代的武器装备全部由我国自主研发设计和制造，展现了中国国防科技工业发展的最新成就，并成为维护国家安全和世界和平的重要力量。中国的国防科技工业是在"一穷二白"的基础上起步的，是中华人民共和国成立 70 多年来经过几代人不懈奋斗的结果。我国的武器装备研发和制造经历了仿制、学习消化吸收和自主创新几个发展阶段。"一五"时期，苏联援建的工业项目中包括一批武器装备工业。1956 年毛泽东同志在听取当时主管原子能工业的负责人刘杰和钱三强的汇报时说："怎么搞原子弹？要先楷后草"。毛主席提出的"先楷后草"思想，就是发展国防工业要先打好基础，一步一个脚印。毛泽东时代为新中国国防科技工业奠定了基础，建成了从常规武器到现代化战略武器的完整研发和制造体系。没有 1979 年之前 30 年的基础，就没有后 40 年国防工业的跨越式发展。20 世纪 50 年代建立了国有大企业为主体、政企合一、产学研一体化的国防科技工业部门。1956 年我们开始在引进学习的基础上研制喷气式歼击机，1958 年建成我国第一座原子反应装置，1963 年第一枚地对空导弹研制成功，1964 年首枚原子弹爆炸成功，1967 年第一枚氢弹爆炸成功，1970 年我国第一颗人造卫星发射成功，1970 年 12 月第一艘核潜艇研制成功，1971 年第一艘导弹驱逐舰试水，1977 年中子弹研制成功，实现核武器的小型化。这些武器装备的研制成功，代表 50 年代到 70 年代中国国防科技工业发展的成就，也为后来的发展奠定了基础。到 20 世纪 80 年代，基于对当时国际形势的判断，和平与发展是主题，暂时打不起大仗，邓小平同志提出军队要忍耐。为了减少军费开支、加快国民经济发展，对当时的国防建设和国防科技工业政策进行了调整。财政支出中的国防费用下降，并进行了两次大裁军，减少军费开支以支持国民经济建设。

1991 年的海湾战争，使我们对现代化战争方式有了新的认识。信息化条件下高技术战争的样式与机械化条件下的战争样式都发生了重大变化，即精确制导、零接触、零伤亡，目标定位到哪里就打到哪里，等等。但是当时我国的武器装备与美国的武器装备有很大差距。因此，首先在 20 世纪 90 年代初，我国开始调整国防政策，逐步加大了对国防科技工业的投入，国防科技工业的发展实行以缩小差距为目标、以型号研发为主导、以重大工程为依托、以社会化分工为基础的一种新的运行机制。其次以企业为主体，与市场机制结合，产学研一体化。我国的国防科技研发机构设在大型军工集团之内，军方提出需求，军工集团既研发，也制造，即在体制和管理上实行产学研一体化，而不是科研与生产"两张皮"。

改革开放以来，我国工业生产技术水平提高和配套能力增强，军民融合发展，逐步形成新的体制机制。在国防科技队伍的建设上，培养出一代又一代的国防工业科技专家队伍。牢记"落后就会挨打"的历史经验，增强危机意识，世界政治局势的变化、国家安全和军事斗争的压力，成为促进我国国防科技工业发展的动力。在一定意义上，我国国防武器装备的现代化是美国霸权主义逼出来的。20 世纪 50 年代到 70 年代的冷战，1991 年苏联解体以后，美国对中国的技术封锁、遏制和挑战逼着我们独立自主地推进国防科技工业和武器装备的现代化。

（作者单位：中国社会科学院工业经济研究所）

中国特色社会主义经济学与学科体系之浅见

佟家栋

关于这次研究论坛提出的问题，中国特色经济学知识体系和学科发展，这是一个非常重要的问题，应该说是，我们党成立 100 年来，中华人民共和国成立 70 多年来，改革开放 40 多年来需要认真思考和总结的课题。也是引导我们在总结经验的基础上奋力前行，高质量完成中国特色社会主义建设不同发展阶段的机会。我理解它是一个直面现实的问答题，我按问答题的方式谈谈自己的体会。

第一，中国特色经济学知识体系，也就是说这个经济学是经济学的特殊，不是经济学的一般。因此从这个意义上来讲它是我们经济学当中一个重要的组成部分。那是怎样重要的组成部分呢？我自己感觉它是转型发展大国经济学理论和经济运行的知识体系。那么在这样一个知识体系当中，中国经济学特色体现在哪些方面？我想有以下几个方面：第一，从发展的角度和生产力的角度来讲，中国的发展道路是以调动内部经济封闭条件下的生产要素和开放引进稀缺的生产要素为前提，使各生产要素在工业化当中充分发挥各来源生产要素结合的综合优势，实现经济的迅速发展；第二，中国经济发展是在社会主义体制下，调动微观企业、中观区域、国家宏观调节，三个主体积极性的经济发展；第三，它是作为发展中国家将市场经济体制与政府引导调节密切结合，用"看不见的手"与"看得见的手"相互配合，保持中国经济持续增长，不出现颠覆性的经济倒退与混乱；第四，中国经济发展借助了宏观财政政策、货币政策相互配合，避免使用经济的过热或冷却的工具，实现了经济较为平稳的经济发展；第五，中国经济的发展过程坚持发展是硬道理，目标是消灭绝对贫困，逐步走向共同富裕。

从发展的制度角度来讲：

第一，我觉得是多种所有制并存，推动以市场为导向、以企业为主体的结构，并以此消彼长的经济主体支撑经济运行和改革经济体制机制，避免经济的波动。

第二，市场机制在资源配置中扮演越来越重要的角色，计划经济资源配置逐步成为国民经济发展的规划引导，这种此消彼长也是中国经济体制机制渐进性的体现。

第三，按要素、按技术、按贡献分配，成为激励各生产要素所有者主要的激励机制，使总体发展与参与发展的生产要素获得应有的经济利益才具有发展的可持续性。

第四，注重摆脱贫困，并伴随经济发展不断完善社会保障体系等再分配的机制。

第五，引进外资，引进有丰富经验的外资企业和跨国公司在干中学，学管理、学资源配置、学高效率运转企业，以完善开放经济。

从这个意义上来讲，这样一个转型中的发展中大国思考过、探索过、经历过的全过程就是我们今天要总结，要检讨的，以便形成某种模式的东西，这也是我们下一步追求高质量发展和高水平体制机制自主运行的关键。

关于经济学科，现在我们分成理论经济学和应用经济学，但是实际上在这个过程当中，我们慢慢感觉到，第一，我们要有解释这个社会制度发展转型过程的基本理论框架和理论内容。第二，要有经济体制机制运行的一系列的经济学知识体系。因此，中国的经济学是理论经济学与应用经济学综合起来的知识体系。从这个意义上来讲，对产业经济学、区域空间经济学、开放经济学、金融学、农业经济学、交通与信息经济学、人口环境与发展经济学等，与前边讲的经济理论的转型与发展等经济学分支一起构成整个中国特色经济学的内容。

（作者单位：南开大学）

新技术时代中国经济的特点及应对

王瑶琪

我今天想表达的观点，是要更加关注新技术时代中国经济的特点与我们的应对。

第一，新技术的发展使得构建中国特色经济学的知识体系和学科体系成为可能。在重视过往经济历史发展的基础上，特别要关注新技术的产生和发展对中国产生的深刻影响。当今的新技术时代，非常典型地表现为数字技术的强力牵引。党的十九届四中全会报告中特别提到，要把数据作为一项重要的生产要素。在应对新冠肺炎疫情过程中，数字经济充分呈现出了独特的生产力。传统上我们认为要素要流动，才能够带来更好的收益。在疫情防控过程中，一些要素的物理流动受到了阻碍，比如人员的地理空间流动大大减少，但是，通过网络远程办公等方式，实质上在网络空间的劳动力流动得到了极大推广。还有，比如教育服务，由于受疫情的影响，全世界许多大学校园都不能如期开放，但是，依托数字技术，教育活动得以在网络上进行，在网络上实现了全球流动。疫情迫使人们的日常生活按下了暂停键，但教育活动却没有停歇。此外，由于数字技术在金融领域的应用时间较长，使得资金的流动没有受到疫情的影响，尤其是无纸化货币支付手段，在疫情防控背景下更加凸显了便捷性和安全性。网络技术的广泛应用，保证了实体经济能够基本顺畅运行。所以需要关注以数字技术为代表的新技术时代对中国经济产生的深刻影响，这实际上也是中国经济在未来有可能跃升的重要路径之一。在此过程中，中国特色的经济学应有自己的独特贡献。

第二，新技术的发展会引致生产关系发生新的变化。大家通常认为，新技术时代，谁掌握了最新技术，谁就拥有更多财富的聚集能力和管理能力。在这个过程当中如何更好地解决贫富差距的问题，如何协调社会不同阶层所拥有的财富差异，如何有效地使得经济健康良性运行，防止社会人群由于对财富的拥有水平不同而更趋于割裂，等等。这些问题是我们在新技术时代来临时，需要特别关注的内容。

第三，关注新技术时代经济政策的着力点。一方面，我们受制于某些技术，一些"卡脖子"的技术影响到中国产业的良性发展；另一方面，我们也依赖于对一些先进技术的掌握，正是技术的快速进步才使中国成为一个更加强大的国家。我们需要从经济学的角度，研究生产要素的合理配置、生产关系的动态调整等方面的问题，帮助国家更好地实现科学技术从 0 到 1 的突破。除了科学技术专家的研发工作之外，经济学家应该在体制机制上做相应的研究，包括对知识产权的保护、对新技术研发的投入机制、对研发失败的成本分担、对科研活动的优化管理，等等。力求构建出激励先进技术源源不断地产生和产业化应用的体制机制，以适应新技术时代的经济运行规律。

第四，关注新技术带来的不确定性，重视经济运行的系统稳定性。产业结构的调整和生产关系的重塑速度，通常慢于新技术的发展速度，技术快速发展的同时会带来经济发展的不确定性和不稳定性。我们要特别关注如何在不确定性的条件下求得比较确定的发展，要更加系统地考虑问题。实际上不确定性是我们永远要面对的，无法消弭与规避，需要系统地驾驭不确定性，降低不确定性带来的风险，让国家的经济发展在系统上更具稳定性、更具长久性。

（作者单位：中央财经大学）

习近平新时代中国特色社会主义经济思想研究

新中国经济发展与理论创新

程　霖

　　中华人民共和国成立以来，中国共产党领导全国各族人民展开不懈奋斗，在经济建设上取得了举世瞩目的伟大成就。如何认识这一成就，如何解释这一成就，是以史为鉴、接续奋进的重要课题，也是国内外学者普遍关注的一大焦点。截至当前，众多研究从对内改革与对外开放相互促进、政府和市场相得益彰、加强顶层设计和摸着石头过河辩证统一、党的领导和发挥人民主体作用有机结合、国有经济与民营经济共同发展等层面展开了深入考察。事实上，从经济思想史出发研究中华人民共和国成立以来的经济理论创新，也可作为解释中国经济发展的一个视角。因此，接下来将探讨三个问题：第一，中国经济取得怎样的发展成就；第二，如何解释中国经济发展成就的取得；第三，如何推动更进一步的发展。

　　关于中国经济发展的成就与现状，总结起来可概括为以下几个方面：一是从一穷二白发展成为世界第二大经济体，经济实力和国际影响力实现历史性跨越，经济规模日益扩大，经济结构不断优化，国际地位显著提升；二是工业化、城镇化、农业现代化、信息化取得突出成就，成为最早实现联合国千年发展目标中减贫目标的发展中国家，为世界减贫事业做出巨大贡献。与此同时也应看到，中国经济从高速增长阶段转向高质量发展阶段，还面临着若干需要解决的重大问题，包括经济结构性问题日益突出、改革进入攻坚期和深水区、宏观环境风险压力加大等。但总体上可以说，中国的经济发展为中华民族迎来从站起来、富起来到强起来的伟大飞跃提供了必要的物质基础，为中华民族伟大复兴做出了重要贡献。

必须强调的是，中国经济发展成就的取得并非偶然，而是中国共产党领导中国广大人民发挥主观能动性而积极探索形成的结果，这其中必然包含了经济理论的发展与创新。中国经济实践为经济理论创新提供了实践基础，经济理论的发展与创新又进一步指引和推动新中国经济发展。因此，中国经济发展与经济理论创新，二者相辅相成、互促互进。深入总结和认识中国的经济理论创新，将为理解新中国经济发展增添一个重要的维度。

在考察中国经济理论创新发展的问题上，有必要进行多层次的系统概括。当然，中国经济创新有多重原因，一是内部的经济变革与发展需求，二是外来的经济理论参照，中国经济理论正是在这样的背景下探索生成的。在对中国经济理论创新成果进行界定与识别的过程中，还应该建立一套标准。目前学术界对此尚未展开深入研究并达成共识，但大体上可分为两类，一是侧重范式突破，二是侧重实践价值。结合已有观点和中国经济研究实践，"本土性""原创性""实践性"可成为判断中国经济理论创新的三大要素。

在此标准下可以看到，"发展"是贯穿近当代中国实现民族复兴的一条核心线索和持续探索的历史主题。中华人民共和国成立，特别是改革开放以来，我国在经济领域各个方面和改革环节中，已逐步探索并初步形成了以"发展"为核心的经济理论创新体系，主要包含四个维度。第一，中国经济发展的历史方位与指导思想。这是对中国经济在不同发展阶段的科学判断和方向把握。毛泽东思想、邓小平理论、"三个代表"重要思想、科学发展观在改革开放前和改革开放以来的不同阶段发挥了重要指导作用。习近平新时代中国特色社会主义经济思想中的新发展阶段、新发展理念、新发展格局等重要论述，更进一步擘画了我国在新时代的发展方位、指导原则以及科学路径。第二，中国特色社会主义基本经济制度理论。包括中国特色社会主义所有制结构理论、中国特色社会主义收入分配理论、中国特色社会主义市场经济体制理论。这为中国经济发展提供了制度保障。尤其是党的十九届四中全会，首次将社会主义市场经济体制连同社会主义所有制结构和社会主义收入分配结构同时确立为"社会主义基本经济制度"，既体现了社会主义制度优越性，又同我国社会主义初级阶段社会生产力发展水平相适应。第三，中国特色社会主义经济发展理论。这为中国经济发展提供了关于目标与路径的系统认识，主要包括工业化理论、城镇化理论、农业现代化理论和对外开放理论等。第四，中国特色社会主义宏观经济管理理论。这是实现中国经济持续稳定健康发展的重要手段。从综合平衡到宏观调控，新中国不断探索宏观经济管理理论的创新。新时代以来，我国提出完善宏观经济治理，强调各种政策工具的高效协同以及各类调控手段、调控目标、调控方式的协调配合，将宏观经济管理理论的探索推向了一个新高度。

关于如何推动中国经济的可持续发展，需要做的一项重要工作是构建"中国经济学"。中国经济发展取得的成就和经验，需要进一步总结和提炼，而中国经济发展存在的不足和问题，也需要进一步发展和完善已有理论，从而以科学的理论体系予以解释和指导。所以，构建中国经济学是时代赋予当前学界的一个重大历史使命。那么，需要回答如何推动"中国经济学"的构建。从历史的角度出发，一个系统性的经济学说构建往往需要三个条件：一是经济的持续发展；二是有一系列经济理论创新的积累；三是进行理论创新的完善与综合。前两点在当前中国已经较大程度上得以实现，下一步的侧重点应放在第三点上，即在实践中检验并不断发展完善已有经济理论，同时面向新的重大问题，探索总结实践经验，提炼发展新的理论，最后在此基础上，对已有的创新理论实现综合，构建中国经济学。

值得一提的是，在上述过程中，经济思想史具有独特的学术优势。一方面，该学科善于总结，可以梳理提炼中国经济理论创新、总结经济学构建规律、研究西方经济学体系演进史并考察"中学西渐"及其影响，从而提供借鉴。另一方面，该学科也善于提出问题，可以分析当前学术的进展与不足、明确未来应该着重发展的方向。因此，应进一步发挥经济思想史学科在构建中国经济学中的积极作用，共同推进中国特色社会主义政治经济学学科体系、学术体系、话语体系建设。

（作者单位：上海财经大学经济学院、中国经济思想发展研究院）

农地非农化制度变迁:权益重配与利益重构

盖凯程

城市化进程中,特别是在农村集体土地征用和城市土地出让过程中,农地非农化增值收益分配不公和利益关系失衡造成了严重的经济社会问题。与此同时,城市建设用地日趋紧张和农村集体建设用地低效闲置悖论催生了集体土地隐形流转市场,供需双方自发匹配和灰色交易在重塑土地权益关系的同时,滋生了新的利益冲突和社会矛盾。在此背景下,集体经营性建设用地入市,无疑将改变既有土地增值收益分配机制的生成逻辑,并对现行土地利益格局产生冲击。经济运行逻辑向纵深切换、城乡二元体制非兼容性深度摩擦以及农民主体财产权利意识的迅速觉醒等,引致中国土地制度约束条件的深切改变。"三块地"联动改革所牵引的土地制度变迁和政策变化呈现出从板块式、碎片化特征向联动化、一体化方向转变的适应性调整的趋向,城乡建设用地市场结构和传统土地利益格局也将随之发生深刻变化和调整。如何根据稳定与发展的需要构建协调各相关主体的土地利益共享机制,已成为非常重要的问题。这为我们提供了新的研究视角。

新时期中国土地制度改革应以马克思的所有制思想与财产权理论为指导,借鉴吸收西方经济学产权理论和模糊产权范式,构建一个新时期农地非农化制度变迁和土地利益格局重塑的理论分析框架:理论逻辑——所有制与财产权的脱敏;历史逻辑——多元所有制结构下的微观主体财产权构建;实践逻辑——农地剩余权利向农民(集体)的转移和赋予。这一理论、历史与实践逻辑指出了农地非农化改革的指向：在农地剩余索取权和剩余控制权的错配、转移和重配的过程中，逐步构建农村土地集体所有制前提下的农民（集体）主体财产权。

（一）传统农地非农化利益分配机制：地方政府对剩余权利的获取

中国土地市场化改革内生于中国经济体制转型的大逻辑之中。在现行土地产权制度空间和土地政策约束下，地方政府成为中国土地市场化进程中的一个内生性构成要素。城乡建设用地市场二元结构和模糊的产权制度环境塑造了非均衡的土地利益分配机制。在模糊产权制度环境下，农地产权权利束中的各项具体权利（权能）必然以分散的形态落入不同利益主体的手中。作为从财政分权中分化出来的一个利益主体，转型期的地方政府逐渐具备了借助土地要素资源去推动现行制度框架可允纳的地方增长以获取最大化垄断租金的能力。地方政府由此作为一个揳入变量在围绕农地"剩余权利"的争夺中嵌入进来。"农地非经征用不得入市"的制度构件和交易机制将这一分割的市场体系以征地方式联结起来，塑造了地方政府在土地市场上的垄断地位，在征地出让过程中地方政府作为实际剩余控制者和索取者获取了绝大部分农地非农化的增值收益。

城市化进程中，在耕地红线不能突破、城市建设用地指标日趋紧张、农村集体建设用地低效闲置的多重约束条件下，为了缓解城市建设用地紧张的难题，需要在既有制度约束和政策空间内寻求城乡建设用地资源配置的新路径，从而催生出以城乡建设用地增减挂钩为政策工具、以城乡建设用地指标置换为内容、以宅基地退出为关键、以土地发展权空间转移为内涵属性的农地使用权空间漂移交易机制。这一制度内边际创新起到了提高土地资源优化配置和利用效率、促进农民土地增值收益分享的积极效应。然而，这一政策的逻辑起点虽始于农村集体建设用地（主要是宅基地整理节余出的指标），但其最终的落脚点却是城市新增建设用地（实质上是在国家下达建设用地指标之外的额外征地指标）。依托城乡建设用地增减挂钩政策工具而形成的空间漂移交易市场本质上仍是内嵌在传统征地模式之中的,农地非农化的剩余权利仍被地方政府牢牢掌控。

在市场不完善的条件下,农村集体土地模糊产权是一种相对富有效率的制度安排,有力地推动了中国城市化进程。作为农地非农化中土地产权的剩余控制者和土地价值的剩余索取者,地方政府对土地资源进行符合自身效用目标函数的配置行为促成了地方扩张型增长路径,推动了地方经济快速发展和城市化快速推进,但也导致了土地资源浪费、社会公平破坏、市场分割加剧等诸多负面效应。农地非农化过程中土地最终控制权的错配也在一定程度上排挤了农民平等参与分享工业化、城市化带来的土地增值红利,阻塞了农民土地财产权利的实现渠道,遮蔽了农民财产性收入的财产权利之源。随着城乡土地市场结构从分割、垄断走向整合,这一相对富于效率的"较优"制度安排逐渐沦为潜伏了效率与公平双重损失的"最劣"制度安排,市场环境的变化对模糊产权清晰化和重新界定提出了客观要求,现行农地非农化(征地出让)模式已然难以为继。

(二) 农地非农化制度变迁:剩余控制权转移与利益关系重构

农村集体经营性建设用地合法入市突破了凡变为城市建设用地须转为国有土地的制度框架,为打破传统农地非农化利益分配格局、形成市场化农地转用机制准备了条件,是一种典型的制度创新。中国农地制度变迁始终围绕对外部利润的激烈争夺而展开。根据制度变迁理论,制度创新的诱因是外部利润的存在。市场环境的变化(市场规模、技术条件、要素相对价格等)引致了传统制度环境下当事人无法获取外部利润(潜在利润),进而诱致经济当事人实施制度创新以使外部利润内部化。制度变迁本质上是一个利益重构的过程,相关利益主体间力量比对及其利益耦合度决定了制度创新的基本维度。

城市化加速凸显了集体建设用地的巨大增值空间,土地权利意识迅速唤醒的农民(集体)追求使这一潜在利润显性化的动机成为推动集体建设用地直接入市的原动力。农民(集体)基于追求潜在的制度创新净收益而成为第一行动集团,当预期收益大于预期成本时，就会在正式制度之上进行规避征地侵害、获取潜在利润的边际创新。绕开正式制度安排推动集体建设用地隐形（或非法）入市交易成为其最优选择，具有典型的诱致性特征。自下而上的需求诱致性制度变迁得到自上而下的供给主导的强制性制度变迁的回应。国家努力将其自发入市行为引导和纳入正式制度创新范畴：一是通过允许地方试点或成立试验区试错以测算新制度的运行成本和收益；二是在试验的基础上通过立法或行政提供正式制度供给。2019 年修订通过的《中华人民共和国土地管理法》是这一制度变迁的典型表现。

集体经营性建设用地入市，与国有建设用地同地、同价、同权，其突破性意义在于剥离了国家意志之于农地所有权的依附，破除了农民（集体）土地财产权益变现的制度屏障，实现了土地"剩余控制权"对农民（集体）的赋予，从而真正构建起国家、集体和个人间平等的产权关系。"同等入市"意味着农村集体经营性建设用地享有与国有建设用地平等进入市场的地位，可在更广的范围、用途以及更多市场主体间进行市场交易。"同权同价"意味着集体经营性建设用地享有与国有建设用地相同的权能，具体表现为：在土地一级市场上可租赁、出让、入股；在土地二级市场上可租赁、转让和抵押等。基于农村集体建设用地的用益物权特性，在既有权属基础上扩大权能，明确赋予了农民（集体）以集体经营性建设用地的处置权、抵押权和转让权。赋予转让权，意味着集体土地资源具备通过市场交换转化为资本的变现渠道；赋予抵押权，集体土地才能有效地融入金融市场，获取金融资源。集体经营性建设用地自发入市进行市场对价，多个农民（集体经济组织）作为供地主体，改变了现行城市土地一级市场政府垄断供应格局，必然增强农民在围绕土地增值收益争夺中的讨价还价能力和议价权，继而改变和重塑土地利益格局。

（三）农地非农化制度变迁：系统性风险预判与规避

农地非农化制度变迁的"路径依赖"内嵌于由中国特殊二元土

地产权制度和城乡间非对称的土地权利构架而生成的"土地—财政—金融'三位一体'"城市化模型和地方增长导向发展逻辑之中。集体经营性建设用地入市的制度创新和政策调整的初衷是在继续城市化和土地要素集约利用之间寻求一个合宜的均衡解，目标是以之推动和促进城乡建设用地市场的一体化和融合发展。集体经营性建设用地入市涉及土地市场上的重大利益调整，意味着重构了一个内在不断产生关联效应的复杂经济系统，表现为对现有土地制度安排与利益分配格局非线性替代的复杂博弈的动态过程。过于激进的集体经营性建设用地入市可能诱发的诸多风险有着相互触发的传导机制和系统性的内在联系。

这一系统性潜在风险表现为：宏观层面的财政风险、债务风险和金融风险及其可能诱发的新型房地产泡沫风险、耕地资源破坏风险、农业生产率停滞风险和粮食安全风险等系统性风险；中观层面的区域、村组间土地禀赋资源分布不均和增值收益分配失衡诱发的农民群体收入分化风险；微观层面的"代理人风险"和"内部人控制"以及由此而引发的集体资产流失风险，等等。将集体经营性建设用地入市作为城乡建设用地市场从分割走向整合以及整体土地利益格局变动和利益关系调整的揳入点，增强对入市改革风险识别和风险规避机制的全面、深入、系统研究，构建系统性的风险防范、控制和规避机制，对于确保土地制度改革的有序深入推进、促进城乡建设用地市场一体化以及缩小城乡收入差距具有重要意义。

总之，新一轮的农村土地制度改革以赋予农民土地财产权和农民财产权主体地位、实现农民土地财产权益为核心。在农地剩余索取权和剩余控制权的错配、转移和重构的过程中，需要在"土地公有制性质不改变、耕地红线不突破、农民利益不受损"三重约束条件下，逐步构筑起农村土地集体所有制前提下的农民（集体）主体财产权秩序。这一秩序的重构，有赖于在制度层面上着力推进农村集体产权制度改革，探索农村集体所有制有效实行形式；有赖于在体制层面上着力锻造城乡各类土地市场整合机制，构建城乡一体建设用地市场体制；有赖于在机制层面上，建立兼顾宏观、中观、微观不同利益群体利益的土地增值收益分配和利益协调机制。以内生性的产权制度、外生性的市场体制和关键性的利益平衡机制"三位一体"的基础制度架构，引导、带动和促进中国城乡土地利益格局重构。

（作者单位：西南财经大学经济学院）

摒弃"概念导向"的研究陋习，弘扬"问题导向"的研究作风

张晖明

长期以来，特别是党的十八大以来，经济理论界对于我国社会主义建设实践进程的研究，尤其是对改革开放所取得的"奇迹"性成就的研究，形成了诸多成果。经济理论工作者通过深入生活，围绕"马克思主义中国化"核心命题，发掘中国元素，总结归纳成功经验，致力于"内生性"地发育建构中国特色的社会主义政治经济学理论体系。"以问题为导向"的研究工作方式，将伴随实践的推进持续地为研究工作提供新的素材，与此同时，也为理论深化不断注入活力。跟进检讨当下政治经济学理论研究格局，我想谈三点看法。

（一）当下政治经济学理论研究工作方式存在"概念导向"的困扰

检讨政治经济学理论研究的工作方式和文献诉求方式，是否存在两种不同研究方式的流派分野。一个就是"从概念出发"来描述中国今天的创新，也就是说基于马克思恩格斯等革命导师的思想学说对"未来社会"进行描述的理论范式和基于对当时资本主义生产方式的批判得出的结论，讨论中国今天的实践。另一个是从中国自身的实践出发，紧扣现实中社会主义在不断克服消解前进道路上所面临的诸多困难和问题，将科学社会主义原则予以实践转化，积极探索、建设和完善现实社会主义运行机制。前者从概念出发的研究所做的工作就是用现成的结论来"尺度"现实，做出评论和分析。比如说经济生活中所存在着的"非公经济"（私有制）、"市场经济

体制机制"问题,与这两个经济运行机制相关,必然也就会在理论的逻辑关系上影响到对于如何处理政府市场关系等经济理论和经济政策的讨论和评价。最具典型意义的是如何理解和阐释中国特色社会主义制度的理论和实践话题。党的十九届四中全会通过的《决定》,明确界定了三个方面主要特征内容。对于这种概括的理解,在《辅导读本》中,刘鹤副总理执笔撰写了专题解读论述。这样的新概括正是从我们自己对于社会主义发展阶段特点的认识和深化、从经济发展进程的丰富实践出发,对于反映社会主义基本经济制度特征的内容,从生产资料所有制形式、居民收入分配形式和在生产经济运行的资源配置形式的具体构造和这几个主要内容的相互关系角度加以提炼表达,也是对于丰富实践的经验总结,并已经得到实践检验的相对成熟的表述。

这样的理论认识内容,也是我们坚持马克思主义具有的"以问题为导向"的理论特质的具体表现。正如习近平总书记在2016年5月17日《在全国哲学社会科学工作座谈会上的讲话》中所强调的,要以我们正在做的事情为中心,以问题为导向开展理论研究,开拓马克思主义新境界。

理论来自实践。既有的理论需要接受实践的检验,过去的理论面临新的经济社会发展环境和新的生产力发展水平(包括新的技术手段应用、新的生产要素的挖掘使用、分工关系的不断深化、分工范围的不断扩大、分工协调形式和组织形式的变化等)。这要求我们把握历史唯物主义方法对于生产力和生产关系的具体规定性,在具体内容和作用功能的理解应用上加以创新,才能提升掌握作为解剖分析经济社会演进规律的"工具"手段的能力。

我们也注意到有的学者对于社会主义基本经济制度新的概括表述持批评的观点,将市场经济体制视作资本主义经济运行方式的"专利",以至于将"新表述"视作有原则性错误。仔细阅读这种观点所叙述的文字内容,可以感知到其只是简单地、教条主义地将马克思恩格斯对于"理想社会"的特征表述,直接拿来"尺度"现实社会主义。这样的理论实际上就是"从概念出发"进行研究,在研究方法或者说研究方式上也是不符合马克思主义理论"特质"的,是跟马克思主义的方法论相违背的。

(二) 对概念导向的经济理论研究方式产生原因的检讨

前面所说的概念导向的研究方式与传统的政治经济学理论研究,深受斯大林对社会主义政治经济学理论所做的工作和这样的理论直接主导社会主义经济体制的形塑的影响。这样的理论和体制对中国的政治经济学界有着直接的影响。我把这样的研究方式称为政治经济学研究的"苏联范式"。这种范式对中国的政治经济学研究队伍的理论建设和工作能力产生的影响包括以下几个路径。

第一,苏联作为世界上第一个建设社会主义制度的国家,早在1936年就宣布完成对于社会再生产组织体系的社会主义改造,宣布社会主义改制完成,在此基础上,逐渐发育形成了一套社会主义实践模式。更何况在当时全球的经济发展环境中,苏联经济面对国际列强的围堵,重视建设自己独立的工业体系,取得很大的成就。这样的"成就感"亦会增强人们对现实"社会主义"应该是一种什么样的制度安排和运行管理方式的理解。使得中国共产党人在理论认识及其具体实现上,触摸见识到社会主义的现实存在性。关于"社会主义"的理论、实践有了具体的"对象感"。苏联模式的理论和实践为我们理解现实存在的社会主义制度和社会建构提供了"第一印象"。

第二,是斯大林主持编写的《经济学教科书》。从1952年出版到1956年的第三版翻译成中文,给中国的政治经济学理论研究提供了一个"社会主义政治经济学"理论的体系框架。相对于正处在刚进入现实社会主义建设阶段的中国政治经济学理论工作队伍而言,这本教科书同样带来对于社会主义政治经济学理论体系认识理解的"第一印象"。

第三,是中国的第一批政治经济学理论研究工作者队伍。他们是由当时在中国人民大学开办的"政治经济学研究班"培训的,而且，主要是聘请苏联专家为研究班讲授课程，我们的老师辈的经济学家有许多人都是经过这个研究班系统训练出来的。换句话说，苏联专家们所传授的社会主义政治经济学理论范式，就是以这套机制拷贝到中国来的。

第四，是北京师范大学沈越教授在研究"市民社会"概念时提出来的问题给我的启发。我们已经正式出版的、由中央编译局主持翻译的《马克思恩格斯全集》50卷是以俄文为主翻译过来，当时的中央编译局所开展的工作也是聘请苏联专家做具体指导的。我们复旦大学历史系曾经聘请马克思曾外孙，他在做交流研究中就曾经提到，德国正在组织专家对《马克思全集》进行重新整理，中文已经翻译过来的50卷实际上只占马克思手稿的三分之一。研究全部的马克思的手稿，可以发现马克思自己的思想实际上是不断深化和发展着的，特别是在他的晚年所写的大量手稿中，他的思想不断地丰富完善。正是这样，停留在现有的50卷的研究内容显得很不够。也就是说，我们对马克思主义的整体理解还是有一定的欠缺。

进一步说，对于我们在社会主义政治经济学理论体系的学习研究工作上还表现出互为叠加、互为增强地产生对社会主义政治经济学理论在中国如何建设发展的影响，也就是对于"马克思主义中国化"产生直接的影响。使社会主义政治经济学理论研究的传统工作方式总是被带入"概念导向"的工作方式中去，直接束缚制约我们的理论工作者回应社会主义实践所面临的挑战的能力，必然制约束缚了社会主义实践的手脚。今天把这样的影响说开来，也就是我们可以清醒地认识到既往已经发生的、涉及具体人物对某些经济理论观点评判和具体结论处理，在理论学术研究工作方式上存在的原因。

（三）坚持"以问题为导向"的研究方式，开拓马克思主义中国化新境界

指出当下政治经济学研究存在教条主义的"概念导向"特点的文章和言论，找到这种研究方式产生的原因。仔细阅读具有这种风格的研究文章，发现他们总是喜欢将问题的讨论归谬到政治的、意识形态的层面上,对问题讨论的意义下判断、做结论。本来学术的争鸣对于更好地开发与学术命题本身直接相关的诸多因素是自然的,也是有一定的积极意义的,起到可比较、可参照的客观作用。但是,当被简单链接到政治上是否正确往往就造成问题讨论难以进行下去的结局。这样的局面是不利于学术自身发展和发挥理论对实践的指导作用的。

正是这样,我们强调必须摆脱教条主义和本本主义的从概念出发做研究的积弊,转向"以问题导向"的"实事求是"的研究作风,以有利于推进中国特色社会主义政治经济学理论的创新研究。实际上,这是能否确立正确的研究方式的命题,也是一个"学风"问题。坚持问题导向,就是要深深扎根于中国成功实践的肥沃土壤,才能从中国共产党百年实践、中华人民共和国70多年的社会主义建设实践中挖掘发现"马克思主义中国化"的理论元素,正确引导马克思主义与中国实际相结合、与中华民族优秀传统文化相结合。

回归到如何坚持马克思主义科学方法论,需要我们刷新对于历史唯物主义方法论基本内涵的认识,对于中国现阶段发展所处的国际国内环境中的生产力和生产关系的具体内容,构成现实生产力的各类生产要素、新的全球化分工(分工范围的新变化),全球化资源配置的协调组织形式的变化,全球分工链、技术链、价值链、交易链、利益链的新组合和新机制有动态的理解和把握,特别是要把研究者自己代入其中,建构起新的理论分析模型。也就是说,我们的研究不能只是停留在《资本论》对于生产力分析所概括的劳动力、劳动工具、劳动对象的问题上。对于"劳动力"要素联系具体的劳动、技术、管理等因素加以细分,有助于理解实际经济活动中的分工方式、岗位和作业特点并加以深入讨论。联系"劳动工具"进行分析,就拿电脑这个工具的使用而言,现实的工具能力高度有赖于电力供应、软件操作系统、电子元器件等因素的多层次集合。再说"劳动对象"范畴,我们以产品生产过程的"供应链"来具体讨论,与产品的物理存在形式相关,从零部件制造到配送组装最终的制成品，与之相关的还有产品设计、零部件制造的材料供应、生产产品的装备能力等，这许多方面因素的实际发挥作用过程受制于技术特征的要求。技术特征决定了如何将多元分工的利益相关者组织整合起来。在最终产品生产出来提供给用户后，经过市场交换关系的实现，自然会提出所有的利益相关者的利益关系体系的均衡处理问题。在动态经济运行中，这样的均衡体系的存在决定了这样的分工合作关系的可持续性，也就是社会再生产体系的可持续性和继续发展的可能性。

说到底，我们必须对历史唯物主义方法论这一解剖经济社会的"理论模型"加以重新认识，联系20世纪五六十年代系统论、控制论、信息论对于理论方法论的创新，到今天的数字化、信息化和网络化，要从这样的新生产力运动方式出发去考察中国特色社会主义实践，挖掘蕴含其中的经济理论元素，从中国特色社会主义的成功实践的个性化特点中提炼出带有普遍性的经济发展规律，为人类文明做出中国学者的理论和智慧的贡献。

（作者单位：复旦大学长三角研究院）

关于加快推进农业农村现代化的思考

郭冠清

"十四五"时期是我国跨越中等收入陷阱、踏上全面建设社会主义现代化强国新征程的重要时期，我国农业农村发展的重点将从脱贫攻坚转向农业农村现代化建设。这一时期除了需要建立有效的防贫返贫机制外，还面临着分散的农户与现代农业对接困难、农业的全要素生产率低下和农产品结构性调整等方面的挑战。我结合农业农村现代化演变的进程谈一下如何推进农业农村现代化。

（一）社会主义改造时期建立的合作社试验

中华人民共和国成立以后，基于延安时期的经验和中国工业非常薄弱的实际，放弃了苏联先机械化再集体化的发展模式，选择了农业合作化这一中国特色的农业发展道路。在毛泽东同志的号召下，我国迅速掀起了农业合作化道路的高潮，农业生产合作社的数量从1951年12月的300多个增加到1953年12月的14000多个。1955年，毛泽东同志还亲自主持编写了90多万字的大型文献《中国农村的社会主义高潮》，热情讴歌农业合作化的成果。

（二）社会主义建设时期人民公社制度的成就与教训

虽然合作社这种生产方式与当时我国农业的生产力发展水平相符，在生产关系上也具有社会主义的性质，但是由于它无法满足国家工业化战略的"以农补工"的需要，或者更进一步说，国家工业化战略所需要的资金积累无法通过工农业产品价格"剪刀差"的方式来提取，因此，就我国当时的整体生产力水平来看，仍然不是一个最优生产方式选择。

1962 年 2 月开始的"人民公社、生产大队、生产队"三级所有、"队为基础"的人民公社制度，通过税收方式、"剪刀差"方式、储蓄方式为工业化提供了大量的资金积累。1952—1990 年，农业为工业提供了约 1 万亿元资金，平均每年高达 250 亿元。不仅如此，在人民公社时期，我国农业也取得了巨大进步和显著增长。例如粮食产量从 1962 年的 1.60 亿吨增至 1982 年的 3.54 亿吨，增幅高达 121.3%。

人民公社这种生产方式是在国家工业化建设特殊阶段的一种既能促进生产力发展又能理顺生产关系的制度安排。由于人民公社的生产队成员彼此非常熟悉，甚至具有血缘或拟血缘关系，交易成本相对较低，偷懒等现象在很多地方并不明显，对社会生产力的利用远高于原子化的个体。这种制度的最大缺陷是对农民的积极性调动不足，产出与分配之间并不存在完全的关系，农民和家庭无法获得剩余索取权，生产队长也缺乏监督的激励，尤其是大部分产出被国家统购统销转移之后上述缺陷更为明显。

（三）家庭联产承包责任制的成就与问题

以家庭为经营单位的生产模式并不是一种全新的生产方式，1956 年在浙江永嘉县曾经出现过，20 世纪 60 年代初，安徽等省份也兴起过。从某种意义上讲，家庭联产承包责任制生产方式不过是人民公社时期家庭副业的升级版。

农村这场被科斯和王宁称之为"边缘革命"的改革，一旦兴起，就产生了前所未有的生命力，例如 1979 年小岗村粮食产量高达 13.2 万斤，是 1966 年到 1970 年这 5 年的总和，而油料的产量达到 3.5 万斤，是过去 20 多年的总和。农村改革另一个突出亮点是"乡镇企业的异军突起"。到 1984 年底，乡镇企业数量已达到 606.52 万个，就业人数 5208.11 万人。

家庭联产承包责任制对农业生产的贡献主要是在改革开放初期。我国粮食产量从 1977 年的 2.83 亿吨提高到 1984 年的 4.07 亿吨，而 1985—1990 年，全国粮食产量一度在 4 亿吨上下波动。小农户面对复杂多变的市场环境，暴露了其劣势。也就是说，家庭承包责任制在解决了农民吃饭问题之后，其效应开始减弱，农村在经过一段快速发展之后，又逐渐陷入了困境，"三农"问题逐渐显现。

（四）新时代农业农村现代化的创新与发展

以新发展理念引领农业农村经济发展。当家庭联产承包责任制的活力基本释放完毕后，我们以什么理念来指导农业农村的发展，才能破解"三农"的难题呢？以习近平同志为核心的党中央面对我国经济发展的新形势、出现的新问题，提出了以创新为动力的新发展理念，并将它用于农业农村经济建设之中。

坚持以人民为中心的发展思想。虽然家庭联产承包责任制的建立，将禁锢的农业生产力解放了出来，解决了我国广大农村几千年都没有解决的温饱问题，但是为什么还有些农民处于贫困状态？为什么我国的收入不平衡问题如此严重？以习近平同志为核心的党中央牢牢树立"坚持以人民为中心的发展思想"，通过"精准脱贫"，将农业农村改革完全建立在"人民"之上。

深化农业供给侧结构性改革。由于我们所处的时代已不是改革开放之初的"短缺经济"时代，人民对美好生活的需要对农业供给提出了更高的要求，只有进行供给侧结构性改革才能破解这个难题。以此为背景，2015年12月中央农村工作会议提出了"深化农业供给侧结构性改革"。国内的结构性矛盾是单个农户或市场经济本身无能为力的，必须更好地发挥政府作用，对农业进行结构性改革。

（五）农业农村现代化发展面临的挑战

分散的农户与现代农业对接困难的挑战。市场经济时期，国家已经不再具有控制全部社会经济资源的能力。分散的农户无法支撑任何一种现代化发展战略，既无法保障自身的福利，也不能支持国家战略的有效展开，在市场化改革面前由于无能为力而会产生越来越强的抵触情绪。

农业的全要素生产率低下的挑战。尽管家庭联产承包责任制调动了农民的积极性，但是受分散经营规模的限制，科技成果的应用非常困难，导致我国农业的全要素生产率非常低，农产品的生产成本非常高，缺乏国际竞争力。2017年我国农业劳动生产率是第二产业的1/8，第三产业的1/4，农业全要素生产率不及美国的60%。

农产品结构性调整的挑战。"十三五"时期，我国一直在致力于对农产品进行结构性调整，但是效果并不明显，大豆进口量从2015年的8156万吨增加到2019年的8851万吨，年度进口量占全球总量的60%左右。我国大豆的短缺，还有优质稻谷和小麦供给不足，反映出我国粮食生产存在严重的结构化问题。从根本上看，大豆的短缺来源于大豆种植科技含量不高，几十年来产量几乎没有提高，种植成本太高，需要加大大豆产品的科技含量，"让农业插上科学的翅膀"。

（六）推进农业农村现代化的对策

统筹国内外市场，深化农产品结构性改革。针对我国在农产品供给方面的结构性问题，尤其是大豆、优质稻谷和小麦等主要依赖进口的问题，"十四五"时期要在确保粮食生产安全的基础上，对收储抛储体系进行深度调整。在国内市场上，彻底摒弃"计划经济"的思维模式，按照市场在资源配置中起决定作用的要求，建立有效的价格形成机制，以市场方式引导资源向满足人民对美好产品需要的方向配置。在国外市场上，要坚持国家的主体性，走出比较优势的误区，按照我国农产品的生产力发展阶段，在满足人民对美好产品需要的同时，对需要培育的农产品进行保护。

更好发挥政府作用，加快农村市场化体系建设。虽然市场经济作为一种资源配置方式的制度安排，在我国已经有接近30年的时间，但是一些地方并没有完全建立起适合市场经济发展的外部环境和制度体系，影响了农业农村现代化的推进。在"十四五"时期，尚未建立起农村市场化体系的地区要把市场化体系建设作为重点去抓。要加强顶层设计，避免"摸着石头过河"偏离正确的航线，避免制度障碍影响市场化体系的建立，同时还要更好发挥地方政府的作用，在政府的积极作为下，建立起适合市场经济发展的外部环境和制度体系。

以县域经济为中心，鼓励和支持新型合作组织发展。要破解改革开放以来农业农村发展的难题，推进农业农村现代化，除了扬弃人民公社和家庭联产承包责任制，走新型合作化道路前行外，没有其他更好的办法可以选择。"十四五"时期，要进一步明确县域经济的中心地位，要充分发挥全国各县（市、区）党的领导的优势和政府的积极作用，根据各地的禀赋优势和实际情况，做好顶层设计，引导农户走新型合作化发展道路，以充分利用社会生产力，解决分散的农户与现代农业对接的困难，因地制宜推进我国农业农村现代化进程。

加强党对农村的统一领导，解决农村治理的短板。"精准扶贫"工作中派遣第一支书模式为弥补"村民自治"的缺陷、解决分散的农户与现代农业对接的困难，提供了可以借鉴的模板。"十四五"时期，要继续把政治过硬、熟悉农村工作、有志于为农业农村发展做出贡献的骨干分子，派遣到农村去锻炼，把党对"三农"工作的统一集中领导落到实处，把农业农村现代化的实施落到实处，解决农村治理的短板，建立中国特色的农业农村现代化治理体系。

（作者单位：中国社会科学院经济研究所）

构建中国特色发展经济学的一些思考

郭熙保

今天我想讲一下中国特色发展经济学理论体系构建问题。改革开放以来，中国经济发展取得了举世瞩目的伟大成就，人均收入已经达到 1 万美元，绝对贫困已经消除了。现在该是系统总结中国成功经验的时候了。我长期从事发展经济学和中国经济发展问题的研究，也主编了"马工程"教材《发展经济学》，近几年一直在思考中国特色发展经济学理论体系问题。

首先，关于中国特色发展经济学与中国特色社会主义政治经济学的关系。中国特色发展经济学与中国特色社会主义政治经济学的共同点在于，都是以马克思历史唯物主义和辩证唯物主义为指导思想和方法论基础，以中国特色社会主义理论体系为理论指南，以中国特色社会主义经济实践为研究基础。但两者的区别也是很明显的，主要体现在研究对象上。中国特色发展经济学是以中国生产力发展为研究对象，具体说是以中国当代社会主义初级阶段的经济发展为研究对象。当然，按照马克思主义基本观点，生产力与生产关系是相互作用的矛盾统一体，因此，研究生产力发展当然也要联系生产关系和上层建筑。具体地说，要研究如何通过生产关系和上层建筑的调整来适应和促进生产力的发展。中国特色社会主义政治经济学是以中国社会主义初级阶段的生产关系和上层建筑为研究对象。当然，生产关系和上层建筑的变革也要联系生产力发展。其实，两个学科只是研究侧重点不同，中国特色发展经济学的研究重点是如何推动中国的工业化、城镇化和农业现代化以及它们之间的协同问题，而中国特色社会主义政治经济学的研究重点是中国的基本经济制度，也就是所有制结构、分配制度和社会主义市场经济运行体制机制以及市场和政府之间的关系等问题。

其次，关于中国特色发展经济学当前研究的重点。我国经济发展已经进入了中高收入阶段，正在向高收入阶段迈进，但还没有实现现代化，进入发达经济状态。传统发展经济学主要是研究低收入国家如何跳出贫困陷阱，实现经济起飞。但一国经济跳出了贫困陷阱实现了起飞之后，这个阶段的经济如何发展，传统发展经济学并没有提出相应的理论、战略和政策主张。中国特色发展经济学就是要探讨中国在解决了温饱、实现了小康之后，如何继续发展，最终实现现代化。

再次，关于中国经济的主要特征。中国特色发展经济学研究的是中国特色的经济。中国经济的特征，概括起来主要体现在五个方面。一是发展中经济。中国人均 GDP 虽然已经跨过一万美元门槛，但仍然处在中高收入阶段，还没有迈过高收入国家的门槛，与发达国家的收入差距仍然巨大，譬如美国人均 GDP 已经达到 6 万多美元，是中国的 6 倍，因此，中国仍然具有发展中经济的特征。正如党的十九大报告指出的，中国作为发展中国家的地位没有变。二是中等收入经济。中等收入经济与低收入经济和高收入经济在发展动力、发展方式和发展战略上存在显著差异，因此，必须作为一个独立的经济形态来研究。三是大国经济。中国无论在人口，还是在经济和外贸上，都居于世界第一或第二的位置，是名副其实的经济大国。大国经济与小国经济相比，存在显著差异。四是转型经济。这是从计划经济向市场经济转型的角度来说的。转型经济的特点是体制改革，这种改革能够充分解放生产力，是经济发展的根本动力。在非转型经济体中就没有这个优势。五是社会主义市场经济。社会主义市场经济的特点是社会主义制度与市场经济机制的有机结合。社会主义制度本质特征是共产党领导和公有制占主体地位，在这个基础上让市场在资源配置中发挥决定性作用，同时更好地发挥政府作用。

具有以上五个方面特征的经济体在世界上只有中国，这是中国特色发展经济学研究的实践基础。

最后，关于中国特色发展经济学的研究框架。中国特色发展经济学理论框架以新发展理念为指南，由创新发展、协调发展、绿色发展、开放发展、共享发展、制度变迁六大板块构成。变革是实现五大发展理念的必要条件，不然是发展不起来的。

1. 创新发展。这里所说的创新主要是指科技创新。当然理论创新、制度创新和文化创新也很重要，但是科技创新是关键，正如习近平总书记指出的："社会生产力发展和综合国力提高，最终取决于科技创新。"① 创新发展涉及发展动力的转换问题，即由资本、劳动等传统要素驱动经济发展转变到科技创新驱动经济发展。

2. 协调发展。协调发展涉及区域之间、城乡之间、产业之间发展的优先顺序。协调发展不等于平衡发展，更不是平均发展。协调发展体现了辩证法。习近平总书记指出："协调是发展平衡和不平衡的统一，由平衡到不平衡再到新的平衡是事物发展的基本规律。"② 我国 2010 年进入中高收入国家的行列，工业化已经进入后期阶段，城乡之间、区域之间的不平衡问题已经非常突出，因此，当前的协调发展就是要促进城乡和区域平衡发展、"四化"同步发展。

3. 绿色发展。绿色发展理念是对可持续发展概念的延伸和扩展，其含义和意义更深刻，表明我们党对资源节约和环境保护的认识不断深化。首先，绿色发展是发展问题，也是民生问题，而且更多的是民生问题。习近平总书记指出："环境就是民生，青山就是美丽，蓝天也是幸福。"③ 其次，绿色发展理念强调环境与发展之间的相互促进作用。习近平总书记指出："绿水青山就是金山银山；保护环境就是保护生产力，改善环境就是发展生产力。"④ 可见，绿色发展理

---

① 《习近平关于社会主义经济建设论述摘编》，中央文献出版社 2017 年版，第 125—126 页。
② 《习近平关于社会主义经济建设论述摘编》，中央文献出版社 2017 年版，第 36 页。
③ 《习近平关于社会主义经济建设论述摘编》，中央文献出版社 2017 年版，第 37 页。
④ 《习近平关于社会主义经济建设论述摘编》，中央文献出版社 2017 年版，第 37 页。

念不仅在名词上与可持续发展概念有差异，更重要的是在内涵和本质上存在着重大差异。绿色发展理念是一种新思想、新观念。

4. 开放发展。自改革开放以来，我们党始终是把改革和开放联系在一起的，改革开放是不可分割的整体。但是与过去相比，当前我国经济与世界经济的相互影响前所未有。针对新的国际国内形势，我们党提出开放发展理念，不是过去那种旧的对外开放概念，而是一种内涵更丰富、开放广度和深度前所未有的新思维、新战略。习近平总书记指出："中国将在更大范围、更宽领域、更深层次上提高开放型经济水平。"① 开放发展理念的核心是解决发展内外联动问题，目标是提高对外开放质量、发展更高层次的开放型经济。

5. 共享发展。共享发展理念实质就是坚持以人民为中心的发展思想，体现的是逐步实现共同富裕的要求。习近平总书记对共享发展理念的内涵进行了精辟的阐述。共享发展理念包括四个方面：一是全民共享，就是人人享有，各得其所；二是全面共享，让人民在经济、政治、文化、社会、生态建设各个方面都能有获得感；三是共建共享，在共建中共享，形成人人参与、人人尽力、人人都有成就感的生动局面；四是渐进共享，也就是在发展中不断提高人民的幸福感。这四个方面是相互贯通的，要整体理解和把握。共享发展涉及发展的本质内涵、收入分配和贫困等问题。

6. 制度变迁。制度变迁涉及所有制和分配体制改革、社会主义市场经济体制的完善，具体地说，就是市场在资源配置中起决定性作用，更好地发挥政府作用。体制改革就是通过调整生产关系和上层建筑以适应我国现有生产力水平，以充分发挥和挖掘生产力的潜力，促进经济更快发展，属于生产关系反作用于生产力的研究范畴。

以上六大板块的内容构成了中国特色社会主义发展经济学的理论框架。发展本质上是一个动态变化的过程，发展经济学就是探讨经济发展的动力、结构和制度的变化趋势。第一部分考察的是发展

---

① 《习近平关于社会主义经济建设论述摘编》，中央文献出版社 2017 年版，第 287 页。

动力的转换问题，即从发展初期的要素驱动发展向中高收入阶段的创新驱动发展的转变；第二部分研究的是经济结构变迁问题，也就是工业化、信息化、城镇化和农业现代化及其同步发展问题，以及城乡与区域经济发展的动态平衡问题；第三部分讨论的是发展与环境的动态关系，也就是生态文明建设与经济发展之间的平衡关系；第四部分论述的是开放条件下贸易与外资对经济发展的作用，也就是如何充分利用经济全球化和国际市场促进我国经济发展的问题；第五部分讨论发展本质内涵、收入分配、贫困与反贫困问题，也就是发展概念的演变、经济发展过程中收入分配变化趋势，以及贫困的根源、反贫困战略与路径问题；第六部分探讨制度与发展之间的关系，即制度变迁对经济发展的影响机制，以及政府在经济发展中的作用问题。第一至第四部分探讨的是生产力本身发展的问题，第五和第六部分探讨生产关系（所有制结构和分配关系）和上层建筑（政府的作用）的调整问题。因此，中国特色社会主义发展经济学的理论框架体现了马克思历史唯物主义和辩证唯物主义的基本观点，体现了习近平新时代中国特色社会主义经济思想。

（作者单位：武汉大学经济与管理学院）

世界大变局下国际资本投资与全球产业链布局新动向

齐　兰

我主要从世界大变局对全球经济的影响、当今国际资本投资与全球产业链布局出现的新动向以及中国如何应对这三个方面来谈谈自己的思考。

一　世界大变局对全球经济的影响

从 20 世纪二三十年代迄今已有近百年时间，当今的百年未有之大变局对世界经济的影响，从范围、规模、程度等方面看可以说是前所未有的，这集中体现在以下几个方面。

第一，世界经济持续低迷对全球市场、贸易、投资等的影响前所未有。目前世界经济进入"三低"（低增长、低通胀、低利率）时期，同时还面临"三高"（高风险、高不确定性、高杠杆）态势。不仅如此，新冠肺炎疫情肆虐全球，加剧了这种低迷程度，其负面影响比预期更为严重。有研究认为，全球经济已进入大萧条时期，这种大萧条堪比 20 世纪 30 年代的世界经济大危机，并且这种低迷萧条状况可能持续多年（5—7 年），这对全球市场、贸易、投资等的冲击是前所未有的。

第二，逆全球化及贸易保护主义、民族主义、美国优先等思潮引发了贸易战、产业战、科技战等，其冲突程度和规模前所未有。受逆全球化、贸易保护主义、民族主义、美国优先、国家利益至上等思潮影响，各国之间的出口、贸易、投资、生产等领域摩擦迭起，贸易战、产业战、科技战冲突加剧，尤其是中美这两个世界第一和第二大经济体展开的全方位博弈和冲突，其激烈对抗程度是前所未有的。

第三，新一轮科技革命和产业变革正在加速演进，这对全球经济乃至人类生产生活方式的影响和冲击是前所未有的。当前正在兴起的大数据、云计算、人工智能、新材料、新工艺会改变和颠覆以往的产业模式和消费模式，将对人类经济社会产生不可估量的巨大影响。

所以，总的来看，这种前所未有的世界大变局，导致全球经济前所未有的复杂性、不确定性和不稳定性，而且也将发生一些大的变化和大的动荡，所以我们要关注和研究这个大变局带来的影响和冲击，同时还要进一步深入关注研究这个大变局影响下的某一具体层面，如国际资本投资与全球产业链布局的新变化，以便更加有效地应对。

二 当今国际资本投资与全球产业链布局新动向

一般来说，国际资本投资主要是指国际直接投资和国际间接投资，其实还有这两者相混合的投资。我这里所说的国际资本投资主要是指以国际金融资本投资为主，或通过直接在外设立金融机构的投融资，或通过相关渠道影响跨国公司的直接投资，或直接进行国际金融市场包括证券市场和债券市场的运作，等等，从而对母国和东道国相应的实体企业的生产投资产生直接或间接影响，进而对相关区域乃至全球产业价值链布局产生影响的这样一种国际资本投资。由此可以考察当今国际资本投资与全球产业链布局两者间的关系及其变化新动向。

当前国际金融资本投资出现的新特点主要表现为四点。第一，投资流向发生变化。之前以发达国家之间相互投资为主，而现在还更多地出现了发达国家与发展中国家（发达经济体与发展中或新兴经济体）之间、发展中国家之间的双向交叉流动。第二，投资方式发生变化。之前主要是以银行类传统金融机构的国际借贷方式为主，而现在更多的是通过跨国公司直接投资、跨国并购、国际投资市场和国际金融市场等方式进行。第三，投资目标发生变化。之前更多是以母国经济利益为出发点，通过跨国投资降低成本，以获取高额利润，而现在更多的是超越国家战略目标、民族利益，在全球范围内通过投资来实现对全球产业链中高附加值环节的垄断与控制。第四，投资的驱动主体发生变化。之前主要是由以美国为代表的发达国家跨国公司、跨国金融集团及其金融垄断财团主导和驱动国际金融资本投资，现在除此之外，还出现了以中国为代表的发展中国家、新兴经济体及金融机构开始加入驱动主体的行列。

全球产业链布局形成的新态势具体体现为四种态势。第一，整合全球产业链布局的因素由单一性转向综合性、多重性。之前全球产业链布局主要考虑成本因素，即成本至上，而现在则转向成本、市场、安全等多种因素并重。第二，全球产业链布局由外向化、离岸化转向内向化、近岸化、本土化。之前全球产业链布局更多的是以母国市场为中心的"中心—外围"或"离岸"布局为主，而现在转为以东道国市场为中心的近岸生产布局为主。第三，全球产业链布局由全球化转向区域化。之前全球产业链布局更多地在全球范围内整合，而现在更多的是在一定区域范围内整合，如欧洲、北美、亚洲都进行了区域化布局，亚洲内部又可分为中日韩、东盟区域化布局等。第四，全球产业链布局有明显的去中国化倾向。由于中美两国博弈加剧并存在脱钩危险，加之美国一方面强制干预要求其他国选边站，另一方面从中国撤资撤厂，使得高端制造业从中国撤出回流发达国家，中低端制造业分流至中国周边的印度、越南、柬埔寨等国家，致使全球产业链的布局越来越显示出"去中国化"态势。

三　中国应对之策

面对前所未有的世界大变局以及相应的国际资本投资和全球产

业链布局出现的新特点和新态势，中国将如何应对？我认为中国可采取短期应急之策和中长期战略措施这两种应对之策。

第一，短期应急之策是当前应将产业安全因素放在首要位置。为此，一要全力确保外商投资的稳定，确保跨国公司在中国的产业链和供应链的稳定；二要积极应对国内制造业产业链和供应链的断供风险或外移风险；三要做好极端情况下产业链和供应链稳定安全的应对预案，加强区域产业链合作，等等。

第二，中长期战略措施应是打造我国"金融—产业"国内国际双循环构架。即在我国国内国际双循环这个大的经济内外双循环下，进一步深化细化具体层面具体要素的内外双循环，即"金融—产业"国内和国际双循环。

首先，打造"金融—产业"国内循环（内循环）构架。这种"金融—产业"国内循环，不是金融业自循环，也不是制造业自循环，应是国内市场范围内金融与实体产业两者结合、相互促进的循环。为此，一方面，金融发展和金融科技要支持与服务实体产业及实体企业，尤其是高端制造业和高科技企业，补上产业链中的短板，支持核心技术研发和企业自主创新；另一方面，金融改革和金融开放（即金融体制改革、金融市场开放）要进一步加大力度，充分发挥金融市场机制在产业资源配置中的决定性作用，激发金融活力，带动产业活力，进而提升金融和产业的市场竞争力。

其次，打造"金融—产业"国内与国际循环（内外循环）构架。这种循环是开放条件下的中国金融业和实体产业与全球范围的金融业和实体产业之间的相互交融、良性互动。为此，一方面，要加快开放国内金融市场，吸引更多外资银行、机构投资者等，以集聚更多金融资源，支持和发展国内制造业或相关产业链短板，同时由外资带动或引领国内产业或企业走出去参与国际竞争，提升产业和企业的国际竞争力；另一方面，要促进金融与产业融合，组建具有国际竞争力的中国产融集团、中国金融集团，在全球范围内进行投资并购或国际金融市场运作，实施全球产业价值链分工布局，并带动我国产业高端化和现代化水平提升，为今后打造金融强国和产业强国奠定坚实基础。

（作者单位：中央财经大学经济学院）

社会主义市场经济体制作为社会主义基本经济制度的内在根据

乔　榛

一个社会的基本经济制度也可以说是其根本经济制度，规定了该社会的经济属性。党的十九届四中全会《决定》指出，公有制为主体、多种所有制经济共同发展，按劳分配为主体、多种分配方式并存，社会主义市场经济体制等社会基本经济制度，既体现了社会主义制度优越性，又同我国社会主义初级阶段社会生产力发展水平相适应，是党和人民的伟大创造。在这一对社会主义基本经济制度的新概括中，包含了其具有的内在根据：首先是这一新概括更好地体现出社会主义的优越性；其次是这一新概括更好地适应了我国社会主义初级阶段社会生产力发展水平。

社会主义市场经济体制是我国经济体制改革不断深化而确立的目标。1992年党的十四大提出这一改革目标后，一直都把它看作是经济运行层面的一种资源配置方式，是替代计划经济体制的一种新的经济运行方式。在社会主义市场经济体制最初提出时，被理解为社会主义基本经济制度与市场经济体制的结合。这是为市场经济体制赋予社会主义属性，并标明市场经济体制不是资本主义的专利，社会主义也可以把市场作为资源配置的基础手段。但是，社会主义市场经济体制与资本主义市场经济体制不同，它是在社会主义基本经济制度条件下发挥市场配置资源的基础性作用。因此，社会主义市场经济体制被排除在社会主义基本经济制度之外。构建社会主义市场经济体制是我国经济体制改革的目标，在实现这一目标的过程中，如何使社会主义市场经济体制趋于完善，成为改革的重点。在社会主义市场经济体制并未完善的时候，将其看作是社会主义基本经济制度，让人难以接受。随着改革的不断深化，社会主义市场经济体制趋于完善，特别是党的十八届三中全会做出全面深化改革的决定，使经济体制改革成为全面改革的一个部分。社会主义市场经济体制的完善被要求构建市场在资源配置中起决定性作用和更好地发挥政府作用的新机制。如此，社会主义市场经济体制更主要地体现为一种经济运行方式，它与社会主义基本经济制度的关系不再是将社会主义基本经济制度嵌入市场经济体制中，而是作为社会主义基本经济制度的一个内容，并体现经济运行层面的经济制度。因此，社会主义市场经济体制也可以获得社会主义基本经济制度的属性。如在马克思对共产主义社会的基本经济制度设想中给经济运行制度留有位置，使个别劳动直接成为社会劳动就是通过计划来实现的。有计划地配置劳动时间，使个别劳动与社会劳动直接地统一起来，是共产主义社会基本经济制度的一项内容。党的十九届四中全会提出坚持和完善中国特色社会主义制度，旨在构建一个完整的制度体系，以作为推进国家治理体系和治理能力现代化的基础。就经济制度来说，把社会主义市场经济体制作为经济运行的制度纳入社会主义基本经济制度体系中，不仅是时代提出的一个要求，而且也有其内在根据。

要深入理解社会主义市场经济体制也属于一种社会主义基本经济制度，关键在于理解它所包含的适应生产力发展水平的内容。关于这一点必须说明两个关联的问题：一个是社会主义市场经济体制最集中地体现在我国改革开放后对生产力发展的推动作用；另一个是能够更好地体现对生产力发展推动作用的经济制度自然具有基本经济制度的属性。社会主义作为一个比资本主义更高的社会形态，理应建立在比资本主义更高的生产力基础之上。如果历史真是如此，那么社会主义经济建设就一定会运用计划经济，因为在生产力高度发达的基础上，计划可以更好地解决资本主义在生产力发达后由其基本矛盾决定的经济危机问题。然而，现实的社会主义并不是建立在发达资本主义基础之上的，而是建立于生产力水平比较落后的国家。因此，在进行社会主义建设时必须完成发展生产力和解放生产力的根本任务。按照马克思主义基本原理，发展生产力和解放生产力必须建立在一种新的生产关系之上，作为规定生产关系性质的经济制度自然属于基本经济制度。使生产关系推动生产力发展不仅要求生产资料所有制的适应性，而且必须具备经济运行方式的有效性。由于现实的社会主义在构建其资源配置制度时的出发点是马克思的经济理论，因此，计划经济便成为社会主义建立资源配置制度的选择。然而，这其中包含的一个矛盾却得不到解决，即计划经济的先进性和生产力水平落后之间的矛盾。在社会主义经济建设的历史上，所有社会主义国家都在探索发展生产力的有效配置资源制度，但受制于对计划经济的路径依赖，一直没有找到好的形式，以至于传统社会主义由于没能在发展生产力方面找到相较于资本主义的制高点，不得已走上改革甚至放弃社会主义制度的道路。因此，社会主义的本质在于发展生产力和解放生产力，在构建社会主义基本经济制度时，必须围绕发展生产力和解放生产力这个核心。中国的经济体制改革从一开始就把发展生产力和解放生产力确定为根本任务，并提出以经济建设为中心的基本路线。由此出发，中国经济体制改革在探索社会主义基本经济制度过程中走上了一条正确的道路。解决计划和市场的关系是我国探索经济体制改革进而构建社会主义基本经济制度的出发点。对计划与市场关系探索的不断深化以及受经济发展经验的启发，我国最终确立了社会主义市场经济体制的改革目标。在不断完善这一目标的过程中，我国的生产力水平持续提高，创造了人类经济发展史上的一个"奇迹"。社会主义市场经济体制之所以能够创造经济增长奇迹，这是一个重要的理论问题。本人认为，这一体制解决了发展经济或提高生产力的难题。发展经济不仅要获得可持续的动力，而且必须减少宏观经济运行潜在的风险。社会主义市场经济体制因为使市场在资源配置中起决定性作用，可以形成激发人们动力的竞争机制，而更好地发挥政府作用可以弥补市场的不足，特别是在维护经济运行的稳定方面有着独特的作用。既然社会主义市场经济体制发挥了对生产力发展和解放的功能，那么它作为经济运行制度具有社会主义基本经济制度属性就在情理之中。

（作者单位：黑龙江大学经济与工商管理学院）

社会主义市场经济只是初级阶段的
基本经济制度吗？

沈　越

党的十九届四中全会把市场经济体制纳入社会主义基本经济制度之中，这既是对改革开放以来中国特色社会主义实践经验的科学总结，也是对马克思主义基本理论的重大发展。但是，有学者对此提出疑问，认为市场经济只是社会主义初级阶段的基本经济制度，而非社会主义的基本经济制度。这种看法显然不正确，却不能说它完全没有依据。这种观点依据的是过去苏俄的马克思主义理论对社会主义的阐释，即把社会主义混同于共产主义第一阶段。共产主义第一阶段已经是共产主义，不存在私有制与商品经济是其在经济上的基本特征，而社会主义却或多或少地存在私有制和商品经济。以往的社会主义实践表明，但凡取缔私有制和商品经济的实验，无一不以失败而告终。这表明社会主义与共产主义（包括第一阶段）是历史发展的不同阶段，两者有质的区别。在把两者等同起来的苏俄理论框架下，既然共产主义没有市场经济，它也不会内生于社会主义。按照这个逻辑，人们最多只能把市场经济当作权宜之计，视为社会主义初级阶段的基本经济制度，而不能把它规定为社会主义的基本经济制度。

改革开放以来，中国特色社会主义在实践和应用理论方面已经跳出苏俄模式的框框，但在基本理论层面，苏俄马克思主义理论的影响仍然很大，其中有些既不符合马克思主义原义，也与中国实践经验相悖。把社会主义等同于共产主义（包括第一阶段）就是其中典型的一例，需要在马克思主义理论基础上，根据中国经验做出新的阐释。

（一）将社会主义等同于共产主义的由来

马克思和恩格斯早年认为，资本主义市场经济很快就会因危机而自行崩溃，人们只需经历一个短暂的过渡时期，共产主义就能实现。所以在当时尤其是在1848年革命高潮时期，他们不接受西欧左翼力量所主张的社会主义，认为这些社会主义追求的目标太低，因此社会主义在他们的话语中是一个贬义的概念。

1848年革命失败后，西方经济进入一个相对繁荣时期，市场表现出强大生命力，他们在疾风骤雨革命时期认为市场很快就会崩溃的看法渐渐发生变化。再加上随着年龄增长和学识渐长，使他们能更冷静地对待理想与现实间的差异，逐步认识到共产主义不可能一蹴而就。为此，他们提出分阶段实现远大理想的阶段论思想。

1875年，马克思从理论逻辑出发，在《哥达纲领批判》中为共产主义设想了两个阶段。在第一阶段私有制与市场经济已消亡，只是在分配领域中还实行按劳分配而不是高级阶段的按需分配。这种分配方式中还存在旧式市民社会中的"市民权利"（并非所谓的"资产阶级法权"）。恩格斯的阶段论思想与马克思稍有不同，他不是从理论逻辑的推演出发，而是从现实出发。他在指导西欧和北美工人运动的实践中，接受了当时大多数左翼力量所主张的社会主义。这些社会主义并不主张消灭私有制和商品经济，至少是默认其合法性。恩格斯在去世前不久的1894年，还专门对这种社会主义与共产主义理想之间的关系做了说明，把社会主义作为实现共产主义理想的中间阶段。

1917年，列宁在《国家与革命》中接受了恩格斯的社会主义概念，并把它等同于马克思所说的共产主义第一阶段，忽视了两者的差别。恩格斯所赞同的社会主义经济中还存在私有制和商品经济，而马克思预言的共产主义第一阶段在经济上已不存在私有制和商品经济，是比恩格斯赞同的社会主义发展水平更高的历史阶段。这也是现今欧美国家与中俄等国对社会主义概念存在不同理解的由来。

（二）百年探索与中国创新

将社会主义阐释为共产主义第一阶段，进而把消灭私有制和商品经济这些共产主义远大目标视为社会主义的现期任务，是社会主义在实践中走弯路、遭受挫折的重要原因。

十月革命后，苏俄实施的第一个社会主义经济体制——"军事共产主义"制度，就企图取缔私有制和商品经济。这严重脱离实际，尤其是无偿的余粮征集制对农民的剥夺致使这种体制难以维持。列宁审时度势，说服布尔什维克政权在 1921 年采取"新经济政策"，该政策最重要的改变是把余粮征集制改为征集数量有限的粮食税，税后允许粮食自由贸易。这实际上将私有制和商品经济重新纳入体制内。遗憾的是，列宁尚未来得及在理论上总结新经济政策的经验，重新认识社会主义的历史地位便去世了。随之而来的是新经济政策被当作一项临时措施而终结。后来的苏俄马克思主义者虽然不同程度地吸取了军事共产主义体制的教训，给予私有制和商品经济越来越大的空间，但始终没有在理论上解决把社会主义等同于共产主义的问题。由于这一根本性的理论问题没有解决，人们在实践中最多把私有制和商品经济的存在视为勉为其难的权宜性措施，这致使改革难以深化，最终导致苏联解体。

党的十一届三中全会以后，中国跳出苏俄理论模式的框框，从实践出发而不是从既定理论出发来认识社会主义，创造性地提出初级阶段理论。这个理论的形成把一个多世纪前马克思的共产主义阶段论思想向前推进了一大步，把两阶段理论发展为三阶段理论。初级阶段理论最重要的意义在于，它把原来被排斥在体制外的私有制与市场经济内生化。党的十九届四中全会把社会主义市场经济体制与公有制为主体、多种所有制经济共同发展的所有制结构和按劳分配为主体、多种分配方式并存的分配结构，一并纳入社会主义基本经济制度之中，这是对四十多年来的实践经验做出的科学总结。

不过，初级阶段理论仍然没有廓清社会主义与共产主义之间的历史差别，仍然只注意到社会主义与共产主义之间的联系，而没有看到两者的差别。如党的十五大报告指出的，"社会主义是共产主义的初级阶段，而中国又处在社会主义的初级阶段，就是不发达的阶段"。这个表述虽没有错，却有不足，需要根据中国经验进一步发展：社会主义不是共产主义第一阶段，私有制和市场经济将陪伴社会主义整个历史时期，而不仅仅只存在于初级阶段。

鉴于现在理论上的不彻底，一旦气候适宜，怀疑甚至否定改革开放的言论便会粉墨登场，如2019年否定民营经济的言论竟蔓延成一股颇有影响的社会思潮，又如对党的十九届四中全会关于社会主义基本经济制度新表述的质疑等。

（三）马克思历史演进的三形态模式及其对苏俄式阐释的反思

在苏俄马克思主义理论体系中，社会主义历史定位不清是一个系统性问题，这尤其突出地表现在他们阐释的人类历史演进规律上。在《政治经济学批判·序言》中，马克思采用实证方法，把人类已经历过的历史归纳为四种生产方式。苏俄简单地在这四种经济形态后加上一个尚未经过实践检验又没有做出科学界定的"社会主义或共产主义"阶段。这其实是苏俄在一百多年前的理想，在当时这种充满情怀的追求，不仅无可厚非，还值得尊重。问题在于后来它被当成了不容置疑的教条，这就堵塞了人们在实践上探索的道路和在理论上研究的思路。另外，在马克思原来的四形态模式后直接加上理想中的经济社会形态，这种做法也是欠科学的。这是因为在实证研究基础上归纳出来历史演进模式可以说明过去，却无法推演未来。如果要描述未来社会，只能是主观性很强的推测、猜测，把它与以历史事实为依据的四种生产方式置于同一个演进模式中，在学术上是经不起推敲的。马克思深知历史实证的归纳法无法推论出未来的这种局限性，所以他没有在四种生产方式之后，直接讲出自己心目中理想的第五种生产方式来，只是采用资本主义生产方式是"最后一种对抗形式"的说法来表达自己对未来社会的向往。

只有采用逻辑演绎的方法，才有可能从过往历史演进中科学地推论出未来。马克思在《政治经济学批判》中提出的三形态模式，正是采用这种方法对人类历史演进规律的探究。与历史实证研究所采取的归纳法不同，在这里他采用了政治经济学的逻辑演绎方法。采用这种方法来研究历史规律，只要作为推论前提的假说成立，推理符合逻辑，人们便有可能从已知演绎出未知，从过往历史发展规律中推论出未来历史的大体走向。正是采用这种方法，马克思在三形态模式中明示出以"个人自由全面发展"为特征的未来共产主义。按照这一历史演进模式，我们既可以明晰社会主义与共产主义在质上的差别，也可以解释社会主义与资本主义的异同，其研究结论还有可能通过社会主义一百多年来的实践检验。

现实中的社会主义远未达到马克思设定的共产主义目标，也未达到一百多年前列宁所追求的社会主义（共产主义第一阶段）水平。社会主义与共产主义（包括第一阶段和更高阶段）不同，它并非比资本主义发展水平更高的历史阶段，而是后发国家替代资本主义的一种经济社会形态。如果说西方世界是以资本主义方式实现的工业化、现代化和市民化，那么中国则正在努力以社会主义方式实现工业化、现代化和市民化。社会主义与资本主义在马克思的三形态模式中都属于第二种形态，都是"以物的依赖"为特征的"市民社会"。正是这种对物的依赖关系，使人对物的私有，以及沟通私人之间物质交换的中介——商品经济不可或缺。这显然还不是人已经摆脱了对物的依赖，能够自由全面发展的共产主义。

（作者单位：北京师范大学经济与工商管理学院）

构建新发展格局需要从经济浪漫主义
转向经济现实主义

谢　地

众所周知，新冠肺炎疫情全球大流行使保护主义、单边主义上升，世界经济低迷，全球产业链供应链因非经济因素而面临冲击，国际经济、科技、文化、安全、政治等格局都在发生深刻调整，世界进入了动荡变革期。而美国的无底线、极限施压和部分发达国家的选边站队，也颠覆了我们对经济生活业已固化的很多浪漫想法。从此，中国必须直面更多逆风逆水的外部环境，这是一个残酷的现实。从这个意义上讲，以国内大循环为主体构建新发展格局，表面上看与外部环境变化有关，其实也是我国作为社会主义大国经济社会健康发展的题中应有之义。只有以畅通国民经济循环为主体构建新发展格局，才能以此为基础在更高层次上进行高质量的外循环，实现内外循环的相互促进。为了以畅通国民经济循环为主体，形成内外循环相互促进的新发展格局，在认识上要解决的一个重要问题就是减少对内外部环境的浪漫主义预期，用务实的经济现实主义应对挑战、化危为机。换句话说，就是要从经济学认知上实现从经济浪漫主义向经济现实主义的转变。

（一）经济浪漫主义与经济现实主义释义

在经济思想史上，经济浪漫主义产生于 19 世纪初期的法国和瑞士，是一种把小生产理想化并企图限制资本主义发展的一种小资产阶级经济思想。其代表人物是法国的西斯蒙第。这里使用的经济浪漫主义是一个借用的概念，专指面对经济发展的一种盲目乐观的情绪。经济浪漫主义与市场原教旨主义有关。按照并不真实的西方经济学教条，充分、无差别的自由竞争可以实现资源的最优配置。根据这一浪漫的想法，市场规模、市场范围似乎是可以无限放大和扩充的，没有时间限制，没有空间障碍。在浪漫或乐观主义的情绪下，商品和服务是无差别的，可以在既定价格下提供任意产量而不愁买主。进而，民族国家之间的矛盾是不存在的，基于不同国家比较优势的自由贸易可以使每个民族国家以及每一个人的状况变得更好。用经济浪漫主义的眼光看世界，中国与世界都是一片玫瑰色：中国由于地域广阔、人口众多，在从经济相对落后、人民普遍贫穷的状况走向经济现代化和生活小康，最终实现高收入和富裕的转变过程中，中国的市场规模和市场范围给人们带来了无限的想象空间，似乎任何一个产品和服务的市场都可以容纳无穷无尽的厂商登台表演，而大家都有机会赚得盆盈钵满。就国际经济关系而言，隐藏在民族国家经济关系背后的激烈竞争也为忙忙碌碌的海陆空运输建构起来的产业链、供应链所掩盖，而很难看到其背后相对落后国家创新链的脆弱，也忽略了不同国家之间价值链上的巨大反差而乐此不疲。

经济现实主义是对当代西方主流经济学的形式主义进行反思和批判的过程中逐步发展起来的、旨在探索真实世界的一种经济学思潮。这里借用经济现实主义理解的真实的市场经济这一概念，主要是从产业经济学的角度来重新观察市场规模与市场范围问题。观察真实的中国与世界可以发现：市场规模是同种商品及服务有支付能力的需求，而不是一个不加区分、包括所有商品和服务的一个笼统的有支付能力需求的概念。相应地，市场范围是同种商品及服务分布的地理空间，而并非所有商品及服务的地域分布。经济现实主义认为，从来就没有什么无限扩张的市场规模和无限延展的市场范围，在特定的时点上，市场规模与市场范围从来都是有限的。如果考虑到由技术、品质、品牌、营销等因素塑造的巨大产品差别（物理的与心理的），以及由资本规模与企业组织行为孵化出来的市场支配力，则市场规模与市场范围比我们想象的还要狭隘。国际市场与国内市场均受制于有支付能力的需求，实际上都是非常脆弱的。在有限的国际、国内市场上，成本当然是一个竞争筹码，但技术、品质、品牌可能是更为关键的东西。市场规模与市场范围的有限性以及由此引发的民族国家之间的利益冲突可能比我们想象的更加严重。一个最意味深长的事实就是逆全球化的主要拥趸实际上是发达国家的穷人。

（二）经济浪漫主义的得与失以及经济现实主义的样本

经济浪漫主义的好处是积极乐观，但由于并不真实，弊病不少，主要包括：在国内市场、国际市场上热衷于价格竞争，在品牌、核心技术等方面乏善可陈；起家于两头在外，对国外市场过于依赖，懒于开拓国内市场，一旦没有国外订单，马上手足无措，缺乏开拓占领国内市场的意识和能力；关键技术缺失，缺乏品牌和先进技术支撑，盲目崇拜外资品牌，幻想靠代工、打工实现非品牌化生存，总体缺乏从供给侧引导适应国内消费结构变化能力；产业链、供应链过分依赖发达国家，甘于被锁定于价值链低端不能自拔；从买和卖两个方面过于适应外循环，相信所谓比较优势和自由贸易，对通过国内大循环培育市场竞争优势缺乏自觉，相应地，对境外资本通过多种方式控制国内市场缺乏必要的警觉；缺少持续生产经营的战略定力和矢志不渝的耐性，服务业品质亟待提升；信奉比较优势，相信"以市场换技术"；等等。

主要发达国家的企业从来不是按照市场原教旨主义的教科书来安排其生产经营活动的，早已经完成了从经济浪漫主义到经济现实主义的成功转型。西方企业成长经验表明，在有效的市场规模和市场范围内，技术、品牌、品质、成本、渠道等的综合优势才是王道。这是几乎所有发达国家企业的共同特征。即便是中小企业，也有很多行业隐形冠军，把产品和服务的差异化做到极致。在全球范围内，跨国公司利用品牌、技术和营销渠道对投资对象国产业进行控制从来是不遗余力的，并努力使拿市场换技术的努力变成痴人说梦。即便是普通的生活服务业，几十年如一日精益求精坚守如初的百年老店数量众多。中美贸易摩擦事实上也提供了一个重要的观察视角：世界范围内中低端产业的市场规模和市场范围同样有限、竞争激烈，发达国家也要寸土必争。发达国家可能从来没有真正相信过自由贸易，合则留，不合则弃。发展恰恰与适度保护有关。所谓比较优势，就是我有你没有的优势。

（三）从经济浪漫主义转向经济现实主义的着力点

构建新发展格局意味着从经济浪漫主义向经济现实主义的回归，也代表着中国人经济学思维的觉悟。观念一变，行为一新。从经济浪漫主义转向经济现实主义，将从根本上改变我国国民经济的面貌并最终完成从粗放式增长到高质量发展的跨越。

在认知的层面应该看到，以畅通国民经济循环为主题构建新发展格局，当然与外部环境的变化有关，但更主要的是中国作为社会主义大国实现自身高质量发展的客观需要。中华人民共和国成立以来，主要靠国民经济的内循环建立起独立完整的国民经济体系和工业体系，自力更生一直是主旋律。改革开放初期，为了更好地利用西方的资金、技术，两头在外、大进大出，有意义，特别是极大地促进了沿海地区的高速发展，并为后来更好地融入经济全球化做了很好的铺垫，为高速增长创造了很好的条件。但是由于对外依存度过高也带来了负面的影响：一是产业低端锁定；二是风险蔓延；三是贸易摩擦和利益冲突。美国伤风，中国感冒；美国感冒，中国吃药。中国作为一个大国，必须充分利用大国的人口优势、市场优势，首先在国民经济的范围内建立起生产、交换、分配、消费的良性循环，并且在此基础上建立更高水平的外循环，才能真正做到利用好两个市场和两种资源。

从微观层面看，畅通国内企业循环，核心是畅通企业层面的资本循环和资本周转，特别是要发挥国有经济及其企业主要分布于自然垄断、原料、材料、装备部门的优势，发挥其在畅通国民经济大循环中的主导作用，从供、产、销等环节更好地为国内各类企业生存发展提供服务，尽快建立起以内循环为主、外循环为辅的产业链、供应链、价值链。发挥重要产业领域国有企业的关键作用，扮演好技术创新举国体制排头兵的作用，特别是要在拥有核心技术和自主品牌方面下足功夫，解决"卡脖子"技术痛点、难点，并以此昭告国民，国有企业从此不再沉湎于世界工厂的虚名。发挥好国有企业对国内市场整合的能力，以国有资本投资运营为切口，通过并购重组力争在主要行业、主要产品服务供给中建立起中国企业投资、技术、品牌、营销等方面的绝对优势，减少外资对我国相关产业的控制。而让中国的中产阶级消费者和进行生产性消费的各类厂商相信中国制造，这是国有企业、民营企业共同的课题。

从中观角度观察，一是应当通盘考量产业布局、产业结构、产业组织、产业技术政策，紧紧围绕我国产业国际国内竞争力这一核心制定产业政策。利用好我国已经站在第四次科技革命前沿的有利条件，闷声发大财，打造更多隐形冠军企业、独角兽企业、瞪羚企业等。同时，国有企业要为人工智能技术、大数据技术、5G 等新一代通信技术的发展提供应用场景及市场需求，着力培育新技术、新业态、新产品、新模式和新动能。二是实施更加有效的区域之间的协同政策，稳固国内产业链、供应链。推进各类开发区的转型升级，以产业链、供应链、价值链、创新链促进开发区高质量发展，促进产业集聚，发展产业集群。

从宏观维度思考，一是发挥创新举国体制优势，尽快在"卡脖子"技术攻关方面实现突破。二是打通全社会生产、交换、分配、消费的堵点，推进流通体系现代化，推进共同富裕，扩大国内消费。三是扭住供给侧结构性改革这条主线，增强国内供给的适配性。坚持供给侧结构性改革不动摇，化解旧供给、适应新需求，创造新供给、引领新需求，为畅通国内大循环提供优质产品和服务。特别是要抓住产业链、价值链重构的机会，学习外资并能够向外资一样抢滩登陆中国市场，利用好中国的市场发展中国企业。四是围绕畅通国民经济循环制定独立的财政政策和货币政策。五是直面分化、极化、塌陷的区域发展状况，给重点区域更高的扶持政策。不仅是财政转移支付、生态补偿和公共服务均等化意义上的支持，也不仅是优化国土空间布局意义上、承担国家安全功能意义上的"支持"，而是要从畅通国民经济循环的高度支持东北等老工业基地全面、全方位振兴。

（作者单位：辽宁大学经济学院）

勿用李斯特保护主义误导新发展格局

王振中

自 2020 年 4 月 10 日习近平总书记在中央财经委员会第七次会议上提出构建以国内大循环为主体、国内国际双循环相互促进的新发展格局后，引起了经济学界的广泛研讨，关于如何理解，众说纷纭。其中一个具有误导的见解就是片面强调"以国内大循环为主"，主张李斯特的理论搞贸易保护主义，在对外开放上进行大幅度收缩。这是值得认真思考的。当前应该引起我们经济理论界高度重视的是，面对国际上保护主义思潮的上升，党中央和习近平总书记曾先后三次强调我们要站在历史正确的一边。

第一次是 2020 年 5 月 23 日，习近平总书记强调，现在国际上保护主义思潮上升，但我们要站在历史正确的一边，坚持多边主义和国际关系民主化，以开放、合作、共赢的胸怀谋划发展，坚定不移推动经济全球化朝着开放、包容、普惠、平衡、共赢的方向发展，推动建设开放型世界经济。

第二次是 2020 年 7 月 21 日，习近平总书记与企业家座谈时再次强调，中国开放的大门不会关闭，只会越开越大。以国内大循环为主体，绝不是关起门来封闭运行，而是通过发挥内需潜力，使国内市场和国际市场更好联通，更好利用国际国内两个市场、两种资源，实现更加强劲可持续的发展。从长远看，经济全球化仍是历史潮流，各国分工合作、互利共赢是长期趋势。我们要站在历史正确的一边，坚持深化改革、扩大开放，加强科技领域开放合作，推动建设开放型世界经济，推动构建人类命运共同体。

第三次是 2020 年 9 月 1 日，中央政治局会议指出，当前经济全球化遭遇逆流，单边主义、保护主义抬头，我们决不能被逆风和回头浪所阻，要站在历史正确的一边，坚定不移扩大对外开放，增强国内国际经济联动效应，统筹发展和安全，全面防范风险挑战。

总之，党中央和习近平总书记先后三次强调，面对经济全球化遭遇逆流，我们要站在历史正确的一边，就是表明在和平与发展的时代主题下，新发展格局绝不是搞关起门来封闭运行，而是着眼于促进国内国际大循环的良性互动，实施更大范围、更宽领域、更深层次的对外开放，既持续深化商品、服务、资金、人才等要素流动型开放，又稳步拓展规则、规制、管理、标准等制度型开放，用要素和制度的"双开放"助推国内国际"双循环"的畅通无阻，这是符合历史发展规律的战略抉择。早在 1848 年《共产党宣言》就已经预见到了经济全球化的不可逆，根本原因是由于资产阶级开拓了世界市场，使一切国家的生产和消费都成为世界性的了。因此过去那种地方的和民族的自给自足和闭关自守状态，已经被各民族各方面的互相往来和各方面的互相依赖所代替了。显然，在此大势下实施李斯特的贸易保护主义是与历史潮流相违背的。

习近平总书记在中央政治局第二十八次集体学习时曾指出："现在，各种经济学理论五花八门，但我们政治经济学的根本只能是马克思主义政治经济学，而不能是别的什么经济理论。"欲知大道，必先知史。为了更好地构建我国"双循环"新发展格局，有必要重温马克思对李斯特散布的自由贸易阴谋论的揭露和批判。

1841 年，李斯特在《政治经济学的国民体系》一书中的"自序"中曾抱怨，他作为德国工商业协会的一个顾问，使其处于很困难的地位。因为他觉得在德国所有受过科学教育的从业员、所有报纸编辑、所有关于政治经济学的作家，都受到了以亚当·斯密为代表的世界主义经济学的熏染和陶冶，其后果是对于任何一种保护税制都被认为在理论上是站不住脚的。由此，李斯特断言："他们的后援是英国势力，是在德国口岸和商业城市那些经营英国商品的商人。

尽人皆知，英国政府通过'机密费'的布置，在操纵国外舆论方面，它所拥有的是如何强有力的一个手段；只要有助于它的商业利益，它是从来不惜任何代价的。"

对此，马克思辛辣地讽刺李斯特是一个真正的德国庸人，因为他自己的理论包藏有秘密目的，所以他觉得处处都有秘密目的，他采用了德国资产者反对自己敌人的最好办法即从道德上诽谤敌人，怀疑其心术不正，探究其行动的恶劣动机，借以散布似乎亚当·斯密想用自己的理论欺骗世界的言论。

为了编造自由贸易阴谋论，李斯特先后对斯密和萨伊使用了从道德上诽谤的手段。

李斯特编造说："我从杜格尔德·斯图亚特所写的传记联想到这个伟大的奇才在他的全部手稿被烧毁以前，是死也不能瞑目的；因此，我想使人们知道，极其可疑的是，这些文稿包含着他缺乏诚意的论证"；"我曾经指出：他的理论如何被英国的内阁大臣利用来蒙蔽其他国家从而使英国得利"。对于李斯特的这一说法，马克思揭露李斯特是抄袭了1805年弗·路·奥·费里埃在《论政府和贸易相关关系》一书里的说法："斯密的秘密目的是在欧洲鼓吹这样一些原则，他十分清楚，这些原则如果被采纳就能为他的国家提供世界市场"；"人们甚至完全有理由认为，斯密并不总是鼓吹同一种理论，否则对他由于害怕自己的讲课手稿在他死后流传下来而在临终时感受的痛苦，又当作何解释。"弗·路·奥·费里埃和李斯特之所以搬出亚当·斯密临终前烧毁自己全部手稿的举动，就是试图告诉读者，亚当·斯密并不是真心诚意地主张自己的学说，而是被英国的内阁大臣利用来蒙蔽其他国家从而使英国得利。

为了强化自由贸易阴谋论这一说法，李斯特还恶意地编造了萨伊拥护自由贸易是出于个人不幸遭遇而引发仇恨的故事。由于萨伊在欧洲大陆广泛传播斯密的思想，李斯特恨之入骨，编造说："萨伊最初是个商人，后来是工厂主，以后又是一个失意的政客。他从事政治经济学，就像有人在旧的行业干不下去的时候又去从事新的行业一样——对毁灭了自己工厂的大陆体系的憎恨，对把他逐出咨议院的大陆体系炮制者的憎恨，决定了他要拥护绝对自由贸易。"李斯特试图以此告诉世人，萨伊之所以拥护自由贸易是由于两个原因：一个是他自己的工厂被大陆体系毁灭之后，抱着对毁灭了自己工厂的大陆体系的憎恨才决定拥护绝对自由贸易；另一个是因为拿破仑把他逐出了咨议院，萨伊怀着对大陆体系炮制者的憎恨才决定拥护绝对自由贸易。

对于李斯特的拙劣手法，马克思通过引用沙尔·孔德为萨伊《政治经济学概论》所写的前言《关于让·巴·萨伊生平和著作的历史评注》揭穿了李斯特的谎言。

第一，李斯特散布说："萨伊最初是个商人，后来是工厂主，以后又是一个失意的政客。他从事政治经济学，就像有人在旧的行业干不下去的时候又去从事新的行业一样。"而事实完全相反。萨伊的父亲要他去从商，但是萨伊的爱好是写作。1789年他22岁时就出了一本主张出版自由的小册子。他从1789年法国大革命一开始就为米拉波出版的《普罗凡斯信使报》撰稿。同时他也在克拉维埃尔部长的办公室任职。他对"伦理学和政治学"的爱好以及他父亲的破产，促使他完全放弃商业，以从事科学活动作为自己的唯一职业。1794年27岁时，他成了《哲学、文艺和政治旬刊》的主编。也就是说，萨伊并不是李斯特所散布的那样在旧的行业干不下去的时候又去从事新的行业，事实是萨伊从22岁时起沉迷于政治经济学。

第二，李斯特编造说，萨伊是由于对毁灭了自己工厂的大陆体系的憎恨，才决定了他要拥护绝对自由贸易。事实是，萨伊在拥有工厂之前就已经撰写了他的《政治经济学概论》（1803年），1805年他才办了一所棉纺厂。从时间上我们就可以判断出，萨伊拥护自由贸易的著作发表在前，而办工厂则在后。根据《历史评注》提供的资料，萨伊被逐出咨议院后，有人向他推荐财政部门的一个肥缺，但是他拒绝了。由于他要抚养六个孩子，所以才办了一所棉纺厂。

第三，李斯特编造说，萨伊对把他逐出咨议院的大陆体系炮制者的憎恨，才决定了他要拥护绝对自由贸易。事实是，1799年萨伊32岁时，拿破仑任命他为咨议院议员，他利用咨议院议员的业余时间来完成他的《政治经济学概论》。该书于1803年出版。但是由于萨伊的著作反对拿破仑的经济政策，所以不仅被禁止重印，而且被逐出咨议院。但是萨伊的著作影响极大，该书于1814年再版。1815年他成为法国的第一位政治经济学教授。此后《政治经济学概论》一书在1817年、1819年、1826年又印了三版。也就是说，萨伊著书在前，而被逐出咨议院在后。

　　总之，我们可以清楚地看出，李斯特是从斯密个人的功名心和隐蔽的英国市侩精神来解释斯密体系的，是从复仇心来解释萨伊体系的。同时李斯特又有意把斯密、萨伊等提倡自由贸易的理论统统归到流行学派名下，认为整个自由贸易理论是这些经济学家在研究室里编造出来的体系。但在马克思看来，亚当·斯密的现代经济学是从竞争的社会制度出发的，经济学这样一门科学的发展必然是同社会的现实运动联系在一起的，或者仅仅是这种运动在理论上的表现。自由贸易是现代资本主义生产的正常条件，这些学派的所有最杰出的代表都把竞争和自由贸易的现代资本主义社会作为前提条件。所以，在资本主义的社会条件下，所谓自由贸易就是资本的自由，排除一切阻碍资本前进的民族障碍就会达致资本积累的必然趋势。正如马克思所言："英国工业对世界的专制，就是工业对世界的统治。英国所以能统治我们，是因为工业统治了我们。"这不是自由贸易的阴谋，而是资本自由的发展逻辑。

（作者单位：中国社会科学院经济研究所）

乡村振兴与乡村治理

周　文

　　我今天的发言主题是乡村振兴与乡村治理。主要基于两个层面。一是党的十九届四中全会从战略高度上已经提出了国家治理体系与治理能力现代化的大课题。二是我们国家已经全面建成小康社会，正在开启社会主义现代化的新征程。而乡村振兴是现代化建设的题中应有之义。事实上，在乡村振兴中，乡村治理是一个重要课题。没有乡村治理，不可能有乡村振兴。

　　现在谈到的国家治理，实际上是一个宏观层面的问题。从乡村振兴的角度看，必然涉及乡村的治理。所以，乡村治理应该要重视。众所周知，中国的改革开放是从农村开始的。没有农村改革的序幕拉开，也就不可能有后来的中国改革开放的全面深化和取得的伟大成功。但是，农村改革经过40多年发展，无论从体制上还是机制上，都需要进一步的深化和完善。现在制约农村经济发展的最大问题是集体经济发展不足，分散式的小农经济很难适应现代化的发展。

　　当前我国乡村低效的治理能力远不能满足实践中更高的治理需求，家庭联产承包制的农业经营方式与农业生产力大发展的需求不相适应，乡村治理能力与乡村振兴不匹配，因此亟须改革乡村治理体系，提高乡村治理能力。乡村振兴实践中不断出现的新问题、新矛盾呼唤更高水平的国家治理能力建设。另外，国家治理能力为乡村振兴战略有效实施提供治理保障。国家制度建设能力和制度执行能力的提升有助于提高乡村生产效率的调动、整合与分配资源。因此，乡村治理就是把党领导下治理有效的制度优势转化为治理效应，更好地促进乡村经济社会的发展。在乡村振兴战略的实施中，乡村治理是应该受到重视的时候了。结合到国家治理体系、治理能力来看，乡村治理有两大问题需要引起高度重视：一是农村的治理体系需要完善；二是农村治理能力亟待提高。

从乡村振兴层面来看，这里有三个问题没有得到很好解决。一是乡村发展现实与乡村振兴改革目标不对接。现在农村已成一级政府，包产到户与现行体制是矛盾的，基层组织发挥不了应有的作用，也不利于农村经济发展进步。二是乡村治理架构与乡村振兴改革目标不对接。三是包产到户与现代化发展不对接。包产名存实亡，抛荒现象严重。为此，亟须通过在经济上进一步放活农村基本经营制度，将分散性的家庭经营制度与专业化、规模化经营紧密结合，发展集体经济，提高农业生产力；在乡村治理方面加强党对农村工作的领导核心作用，创新完善党组织领导乡村治理的体制机制，加强农村基层党建工作，探索党对乡村社会领导的有效实现机制，推进乡村治理体系和治理能力现代化。

实施乡村振兴战略的本质就是要推进农业、农村现代化，补齐我国现代化的短板。其中实现乡村治理体系和治理能力现代化是实现乡村振兴战略的关键一环。当前，乡村发展现实与乡村振兴改革目标不对接，乡村治理结构与乡村振兴不对接，包产到户与现代化发展不对接，正在成为制约农村经济高质量发展的因素。

（一）乡村发展现实与乡村振兴改革目标不对接

乡村振兴的发展目标是实现农业农村现代化，乡村发展是乡村振兴的内在动力。目前，我国农村经济发展内生动力不足、乡村社会组织发育程度低、乡村治理主体老龄化、乡村公共产品供给不足等极大阻碍了乡村治理效能的提升，具体体现为：

第一，乡村集体经济弱化。分田到户的家庭联产承包责任制导致农村集体经济大幅度减少，有些村庄已成为真正意义上的"空壳村"，甚至完全消失。此外，随着城镇化和市场经济的发展，大批农民迁往城市。由于农业税全免而农民经营土地不存在国家赋税成本，尽管大部分农民并没有放弃土地承包资格，但是土地抛荒现象严重。特别是国家出台"增人不增地，减人不减地"政策更使村级组织重新统筹分配土地的能力不足，同时由于农村集体经济发展空间有限，出现农村集体经济衰弱的局面。显然，这种格局不利于调动资源、集中力量办大事。同时，农民解除了对集体经济的"组织性依附"，共同体意识丧失，"贫穷的村集体不能承担村治之责"。乡村普遍面临原子化、空心化、老龄化的公共性消解困境，乡村基层自治组织没有能力和动力组织动员农民，造成基层自治组织的内卷化局面。

第二，农民的主体性地位缺失。在政治方面，由于城乡二元体制，农民自由迁徙权利长期受到限制，不能享受平等的公民权利。随着集体经济的瓦解，乡村治理秩序失衡，无法保障农民对村集体重大事务的知情权、决策权、参与权和监督权，农民缺乏利益表达渠道和治理的参与渠道。在经济方面，由于农村集体产权模糊不清，地方政府往往在城市建设推进中随意征收农民土地，补偿具有随意性。地方政府以远远低于市场的价格征收农村土地再高价卖出，农民不能分享城镇化带来的土地增值收益、集体经济发展的收益。再加上市场机制不健全，原子化、分散化的农民与资本的博弈中往往处于弱势地位，农业进入产业链上下游的能力也较弱。

第三，乡村治理主体结构失衡。一方面，随着城镇化的快速扩张，人均耕地面积进一步减少，人地关系紧张，仅靠农业收入难以为继，导致大量人口外出打工。乡村青壮年劳动人口大量流入城市，加速了乡村人口老龄化进程，乡村治理主体老龄化现象严重。贫困地区人口空壳化与产业空洞化现象更加明显。农村人口、资源的单向流动，加之城市的超强虹吸机制仍在源源不断、持续地抽离农村有生力量，农村大量人才外流现象严重。另一方面，随着生产力水平的提高和生产工具的改善，乡村社会一家一户的农业生产方式日益转变为农业生产大户、农业生产合作社、农业企业多元并存的种养加储销生产方式。市场经济的资源配置方式渗透到农村，社会成员不断分化，新型职业农民、农民工、农业企业主、个体户等群体日益壮大，传统的熟人社会正在转变为半熟人社会、半陌生人社会。

第四，乡村治理二元化矛盾难以解决。一方面，乡村公共产品供给不足。由于城乡二元体制，乡村的公共事业和服务由农村自己解决，然而绝大部分村庄都没有资源和能力解决公共产品供给问题。县乡压力型治理体制导致乡级政府在行政绩效考核的目标管理责任制下提供公共品和公共服务的独立性丧失，乡镇基层政权处于压力型体制中资源最匮乏的一级，往往被动式完成上级考核性指标，对乡村社会的内生性需求关注不足。另一方面，乡村传统文化逐渐消失。由于城镇化和对外开放，社会流动性加速，劳动力外流，村落共同体记忆逐渐淡化。城镇化发展既没有保持乡村传统，也没有完成城乡融合，乡村"处于传统乡村文化和城市文化的摇摆之中"。

（二）乡村治理结构与乡村振兴不对接

实施乡村振兴战略是从根本上解决"农业弱、农村穷、农民苦"问题的现实选择。当前，我国乡村治理结构与乡村振兴不对接，存在城乡结构失衡、乡村内部结构失衡、国家治理与乡村治理关系的失衡、乡村治理模式行政化、乡村治理主体越位和缺位并存等问题，具体体现为以下几个方面。

第一，乡村治理结构与乡村振兴不对接。乡村治理结构失衡主要表现在城乡结构失衡和乡村内部结构失衡，对乡村治理结构产生了根本性影响。首先，城乡发展不平衡和城乡二元结构问题。户籍制度改革滞后，农地承包经营权及流转机制不健全，农村宅基地产权权能不完整、市场化流转机制缺乏，财产性功能无法发挥，存在宅基地利用效率低与新增住房需求无法满足的矛盾。其次，乡村治理内部结构失衡。随着新型城镇化和乡村振兴战略的加速推进，时间紧任务重，国家权力全面下沉和渗透，行政性、半行政性、自治性组织等多重权力进入乡村。如何通过全面深化改革，实现乡村治理与乡村振兴的对接已成为农村改革的重大问题。一方面，采取传统的动员式治理，充分激发乡村治理的制度潜能，推动国家农村发展战略、政策的有效实施，比如"驻村第一书记""扶贫工作队"

"包村包片"等在一定程度上提升了乡村治理能力。另一方面，这一治理模式具有制度负向效应，权力替代和权力覆盖也容易导致单位权力的边际效应递减和权力的内卷化，增加乡村治理成本，挤压村民自治空间，最终导致乡村治理秩序失衡。

第二，国家治理与乡村治理关系的失衡。随着农村税费制度改革及乡村振兴战略的推进，国家通过"项目制"加大农村支持力度，国家与农民的关系由"汲取型"转变为"服务型"。然而，国家对农村的资源输入和政策倾斜并未从根本上改善乡村治理结构，国家治理能力依然较弱。首先，国家政权对农村的渗透性不断增强。随着国家政权建设的下沉，乡村基层政权组织被赋予强烈的代理工具内涵，传统的"双规政治"治理格局瓦解，并被纳入"乡政村治"的国家治理模式。由于现有的乡村治理缺乏乡镇政府与村民自治的良性互动机制，乡村基层治理体系与国家自上而下的输入资源不对接，国家和乡村之间出现委托代理"怪圈"，导致国家政策异化变形。其次，乡村自治组织没有能力和动力解决本村的矛盾纠纷，分散化、原子化、个体化的农民推动乡镇政府治理成本上升，国家政策也往往落实不到位，国家治理依然悬浮在村庄之上。

第三，乡村治理模式行政化。由于传统乡绅治理消失，村民自治又没得到很好的构建，沿袭高度集权的人民公社体制，乡村治理更多地表现为国家行政权力直面分散化、原子化的个体家庭，呈现出行政化趋势。乡村治理结构包括乡镇政府、村两委和农民群体，其中村委会作为向下执行行政命令、向上传达民众意见的信息中转站的地位十分重要，一旦村委会这一关键环节出现问题，整个社会治理中的梗阻问题就会出现，造成政策落实不到位、政策执行不力。随着分税制和农村税费改革，乡镇基层政权没有多少实质性的财权和事权，成为项目制下高度依赖县级政府的"政权依附者"，并逐渐成为县级政府的派出机构，成为准政府组织。

第四，乡村治理主体越位和缺位并存。乡镇政府作为基层政权组织偏好用公权力、直接的行政命令干预村民自治，仍沿袭全能主义的行政理念，仍处于单中心压迫式治理架构下兼具经济职能和政治职能，无法厘清基层政权和乡村自治的权责关系及行为边界。这不仅降低了乡镇政府提供公共服务的效率，也弱化了基层自治主体的参与空间。乡镇政府因税费改革导致财权事权不对等，财政空壳化和权力空虚化。地方财政能力弱化，进一步导致乡村治理"悬空"，乡镇行政功能和治理能力弱化。

（三）家庭承包体制与现代化发展不对接

改革开放四十多年来，包产到户的农村改革启动使我国农村的面貌发生了翻天覆地的变化，其间也先后进行了无数次的改革深化。但是随着制度红利释放完毕，包产到户体制与现代化市场经济所要求的农业规模化、专业化经营不对接，乡村基层治理体系与经济基础不匹配，具体体现为以下两个方面。

第一，家庭承包体制不利于农业现代化发展。家庭联产承包责任制是统分结合的双层经营体制，"分"的优势是适应当时生产力发展水平的现实选择，充分调动了农民的生产积极性，促进了农业生产力的提高；"统"的长处是代表未来生产力的发展方向，可以为专业化大农户提供规模优势，提高农产品的市场竞争力。但随着市场经济的发展，出现了有分无统、统分难以结合的现象，其制度优势日渐式微。另外，包产到户体制导致农地细碎化，阻碍了农业发展。所谓土地细碎化的实质是农地产权的细碎化，主要是由于改革开放后在农村土地初始配置方面过于强调人口分配的公平性，且农村集体土地的内部调整都是"小调整"。实践证明，以家户为生产单位的、分散的小农经济模式缺乏技术革新和适应现代市场竞争的动力，限制了土地的适度流转，不能自发地导向农业现代化。

第二，包产到户体制与基层治理不匹配。从马克思主义政治经济学视角考察包产到户与乡村治理结构这一上层建筑可以发现，高成本的乡村基层治理体系显然与包产到户下低剩余的小农经济不匹配，造成农村周期性治理危机的巨大制度成本。从治理层面来看，上层建筑要随着经济基础的变化作出相应调整，乡村基层组织改革滞后于经济基础的变动。对于大多数村庄来说，由于没有公共收入来源，包产到户的去组织化改革，弱化了农民与土地的联系，使基层组织的动员能力和动员合法性不断弱化，存在土地分散占有与整体动员式治理的矛盾，基层治理出现"空转"现象。

（四）乡村振兴战略下乡村治理创新的路径深化

在新时代乡村振兴战略背景下，实现治理有效需坚持党的领导核心作用，通过党的领导发展壮大集体经济，将分散的、原子化的村庄重新组织起来；通过党的制度性嵌入提供公共产品，弱化城乡二元分割；通过党的领导与村民自治的合力效应、非正式治理规则与正式治理规则的协同效应，推动乡村治理体系、治理能力现代化。当前，我国城乡发展不平衡、农村发展不充分是实现乡村振兴的突出短板，集体经济弱化和基层治理能力薄弱导致党的路线方针政策无法有效落实，进而影响乡村振兴目标的实现。

第一，坚持和加强党对乡村治理的集中统一领导。中国的乡村治理是一种政府主导的治理模式，坚持中国共产党的领导是乡村治理的政治基础。党对乡村治理的集中统一领导是中国特色乡村治理体系的最本质特征和最大政治优势，把党领导乡村治理的制度优势更好地转化为治理效能是实现乡村振兴的根本保障。党政军民学，东西南北中，党是领导一切的。坚持党管农村工作，充分发挥党在农村工作中总揽全局、协调各方的领导核心作用。党的集中统一领导不是压缩了基层自治空间，而是强化了乡镇政府的治理能力和基层自治的自主权。当前，乡村自治功能也没有得到很好的建构，表现为行政化、官僚化趋向，农村基层党组织发挥不了作用，乡村治理结构失衡。为此，必须坚持和加强党对乡村治理的集中统一领导，发挥党政治统领、组织动员群众的优势，为乡村有效治理提供政治保障。

第二，大力发展集体经济。集体经济是社会主义公有制的重要基础，壮大集体经济是乡村走社会主义道路、实现共同富裕的制度保障，更是乡村振兴的重要支撑。包产到户改革以来，我国农村出现治理能力弱化、基层组织内卷化和农村的原子化、空心化等问题都与农村集体经济衰弱相关,核心问题就是没能处理好乡村振兴与乡村治理的关系。新时代农村发展背景下集体土地所有制仍是乡村治理的基础性制度,无论乡村治理结构和体系如何变化,党和政府都要毫不动摇地坚持土地集体所有制这一根本制度,大力发展农村集体经济。当前,乡村振兴战略下集体经济发展仍然是实现有效治理的经济基础。

第三,推进乡村治理现代化。实施乡村振兴战略是一项巨大而复杂的系统工程,需要在党组织和政府的强力引导下完善乡村治理。一方面,实施乡村振兴战略的目标是推动农业农村现代化,农业农村优先发展可以激活农村发展的内生动力、推动农村经济高质量发展,并为乡村有效治理奠定坚实的物质基础。另一方面,乡村振兴的主要路径和内涵都是治理性的,乡村振兴是推进乡村治理体系、治理能力现代化的重要抓手。当前,我国乡村发展现实、乡村治理主体与治理结构与乡村振兴目标不对接,存在治理体制机制不健全、治理主体不到位、治理能力弱化等突出问题,需要从以下几个方面进行改善。

首先,提升各级党委和政府对乡村治理重要性的认识。把乡村治理工作重点推进等纳入乡村振兴战略总体规划,将加强和改进乡村治理工作纳入乡村基层干部的政绩考核指标;同时建立各省(自治区、直辖市)党委和政府每年向党中央、国务院报告乡村治理情况的长效机制。

其次,健全城乡融合发展机制,加强乡村治理队伍建设。消除城乡分制的关键制度性壁垒有利于城乡资本、人才双向流动,提高资源配置效率,缩小城乡差距,加快推进乡村基础设施建设,促进公共服务、社会保障供给的均等化。通过培育新型职业农民、农村专业人才队伍建设、科技人才引进机制创新等措施强化乡村振兴人才支撑,加大对村民的教育培训力度,提高其知识素质和综合素养。同时充分发挥新乡贤在乡村治理中的正效应,激发乡村社会内生力量的成长，促进治理主体多元化。

最后，健全村级议事协商制度，重视农民的主体地位，充分发挥农民参与治理的主体作用。加强党组织领导的农村群众性自治组织建设，健全村党组织对重大问题的"一事一议制度"，全面落实"四议两公开"，同时健全监督考评机制。加强传统文化治理和农村精神文明建设，提升乡村德治水平。通过宣传和教育提高人民对乡村传统优秀文化的认同，并将其纳入基层干部的政绩考评指标体系。加大对乡镇政府的财政倾斜力度，健全村级组织运转经费以财政投入为主的保障制度。尽可能多地把资源、服务、管理下放到乡镇政府，提高乡村基层政权组织和村级组织的治理能力。

（作者单位：复旦大学马克思主义研究院）

小康社会奋斗目标的提出

丁任重

1921 年中国共产党成立伊始，就旗帜鲜明地提出了为中国人民谋幸福、为中华民族谋复兴的初心和使命，既体现了马克思主义执政党的根本立场，也彰显了"以人民为中心"的发展思想。自此，追求人民幸福、实现民族复兴成为中国共产党矢志不渝的奋斗目标。在此过程中，小康社会的全面建成不仅有力地提升了人民的生活水平和幸福程度，而且为最终走向共同富裕打下了坚实的物质基础，可谓意义深远。

马克思和恩格斯早在 19 世纪就曾构想过社会主义社会的发展图景，认为在社会主义社会，生产和发展的原动力在于不断使全体人民的物质和精神需求得到满足，条件保障就是坚持生产资料公有制的所有制形式，关键手段是大力发展社会生产力。只有以提高和改善人民生活水平为指向，才能真正体现社会主义社会的根本特质。这一思想在《反杜林论》《共产党宣言》等著作中都有所体现。1891 年，恩格斯在《雇佣劳动与资本》中再一次明确指出，在社会主义制度下，公有制的实现形式不仅可以提高生产的计划性，而且可以充分调动劳动人民的积极性，从而有利于推动生产力的发展。如此一来，人们既可以平等地享有和使用社会生产资料，有力释放全体人民的创造潜力，同时也能够共同分享社会发展成果，为最终走向共产主义社会打下坚实基础。可见，马克思和恩格斯关于社会主义的设想不仅深刻揭示了社会主义发展生产力的重要性和紧迫性，而且深刻诠释了"以人民为中心"的发展理念，即在充分发挥人民创造力的同时，深入贯彻发展成果由人民共享，直至最终达到共同富裕。

中国共产党作为马克思主义执政党，自诞生之日起就始终肩负着为中国人民谋幸福、不断提高人民生活水平的光荣使命。1925年，毛泽东在《广东省党部代表大会会场日刊》发刊词中明确提出，中国革命的目标就是"使中国大多数穷苦人民得享有经济幸福"。中华人民共和国成立后，毛泽东多次强调中国共产党要以"人民为中心"，要始终坚持将人民和民族利益置于最高和最重要的位置。在此之后，国家历届领导人都一直高度重视贯彻坚持"以人民为中心"的理念。坚持"以人民为中心"就是要充分认识人民群众在社会经济发展中的决定性作用，紧密依靠群众，认真对待与群众相关的各项工作，尽可能最大限度地发挥人民群众的首创精神。党的十八大以来，习近平总书记更是将"以人民为中心"的理念摆在了一切工作的首要位置，提出了"我们的目标就是让全体中国人都过上更好的日子""人民是我们党执政的最大底气""始终要把人民放在心中最高的位置"等重要论断。

在以"人民为中心"理念的指导下，我们党不断探索发展生产力与走向共同富裕有机结合的现实路径，并最终形成了建设小康社会的战略构想。改革开放伊始，邓小平就曾明确表示，只有大力发展社会生产力，不断改善人民物质文化生活水平，才是真正体现党的正确领导成果的关键所在。显然，解放生产力和发展生产力最终都是为加快经济建设，从而提高人民生活水平服务的。为此，1979年邓小平在会见日本首相大平正芳时首次提出中国建设四个现代化就是建设"小康之家"。这里的"小康"特指基于中国底子薄、人口多、发展不充分的基本国情而追求的"中国式现代化"，其优越性则突出体现在制度层面没有剥削、能够在最大程度上实现人民共享。此外，邓小平还多次使用了"小康水平""小康社会""小康国家"等相关概念。1982年党的十二大报告正式把实现小康确定为20世纪后二十年中国经济的发展目标，并先后确立了分"两步走"和"三步走"的战略部署。从此之后，党和国家的各项工作都始终围绕建设小康社会这一核心主题展开，"小康社会"奋斗目标的提出，既是对马克思主义中国化的现实发展，同时也代表了中国人民的根本利益。

（作者单位：西南财经大学）

"十四五"时期中国经济高质量发展

全面认识我国产业高质量发展的内涵

葛　扬

2020 年是全面建成小康社会收官之年，2021 年则是开启全面建设社会主义现代化国家新征程开局之年。全面建设社会主义现代化国家的基础是我国经济高质量发展，本质上是产业的高质量发展。那么，怎样理解我国产业高质量发展？

第一，我国国土辽阔、人口众多、经济体量庞大，因此要从大国产业体系整体视角把握高质量发展的内涵。中华人民共和国成立 70 多年特别是改革开放 40 多年来，我国逐步建立起涵盖 41 个大类、207 个中类、666 个小类的完整工业体系。因此，不能把我国产业高质量发展与战略性新兴产业发展画等号。产业高质量发展是国家产业体系的结构性转型和升级，而不只是对高科技驱动的战略性新兴产业的单一投入，也不是一哄而上的运动式推动。必须通过构建一二三产相互支撑、相互促进的发展格局，打造产业的硬核实力，推动增长从依靠要素投入转向创新驱动，整体提升产业基础能力和产业链现代化水平。只有加快建设现代产业体系，着力实体经济、科技创新、现代金融、人力资源协同发展，使创新成为产业转型升级的驱动力，推动我国产业从"大"到"强"的跨越，才能实现经济高质量发展。

第二，战略性新兴产业是支撑高质量发展的先导力量。战略性新兴产业是以重大技术突破和重大发展需求为基础，对经济社会全局和长远发展具有重大引领和带动作用的产业，包括新一代信息技术产业、高端装备制造产业、新材料产业、生物产业、新能源汽车产业、新能源产业、节能环保产业、数字创意产业、相关服务业9大领域。近年来，整个世界战略性新兴产业快速发展，成为世界各国争相抢占产业革命制高点的重要领域。战略性新兴产业是新兴科技和新兴产业的深度融合，成长潜力巨大，既代表科技创新的方向，也代表产业发展的方向，具有科技含量高、市场潜力大、带动能力强、综合效益好等特征。在新发展格局下，我国必须认识到战略性新兴产业发展面临的新问题、新挑战、新机遇和新方向，从产业基础、产业链、产业集群、产业技术、发展环境等方面促进产业高质量发展，占领产业竞争制高点，形成战略性新兴产业发展的先导力量。

第三，传统产业的提质升级是推动高质量发展的重要内容。近年来出现了对产业高质量发展认识上的偏差，误认为产业高质量发展就是指战略性新兴产业发展，就是对传统产业的转、关、停。这种认识上的偏差必然会影响我国产业高质量发展的推进。我国的现状是，传统产业占整个产业体系比重的80%左右，如果不对这块传统产业进行技术革新和工艺改造，使其与战略性新兴产业一起构成高质量发展的重要内容，就会脱离我国产业发展的实际。事实上，我国不仅需要大力发展战略性新兴产业，还要下大力气对传统产业进行整体改造，以推动我国产业整体转型提质，进而促进高质量发展。尤其像我国这样从低收入发展阶段向高收入发展阶段转变过程中的经济大国，关注占比在80%左右的传统产业的提质升级显得更为重要。在这个过程中，政府要营造更好的创新环境，提供更好的创新服务，充分发挥企业创新主体的作用，激发企业的创新自觉。

（作者单位：南京大学经济学院）

推进"一带一路"倡议，促进双循环新发展格局的形成

李建军

近期，各级政府、部门、单位都在编制"十四五"规划，基于国际国内发展背景，促进经济"双循环"，实现经济平稳发展是规划中一个重要的问题。"双循环"与"一带一路"倡议之间有何联系，如何更好地发挥"一带一路"倡议在"双循环"新发展格局中的作用？

2020年4月，中央提出以国内大循环为主，国内国际双循环相互促进，实现经济持续发展的思路，这对于形成一个全新的发展格局具有重要意义。这是在外部形势严峻的情况下，国际疫情还在不断的蔓延、逆全球化的思潮不断涌动的背景下，我国积极应对复杂的国际环境，主动谋划经济发展一个重要的战略选择。"双循环"涉及国内外资源市场的统筹协调，要求国内市场的流通和国际供需的畅通。我们讲"通则达，达则惠济天下"。所以"双循环"和"一带一路"是紧密联系的，"一带一路"倡导的政策沟通、设施联通、贸易畅通、资金融通、民心相通，有助于"双循环"新发展格局的形成。可以说，"一带一路"倡议不仅是我们参与全球开放合作，构建人类命运共同体的中国方案，也是"双循环"发展模式下推动外部循环的重要平台。

首先，基础设施建设作为"一带一路"倡议的优先领域和关键基础，拉动了外需，优化了产能，带动了外部循环。因为基础设施投入不足是经济发展的瓶颈，"一带一路"倡议通过能源基础设施拉动配套的制造业产品的输出，实现制造业与建设项目的闭路循环，

发挥了很好的作用。"一带一路"沿线基础设施投资，从经济的角度来看，可以帮助沿线国家融入国际产业链和供应链，推动经济全球化向纵深发展，成为资源要素集聚的强大引力场。商务部发布数据显示，2020 年 1—8 月我国的企业在"一带一路"沿线 54 个国家非金融类直接投资达到 830 亿元人民币，同比增长 35.2%，增幅较上年同期提升 4.8 个百分点，主要投向新加坡、印度尼西亚、越南等东南亚国家。在地缘政治不稳、世界经济不确定风险增加的情况下，中国"一带一路"沿线国家和地区通过基础设施投资合作的联系日趋紧密，说明"一带一路"沿线国家和地区有坚实的利益基础和广泛的合作需求。我们秉持开放合作的理念，在"一带一路"倡议下，推动基础设施互联互通，助推国际经济贸易循环体系的形成。

其次，"一带一路"倡议下金融合作有效促进了经贸发展，使沿线国家跟世界经济的联系更加紧密。中国发起成立的亚洲基础设施投资银行、丝路基金等国际金融组织提供高质量的融资服务，有效促进了沿线国家和地区经济要素的循环，推动了贸易增长。根据中国海关发布的数据，2020 年前三季度我国对"一带一路"沿线国家和地区累计进出口达到 6.175 万亿元，出口 3.8 万亿元，增长 2.5%，对部分主要贸易国家的出口也实现了较快的增长。2020 年以来东盟超过欧盟，成为我国的第一大贸易伙伴，东盟作为"一带一路"重要的伙伴市场潜力巨大，所以中国东盟自由贸易区的建设等多个方面都被涵盖。自由贸易和公平贸易的合作机制逐步形成，在这个过程中，中国从推进生产与贸易的有效融合，转向了更为均衡且全面的全球化发展模式。

最后，"一带一路"倡议有效降低了企业海外经营成本，激励企业走出去开展海外业务，包括投资、贸易和其他业务。"一带一路"倡议有效降低了企业跟沿线金融机构的信息不对称，显著扩大相关企业的信贷融资规模，扩大了利润来源。例如，我国企业开展"一带一路"承包工程项目拉动当地经济的发展，企业为当地提供了就业岗位，促进了当地的消费，形成生产与消费的良性循环。"一带一路"倡议正在成为我们外循环一个重要的抓手，作为一个共商、共建、共享为原则的国际合作平台，"一带一路"倡议在加强国家之间的互联互通，在我国的内循环助力经济增长的同时，通过促进投资和贸易协作等方式推动外循环，也带动了"一带一路"沿线国家的发展，特别有助于我国新的对外开放格局的形成。

从以上三个角度的分析可以看出，"一带一路"倡议不仅是外循环的一个增长点，同时也是促进高质量发展内循环的一个支撑点。内循环质量越高，对"一带一路"沿线国家的带动越强，反过来也会助推国际循环，推动整个区域的经济生态实现良好的循环发展。"十四五"时期要依托"一带一路"倡议，来确保整个外循环能够保持一个较高的水平，实现经济的高质量发展。

（作者单位：中央财经大学金融学院）

金融业与中国经济高质量发展

陆　军

2020 年上半年我国金融业的增加值占 GDP 的比重为 7.9%，第三季度增加值可能会更高，金融业已经成为我国的一个支柱性产业。从金融业来说什么是高质量的发展？我认为它包括以下几个方面：首先，金融业高质量发展就是金融市场与金融机构服务实体经济的创新能力够不够？其次，能不能提供丰富且高质量的金融产品？再次，相对高质量的金融业发展，什么是低质量的发展呢？我认为，低质量发展从银行机构来看就是不良资产高企，宏观一点来说就是会不会引发系统性的风险。过去 20 多年，金融业在中国乃至全球的发展都很快。我国金融业增加值占 GDP 的比重已达到 7.9%，因为疫情的原因，实体经济活动受到很大的影响，而金融的交易本身就是数字化的，加上金融业存在的自循环，所以金融业、金融市场受影响相对要小一些。那么如何才能实现金融业的高质量发展？

第一，关于间接融资和直接融资问题。从宏观层面来看，目前间接融资的比重太高，各界对银行这样的金融机构赋予了太多的责任，比如高科技企业的发展、小微企业的发展等都要银行去承担。银行资产负债表的特点就是负债的流动性非常高，所以其资产也要求有相应较高的流动性，而流动性高的资产一般而言也比较安全。所以向银行融资时常要有担保、抵押，而中小微企业常常难以满足银行的这个要求。另外就是如何支持高科技的发展，一些人提出商业银行要做专利质押融资。但 100 个专利里面，有效的专利可能就是一两个，而且专利的估值非常困难。因此，专利是不适合做质押或者担保的。中国要产业升级、要高质量发展，需要发展直接金融。风险很高的融资可以交给股权融资去做，特别是 VC、PE 去做。

第二，关于金融业最佳规模问题。如果把中国 M2 中的定期存款去掉，虽然中国的 GDP 比美国小，但 M2 还是大很多，这说明金融的效率相对来说还比较低。国内有的二线城市 2020 年上半年金融业增加值占 GDP 的比重高达 15%，比上海、深圳还要高，说明当地实体经济可能不行，钱都在金融业打转。金融业赚的钱太多，实体经济的负担就会比较重。全世界金融衍生产品可能超过 800 万亿美元，美国的 GDP 大概 20 万亿美元，中国约 15 万亿美元，金融脱离实体经济是一个全球现象。金融的规模是不是越大越好、金融业创造的增加值是不是越多越好？显然不是这样。所以我觉得这是"十四五"规划中要考虑的一个问题。

第三，关于高质量的金融监管问题。应运用先进的技术，机器学习和人工智能等方法实施动态的监管，金融监管科技确实可以帮助我们解决一些问题。另外，这几年我们在探索 IPO 的注册制，要进一步扩大注册制，就要求更高质量的信息披露，这也是高质量发展的一个内容。

第四，关于企业的合理杠杆率问题。从 2007 年到现在，全球不管是政府、公司、金融机构，还是家庭，债务都翻了三倍多，债台高筑。债务负担沉重，容易引发系统性风险。总体而言，现在企业的杠杆率非常高，尤其是房地产业，要实现高质量发展，中央几年前提出的"去杠杆"是很有前瞻性的。

第五，关于促进发展与风险承担方面的权衡。监管的水平的提升，一方面要采用先进的技术手段，采用金融监管科技的方法；另一方面要有一个激励相容的监管制度。比如说银行支持中小企业融资，在不良率和责任的认定方面，如何在防范风险和鼓励金融机构支持经济发展之间取得平衡，在操作中是极富挑战的。

第六，关于高质量的金融业开放问题。中美贸易摩擦会不会导致金融摩擦或者脱钩？数字化的脱钩可能影响最大，特别是如果不能用美元的结算系统，对中国的影响很大。所以我们要大力推进人民币的国际化，包括数字货币的发展。另外就是金融业的对外开放方面，要着眼于进一步扩大中国的影响力以及在国际上的定价权。

（作者单位：中山大学岭南学院）

绿色转型中的区域协调考量

齐鹰飞

高质量发展是坚持创新、协调、绿色、开放、共享新发展理念的发展。新发展理念并非相互独立，而是相互联系，绿色发展与协调发展之间的关系即是如此。特别是，在中国经济正在经历的伟大的绿色转型中，必须有区域协调的考量。

第一，推动经济的绿色转型要关注转型成本。首先需要说明的是，关注绿色转型成本并非反对绿色转型。绿色转型是中国经济社会发展的必然选择，也产生了巨大的收益。大量研究指出，仅在环境、健康等方面，促进绿色发展的政策已经带来非常可观的收益。正因为如此，习近平总书记多次强调，"绿水青山就是金山银山"。正是为了更好地落实绿色发展理念，在设计相应政策时就更应该关注由此引致的成本。事实上，已经有不少研究发现，环境政策的实施有可能给经济带来负面影响。进一步讲，环境政策在限制污染物排放并改善环境质量过程中，同时也会影响相关企业的经济活动。无论是通过关停并转等直接方式强迫高污染或高耗能企业退出市场，还是通过惩罚性收费等间接方式提升污染企业成本，都会使得企业行为发生变化，进而使得资源在不同地区、不同部门之间重新配置。如果市场中摩擦较小，这种再配置本身就不是问题，相应地转型成本也会较小。但是，如果经济中存在摩擦，例如劳动力市场中劳动者转换工作岗位或迁移到其他区域面临更高成本，则转型就可能导致失业等现象的发生。特别是，如果某地区的污染行业所占比重较大，那么，环境政策会对当地的产业和经济造成更大的冲击。

第二,绿色转型成本具有空间异质性。2011年,财政部与国家发改委联合印发《节能减排财政政策综合示范指导意见》,要求各参选城市围绕产业低碳化等六个方面编制实施方案并上报,财政部和国家发改委组织专家评审后批复实施。截至2015年,节能减排财政政策综合示范城市评选三批,共30个城市入选。我们利用2007—2015年城市层面数据,采用三重差分方法进行。结果显示,节能减排财政政策综合示范城市在产业层面受到的影响具有空间异质性。与南方地区相比,位于北方地区的受政策影响的城市的制造业技术复杂度会显著降低;进一步的分析则发现,这种绿色转型方面的南北差异主要源于北方城市污染行业技术复杂度的下降。

对于上述结果,我们可以理解为,相对于南方城市,北方城市具有比较优势的产业更多是高污染或高耗能产业,因此会受到环境政策更大的冲击。更为重要的是,在受到冲击后,北方城市的调整也更为困难。一些证据表明,违背潜在比较优势会对经济发展产生负面影响,而北方城市的绿色转型恰恰需要限制其具有比较优势的产业发展,或至少让这些产业中的企业面临更高成本(如购置环保设备等)。在此,绿色转型和按照比较优势原则发展存在某种意义上的冲突,北方城市要为绿色转型承担更高的成本。

第三,政策设计须关注区域协调。以上认知对中国绿色转型中的相关政策设计有何意义?简言之,国家利用相关政策(如补贴或者税收政策)推动绿色转型需要有空间上的考量。再次强调,如果经济中没有其他摩擦,即资源流动是自由的,那么可能不需要考虑空间上的政策差异。但是现实经济中的市场远非完美,摩擦会给政策设计带来诸多挑战。特别是,由于北方地区要承担更高的绿色转型成本,因此也需要更多的中央政策倾斜。当然,北方地区在抑制污染行业发展的同时,也要按照比较优势原则去发展替代产业,尤其不能盲目跟风,大干快上一些不具有比较优势的项目。

(作者单位:东北财经大学经济学院)

农业生产规模经营的三种模式比较

平新乔

粮食和农业是发展中的问题，是高质量发展的重要内容。粮食生产和农业有一个十分重要的特点，就是其增长是十分缓慢的。要做到粮食增长是十分不容易的，但是粮食减产却是经常一不小心就会发生的。1975年周恩来总理做的《政府工作报告》中的主要内容是四个现代化，四个现代化有一个农业现代化，工业现代化，还有科技现代化和国防现代化。当时我不认为农业现代化有多么困难，感觉到困难的可能是工业现代化和科技现代化。现在看，40多年过去了，工业现代化还比较有成效，工业总产值比1975年增长了几十倍；科技当然跟美国还有差距，但是跟1975年那时候比，也不知道提升了多少倍。唯独农业跟1975年比，大概只提高一倍多一点。中国粮食总产量在2019年是6.64亿吨，即1.33万亿斤，按中国现有人口一平均，每人年均有948斤粮食。1978年，中国的粮食总产量是3.05亿吨，即6100亿斤，当时每人年均有632斤粮食。这说明，2019年中国的粮食总产量比1978年只增长了1.26倍，人均粮食产量只比1978年增长50%，因为现在的人口比1978年多了。这已经是非常了不起的成就了，因为中国粮食的亩产和人均口粮都高于世界平均水平。但是，从增长率来看，农业增长率是没法与工业增长率相比的，粮食增长率从1978年到2019年，平均每年就增长1.92%。粮食亩产一年能够增长1%，就是非常了不起的成就了。

这样一个情况，说明农业增长的幅度没有工业那么快。中国GDP增长了几十倍，科技也是这样上升了几十倍，就农业增长慢。

当然农业增长慢也是有道理的，因为人的胃口不可能扩大一倍，不可能原来吃一斤现在吃两斤，消费水平提高后要吃好，吃好不见得要吃多。但是我国人口与 20 世纪 70 年代相比增长了近一倍，那时候 7 亿人现在是 14 亿人，粮食必须至少增长一倍才能保持人均粮食水平不降低。从我们这样一个人口大国出发，我们的粮食还是需要在总量上有一个相当的增长，才能达到粮食过关的水平。

粮食问题不但是增长很不容易，就是要保持目前的粮食稳定也很不容易。原因当然是因为粮食受天灾影响大，更重要的是由于种粮人的种粮不但是为了自给，而且是为了出售挣钱，即种粮这种生产活动是一种企业行为，是生产决策行为，因此会受到农户所处的经济环境、市场因素甚至国际市场变化的影响。一个国家的农业和粮食要达到与现代经济增长相适应的发展水平，就需要农业本身也发生一场像工业经济革命、科技经济革命那样的革命。也就是说，尽管农业增长得比较慢，但是从经济发展来说，农业必须现代化，高质量发展必须要求农业生产高质量发展，内外循环要循环好、保持良性循环，农业发展本身必须进入良性循环。

著名经济学家熊彼特在《经济分析史》中指出，16—18 世纪，在欧洲的所有国家发生了一场农业革命，"这里，农业革命这一短语指的是两种不同的但相互关联的变化，它们相互促进，即使工业部门不发生任何变化，也会摧毁中世纪的社会结构。一方面，在农业生产的所有领域，发生了一连串技术变革……另一方面，伴随着技术革命，还发生了组织变革"。熊彼特明确指出，农业的组织变革就是农业生产模式的革命，把中世纪的庄园农业改变为现代农业。它又有两条路：一条走英国那种土地和劳动者分离的路，就是资本主义农业把小农排挤得破产，使农民到城里打工，然后强制把土地和农户分离，变成大农场，这种模式叫大农业。大量农民流出来转移到城里，留下来的农民做农场的农业工人按现代化方式种地，生产规模比较大，英国的农场规模一般是 300—400 公顷。这场变革是 18 世纪末完成的，这是一条路。第二条农业组织变革的路是法国和德国的农业所走的路，就是保持小农，农民还是在农村里，有些去了城里，但是不是大批进城市，相当部分农民还是留在农村里，家庭生产规模就是 10—15 公顷，农民可以搞点果园副业，弄点农产品到城市去卖。不光是种地，他还做养殖业，甚至搞小作坊。在法国、德国和东欧一些国家，这样的特色到现在仍沿袭下来。

熊彼特的上述论述其实对我们是有启发的：我们国家的农业和粮食生产现在应该怎么走？实际上我们在过去几十年里一直在推广农业技术革命即"绿色革命"，最近 20 年尤其是党的十八大以来一直在强调农业规模经营改革试点，其实就是在推广熊彼特所说的"组织变革"。我们的农业生产组织规模是走英国，未来是美国的"大农场"式的大农业经营道路？还是像法国、德国那样，走中小规模的家庭经营模式？

恩格斯在《法德农民问题》一文中指出：在整个欧洲，只有在大不列颠本土和普鲁士易北河以东地区，是大土地占有和大农业；欧洲的其余地区则都是小农经营。其实恩格斯所看到的欧洲农业分为大农场经营和小农经营两种方式，比熊彼特早了至少半个世纪。恩格斯非常具体地指出了小农经营方式如何受到资本主义市场经济的冲击而面临破产的危险，指出了无产阶级在夺取政权后该如何帮助小农扩大生产规模，进入合作经营的前景。

现在我们都知道中国农村的家庭土地承包制，从全国来看，目前一个农户所承包的集体土地的平均生产规模是 5 亩地，东北地区的农户的承包规模稍大一些，平均是 10 亩地。这种建立在土地集体所有制基础上的家庭承包制，如果在经营方式上继续家庭模式，就会产生一系列的矛盾。

第一，农业劳动的机会成本大大上升了。在 20 世纪 80 年代，农民还没有非农务工机会，一户农户的年收入就是 300 元左右。干农活的劳动成本非常低，做一个工也就两元钱。现在，因为农民有进城务工机会，月收入 4000—5000 元，这会反过来提高农业生产过程里雇工的劳动成本。2019 年，全国平均的农业劳动成本是一个工

80 元。这是全国平均的农业劳动成本,如果在农忙时请一个工,通常的工资是 200 元起。就是在场上晒晒粮食的老年妇女工,一天的工资也不会低于 50 元。在这样的工资成本面前,一户农民自己经营全部农业生产过程,难免请工,如果经营规模是 5 亩,毛收入也就是 1 万元,农忙时如果请 10 个工付掉 2000 元工资,一年下来就不会有净利润了。

第二,农业机械化进程加快了。由于农业的人工成本随农民进城务工和城市化进程而大幅度上升,这就大大加速了农业机械化进程,以机械来替代人力和耕牛,这样就从根本上淘汰了小农的生产经营方式。而大农机械设备作为一般的农户是不宜于购买的。一旦购买就是为了替他人操作,要收取服务费的。

第三,农业技术变革在生产上游提供了合作方式。种子、化肥、农药这些农业生产资料都有发达的流通渠道,一家一户的小农去对接,一家一户自己施肥、喷药,不说完全不可行,至少在规模上失去了优势。

第四,农户都有平均收入目标。比如年收入想达到 10 万元、5 万元,等等。就好比马克思说的平均利润规律会驱使企业家在不同产业之间转移一样,家庭收入目标也会驱使农户放弃原来的小农经营方式。要实现年收入 5 万元或以上的目标,在农村不外是三条路:(1) 外出打工或者做工商业,将土地经营收入作为副业或兼业,甚至放弃土地经营;(2) 做种粮大户,经营 100 亩以上的规模;(3) 做专职的农机手从事耕作服务,人平均服务规模超过 200 亩。显然,这三条路都不是以传统的小农家庭经营方式为基础的。

因此,在城市化带动农业机械化以及农业生产过程社会化市场化的大前提下,我们需要创新农业经营模式。党的十九大以来我们一直在创新规模经营的模式。在集体土地家庭承包责任制不变的情况下我们怎样创新农业经营模式?我在山西调研时发现有三种模式:

第一种模式是农民将承包权进行转让。承包权被转让给家庭农场和私人农场,农民获取的地租是一亩地一年 400—800 元。出租期在 10 年到 20 年不等，不会超过农民从集体获得的 30 年的承包期。调研的家庭农场，都是人民公社时期的生产小队的规模，大体是以一个自然村为空间，耕地以 100—200 亩为主。这实质是法德式的小农场，而不是英美式大农场。农场主是有威望的有社会组织能力的，或者原来、现在就是村干部，或者是医生他做了很多好事儿，名声比较好，能够让别人信他。家庭农场主不是谁都可以做的，不是一般人就能够把他人的地拿下来的，因为拿地很困难。如果一户一户去谈很困难，他就开会把几十个农户叫到家里，然后大家开会把条件谈好，这样大大节省了交易成本，要不一家一家跟农民谈判，谈判成本会很高。这种方式，在土地所有权、承包权和经营权三种权利的配置上，土地所有权还是集体的，但是承包权和经营权已经归属于农场主了，农民的承包权换来了地租，地租成为农民作为集体土地所有者所体现的一种收益权。农场主拿到了土地承包权和经营权，因为承包期有限，续期又不确定，所以其对于土地改造一般做不了多少事情。山西翼城的实践情况是，一亩地 1800 元毛收入，减去农业生产资料（种子化肥农药）成本 600 元，人工费 400 元，地租如果 500 元一亩，则一个 100 亩地的农场主年净收入是 3 万元，并按规模扩大净收入递增。

第二种模式是农民的家庭经营加托管合作。这种模式下，农民不转让承包权和经营权，也就是说，土地所有权是集体的，承包权和经营权还是属于作为村民的农民，但是生产的劳动过程托管给托管合作社。马克思在《资本论》第二卷里指出，农业生产过程是自然过程和劳动过程的统一。农户只把生产的劳动过程委托给托管合作社。而农业生产的自然过程的后果还是家庭承担，生产决策权是农户的，承包权的权益也仍然属于农户，家里有一些 70 岁左右的老人，他不种地，请托管合作社帮忙耕种，交点加工费。托管服务费一年一亩地交 400 元左右。一亩地种的好大概是 1800 元收入，然后把服务费付掉，农药、化肥、种子都是农民自己买的，这个成本也算 600 元左右，如果年景好的话一亩地农户还能挣 800 元。一户农户承包5亩地，这样下来一年有4000元纯收入，加上集体福利分红，就够两位老人在农村一年的养老开支了。但是这个风险是自己担，因为托管服务费是固定的，如果收成不好，农民自己承担风险。这就是第二种方式，经营权承包权没有交出去，但是生产过程托管了。

家庭经营加托管模式，在所有权、承包权和经营权三权分置的基础上，又把经营权和生产劳动责任分解了，实现了家庭小规模经营与大规模生产过程的统一。因为一家托管合作社一般是由三四十个成员自带农机入社，一个托管合作社往往置于两乡之间的交界处，为两乡的农户近万亩地提供作物耕作管理服务，其生产规模实际上达到美国大农场的规模，但是一个托管合作社的经营基础恰恰是上千户农户。这种模式的好处是地有人种了，至于种得有多好就不好说，因为托管公司只管给你种地，至于收成多少与托管公司是没有半毛钱的关系。农户也并不指望经营土地的那点收入，家里的主要收入靠在城里打工或者工商业经营。

第三种模式是农户把承包权还给集体。一般农户在城里打工，家里没有人，他自己没有能力经营土地，他把这个承包权还给集体，集体给他补偿，一年一亩地200元左右，相当于农民作为土地所有权一分子所得到的土地分红。集体把土地集中起来以后，再组织农业工厂，请少量农业工人把土地经营起来。这样的模式是所有权、承包权和经营权都回归了村集体。

调查发现，在山西翼城县，选择第二种模式的农户过一半，选择第一种模式的不到20%，选择第三种模式的也只有百分之十几。并且，选择把承包权转移出去给农场主或者还给集体的农户，一般是家里已经没有人常住在农村。

以上三种方式，现在从生产实际过程来讲，都已经是大生产了。不一样在什么地方？是风险承担方式不一样。如果把承包权转移给农场主，农场主一亩地付给农户800元地租后，这个经营风险是农场主承担。因此，第一种模式规模大，风险集中。在调查中问家庭农场主，"地租支付能否兑现承诺？"回答说"有时不能兑现"，就是800元地租付不起，请大家减免地租。农户一般也好说话，会减一二百元。所以，农场主模式反而是风险承担比较脆弱，一般是得有几十万元的资本才能做这种家庭农场主。第二种模式，是农民自己经营，只不过请别人种地，这个风险是自己承担的。但是这个风险小，因为只有三五亩地。所以这个风险也不集中，并且是由许多户农户分散着自己承担的。第三种模式把承包权还给集体，风险就由集体承担，好的话农户有分红，没有的话颗粒无收。所以在第三种模式下农户担负的风险最小，他对于农业生产的激励也没有了。

以上关于农业生产的三种经营模式，现在看上去，好像都在实行。国家包括中央政府并没有采用一刀切的政策，是三种模式并行，可能各有道理。一个农户选择什么样的模式，跟家庭是不是能在城里站住脚，跟家庭居住地在什么地方，跟家庭的资源禀赋都有关系。风险承担模式跟家庭的结构是对称的，与收入结构也是对称的：与土地经营收入有关联，就要相应承担一定的风险；把承包权交出去了，不想靠土地经营发展了，就不会承担土地经营风险。

农业生产规模经营的前景怎样？在我看来，英美式的大农业、大农场的方式在我国的东北平原、西北和内蒙古草原有可能试行，但是也要防止恩格斯所警惕的大地产资本压迫下让广大小农破产的情形。至于我国广大的农村，目前还是不宜于放开城市资本进入农村土地经营，原因也在于，一旦大地产在农业生产领域占有，可能会引起大量农民失地，造成严重的经济后果和社会后果。而山西翼城的家庭承包经营加托管的模式则可能会有相当长的生命力，原因就在于，其符合广大农民想保留土地承包权的心理，而不愿意接受农民与土地分离的局面。在调查访问的几十户农户中，即使是子女已经在城里有工资收入了，也没有一户农户愿意放弃土地承包权。在年老农民眼里，土地承包权是一种长期资产，也是一种养老资产。即使子女在城里有工资收入，农村家里承包的五亩地靠托管经营获得4000元净收入也可以基本满足养老支出，在乡间过着安逸的平静生活。我国已经进入老年社会，让相当部分的老人在乡村养老可能是一个重要的安置方式。就是大部分目前在城里的农民工，可能多数也是将来要回乡养老的。所以，以老人监督方式与托管公司合作完成农业生产经营，可能就是农村人养老的一种基本方式。

（作者单位：北京大学经济学院）

如何正确认识"十四五"时期金融"补短板"

王国刚

中央从 2016 年提出供给侧结构性改革，具体抓手是"去产能、去库存、去杠杆、降成本、补短板"（简称"三去一降一补"），其中，"三去一降"侧重于减法，关键问题是"补短板"，它侧重于加法。这是对实体经济而言。2019 年 2 月，习近平总书记提出了金融供给侧结构性改革。金融供给侧结构性改革是一个内容丰富且关系未来经济金融发展的根本性问题，因此，对整个金融体系来说，它是"十四五"发展中具有根本性意义的大事。金融供给侧结构性改革的状况和深入程度，不仅关乎中国金融业的发展，而且关乎中国实体经济的发展。"十四五"发展中要以供给侧结构性改革为主基调，落实"补短板"的艰巨任务，就必须着力深化金融供给侧结构性改革，补足金融的短板。

在 2000 年 7 月全国第五次金融工作会议上，习近平总书记做了一个长篇报告，提出了金融工作的"三位一体"任务（即服务于实体经济、深化金融改革和守住不发生系统性金融风险的底线）和金融工作的四大原则（即回归本源、优化结构、加强监管和市场导向）。金融要回归本源，强调的是需要弄清楚金融从哪儿来？宏观经济学的两部门模型认为，国民经济的最基本活动是从居民部门和厂商部门开始的。两者之间，居民部门是资金盈余部门，厂商部门是资金赤字部门，由此，居民部门将盈余资金提供给厂商部门使用（例如，居民投资办厂，方才有了厂商；投资办厂形成了股权，这个行为就是金融行为），这就是居民部门和厂商部门之间最初的金融活动。

在国民经济活动中，存在众多产业部门和众多厂商，也就有为产业关联机制所决定的产业链供应链，由此，自然需要解决厂商之间如何实现交易这样一个非常简单的问题。厂商之间的交易是如何完成的？厂商之间的交易，我供货你付款，但由于属于批发性交易，难以通过"钱货同时两讫"完成交易，所以，要么我先给货、要么你先来款，两者之间有着明显的时间差，由此，用什么保证履约？如果这个问题不能有效解决，则没有市场经济。这是所有问题的关键。为什么说这是所有问题的关键？2006年国务院出台了规定，严禁拖欠农民工工资。那么，为什么发生拖欠农民工工资的现象？因为供货方拿不到货款，就难以支付给职工（包括农民工）工资。从2006年到2020年7月，国务院出台四个专门文件。2020年7月5日又出台了《保障中小企业款项支付条例》（2020年9月1日起实施），要求大型企业、工程项目等必须在30日内支付中小微企业的货款。15年间国务院再三出台文件要求解决货款拖欠和职工工资拖欠的问题，足以见此事已成为经济运行中的一个痼疾。在西方国家几百年前就已经解决的一个问题，但在中国经济实践中长期没有有效解决，问题究竟出在哪里？实际上企业和企业之间的交易建立在商业信用基础上，商业信用是现代金融信用的第一种类型。

商业信用是什么？是实体企业彼此间基于产业链和供应链基础上的借贷机制，它的金融工具是商业票据，商业票据是购销双方之间的一种信用凭证，有了商业信用机制，即便银行信用不足，实体经济部门照样能够很好地展开经济循环。一个简单的事实是，2008年国际金融危机以后，美联储出台了一系列量化宽松政策，但这些量化宽松政策所涉及的资金并没有进入美国实体经济部门。2008—2010年的三年间，美国实体企业的内源融资分别达到80.11%、130.54%和86.03%，外源融资中的银行贷款数额分别为615.26亿美元、−4989.36亿美元和−2996.12亿美元。货款回流是内源融资的唯一来源，由此可见，在金融危机期间，美国实体企业的资金主要来自货款回流，银行贷款呈净减少状态。这较好地解释了为什么在量化宽松政策下美国没有发生通货膨胀，同时，美国 GDP 增长率大致呈现正常走势。

商业信用早年有商业汇票，在此基础上有了仓单、提货单交易。在现代经济中，商业信用有了消费金融、供应链金融，有了应收账款交易、资产证券化，等等。在发达国家中，商业信用是实体企业和实体经济部门的横向金融机制，它是内生的，与此相比，银行信用是纵向金融机制，是外生的。

中国金融以银行体系为主体，忽视商业信用机制。1950 年 12 月，政务院财经委员会出台了《货币管理办法》，第二十五条规定：公营经济"各单位彼此间不得发生赊欠，借贷款及其他商业信用关系（如预付订货款项，开发商业期票均属之）"。1954 年 9 月以后，公私合营的发展消解了资本主义工商业，随之抑制商业信用机制的覆盖面也扩展到全国。但批发性交易以赊购赊销方式展开是一个客观机制，国营企业之间难以避免。中国人民银行强调，国营工业之间存在的以预付款、预收款、产品赊销等形式发生的批发性交易引致了流动资金积压和浪费、财务计划混乱等现象，提议以银行结算取代之。1955 年 5 月 6 日，国务院出台了《批转"中国人民银行关于取消国营工业间以及国营工业和其他国营企业间的商业信用代以银行结算的报告"的通知》，由此，在中国实践中，银行信用机制全面替代了商业信用。

前面说到货款拖欠问题，即大型企业和工程项目等拖欠中小微企业货款，由此提出一个问题：大型企业在银行的存款账户账上没有钱吗？到 2020 年 9 月，非金融企业存款余额为 649315.06 亿元，其中，活期存款余额为 238177.54 亿元，定期存款余额为 411137.52 亿元，定期存款占存款余额的比重达到 63.32%。在抗击疫情、复工复产的背景下，实行了超常规的宽松货币政策，银行体系大量投放信贷资金，但实体企业的活期存款由 2019 年 12 月的 24 万亿元减少到 2020 年 9 月的 23 万亿元，定期存款却从 2019 年 12 月的 35 万亿元增加到 2020 年 9 月的 41 万亿元。定期存款是存期内不可动用的资金。如此巨额的定期存款，是谁的？小微企业没有这个能力，它主要是大型企业和工程项目的，由此，就出现了这样一种现象，大型企业一方面有着巨额定期存款，另一方面，不支付中小微企业的货款。接着就可能引致两种情形发生：一是对中小微企业来说，假定某家中小微企业有资产5000万元，它1000万元的货供出去后大型企业不付款给它，那么，它在财务账上记录"应收账款"1000万元，这1000万元货款属于它的资产范畴，但是不属于它在再生产中可动用资产，所以，它只能选择萎缩再生产。如果要维持简单再生产，就需要向银行借款，由此，把小微企业的应收账款转成了银行贷款。商业银行等金融机构一旦贷款数额增加，M2也就随之增加了。马克思说，商业汇票是企业之间的商业货币，它不是货币，但是解决了企业之间的债权债务关系，所以，是商业货币。由于这一机制，小微企业持续向银行借款来维持再生产，随着债务率提高，借款难度不断提高，融资难的程度也就持续提高。二是对大型企业而言，虽然有定期存款但它不可动用，由此，在需要短期资金时，就以定期存款为抵押从银行中再借短期资金，由此，M2又增加了。

在分析2020年上半年经济形势中，中央政治局提出了构建国内大循环新格局的目标，实体经济的循环是纵横交错的，但中国金融主要是纵向金融系统，缺乏横向金融系统，难以充分支持实体企业的纵横交错运行和国内大循环。因此，金融要补短板，首先需要把商业信用机制补起来。

（作者单位：中国人民大学）

推进市场化改革，激发市场主体活力

周云波

什么是高质量发展？高质量发展到底怎么测度？如果有一个办法衡量是否是高质量发展，就是一定要由市场来决定。一家企业不管生产的是高科技产品还是一般性产品，最重要的是由市场需求来决定。再高科技的产品如果市场没有需求，就不可能产业化，就不可能带来就业和税收。所以衡量高质量发展最简单的办法就是由市场来决定。由此引申出来"十四五"时期为保证经济的高质量发展，必须进行市场化改革，尤其是进行要素市场的市场化改革。我最近在山东和浙江做了为期四天的调研，能够深切感受到在要素市场领域，依旧受到各类政策的影响。主要体现在两个要素上。一是土地，调查山东和浙江的一些企业和基层政府，他们反映目前面临的一个最大的问题就是建设性用地不够，因为我们国家要保证18亿亩耕地红线，政府在土地的使用上是严格控制的，一块土地一旦政府确定了用途，如果根据项目需要改变用途很难。如果原来是一个工业用地，现在需要变成商业用地，这个手续非常烦琐。这是土地市场的市场化改革不足的一个最典型的表现。土地到底怎么用？怎样使用效率最高，其实只有企业家最清楚，或者真正在这片土地上生产和劳动的人最清楚。土地市场的市场化改革就是应该尽可能把土地使用权的选择交给利用这块土地创造价值的人。二是劳动力市场。最典型的就是我们有大量的农民工，这个群体的特点是迁徙式就业，这导致城市劳动力的供给很不稳定。存在这个现象的根本原因在于我们劳动力市场的市场化程度还不够，还存在一些制约劳动力流动的制度性障碍。所以未来在"十四五"规划中，如何进一步把要素市场的市场化改革持续地推进下去，还有很多文章可以做。

另外，近些年的改革一直提倡简政放权，调研过程中了解到政府的简政放权其实对于底层的经济主体尤其是企业来说意义并不大，这无非是过去由国家发改委审批，现在由地方发改委批，对于企业而言还得跑这些手续和关系。所以"十四五"时期，为了能够使市场机制真正在资源配置中发挥决定性作用，政府不应该是简单地简政放权，而应该是减政让权，把本来属于企业家和微观经济主体的权利让给他们，这样才能使资源配置真正达到最优化，才能激发经济主体的活力，才能维持我国未来 10 到 20 年持续稳定的经济增长，最终实现我们中华民族的伟大复兴。

（作者单位：南开大学经济学院）

十三个五年规划(计划)编制与实施的历史经验

赵学军

习近平总书记说，五年规划制度是中国共产党治国理政一个重要工具。从 1953 年开始编制第一个五年计划，到现在"十三五"规划就要"收官"，我国已经编制和实施了十三个五年规划（计划）。编制与实施五年规划（计划）的基本经验，对实施"十四五"规划有重要的借鉴意义。编制和实施五年规划（计划），需要处理好八对基本关系，即规划愿景与国情国力的关系、规划周期与政治周期的关系、规划的延续性与变革性的关系、规划资源配置与市场资源配置的关系、国家重大生产力布局与区域经济平衡发展的关系、国家规划与地方规划的关系、国家总体规划与部门专项规划的关系、规划制订与规划实施的关系。

第一，规划愿景与国情国力的关系。五年规划（计划）是由国家组织编制、实施的总体规划，阐明国家战略意图，体现了国家对长远发展战略的总体性安排，编制五年规划必须客观、可行。只有正确认识与综合考虑国情国力，客观预测发展趋势，编制出的五年规划（计划）才不至于脱离实际。十三个五年规划（计划）有的规划发展目标定得太高，虽然愿景十分美好，但因脱离中国国情国力，实施效果并不理想。"一五"计划比较符合当时中国"一穷二白"、生产力水平低下的国情，"二五"计划到"五五"计划都有很大的主观随意性，盲目追求高速度，计划指标超出了当时的国情国力，实施效果并不理想。还有的五年规划（计划）编制时出现判断发展趋势的重大偏差，指标定得偏低，没有很好地体现出战略性，对政府实施五年规划（计划）失去指导意义。五年规划（计划）的指标如何与国情国力相适应？要避免冒进与保守两种倾向，努力提高准确率。

第二，规划周期与政治周期的关系。五年规划（计划）实施的周期是五年。因为历史原因，五年规划（计划）编制、实施的周期与中国共产党领导机关、中央政府任期的政治周期不一致。中国共产党和各级政府领导干部实行任期制，五年一换届。党的十一届三中全会以后，一般情况下，每隔五年，中国共产党召开全国代表大会进行领导干部换届，下一年召开新一届全国人民代表大会，进行政府领导干部换届。中国的五年规划（计划）作为一个独立的周期，与中国共产党全国代表大会、全国人民代表大会、政府换届任期的起止时间不同步。由此带来了规划周期与政治周期的一些矛盾。五年规划公布以后，实施的周期和政治周期是错位的，比如与党的换届和地方人大的换届是错位，这个错位问题怎么解决？实施五年规划过程中的责任主体应该是哪届？因为介于两届政府之间，到底谁是主体？怎么考核？地方政府方面，因为党政干部的任期制，在"锦标赛"提拔模式下，地方主要领导要出政绩，经常是干部一换发展思路就换，原来的规划（计划）不执行了。这不仅影响五年规划（计划）的权威性与连续性，也不利于地方的发展。

第三，规划的延续性与变革性的关系。一方面，第一个五年计划实施后，前面的规划（计划）即成为后面五年规划（计划）编制的客观基础。制订新的五年规划（计划），既需要考虑设立新的发展目标，又需要考虑历史发展的延续性。特别是国家长期持之以恒的建设目标，更需要连续实施多个五年规划（计划），不能中断。另一方面，制订新的五年计划（规划），又要根据新的国情、国力与国际环境状况，提出新的建设目标，要有变革性。制订与实施五年规划（计划）的历史经验表明，平衡好前后连续几个五年规划（计划）的延续性与变革性，有助于提高国家整体经济与社会建设的成效。已实施完成的五年规划（计划）中，在工业化目标、社会主义市场经济体制建设目标的延续性与变革性方面比较协调。

第四，规划资源配置与市场资源配置的关系。五年规划体制的重要作用是指导资源配置。以政府规划为手段配置资源，体现了政府的作用；以市场机制为基础配置资源，遵从了市场的基本功能。政府用行政力量配置资源，市场配置资源，都有利弊。计划经济时期，实施五年计划，主要是政府运用行政手段直接配置资源，存在着效率不高、浪费严重等问题。转向社会主义市场经济体制后，市场在资源配置中的作用越来越大，但如何发挥政府的重要作用，还存在很多问题。在五年规划编制中，需要协调好规划配置资源与市场配置资源的关系。

第五，国家重大生产力布局与区域经济平衡发展的关系。五年规划（计划）要考虑国家重大生产力布局平衡，即产业布局与区域经济发展平衡问题。中国区域经济发展不平衡，经济发达的沿海地区与落后的内陆地区在经济建设中争资源的矛盾始终存在。编制与实施五年规划（计划），在投资、产业布局等方面，必须平衡沿海与内地的矛盾，同时要解决生产力布局与企业创新发展的关系问题。我国在平衡沿海与内地经济发展矛盾方面有过深刻的教训。20 世纪60 年代，出于战备考虑，"三五"计划、"四五"计划在生产力重大布局方面偏重于中西部地区，资源配置过度向内地，特别是向西部偏远地区倾斜，集中建设三线地区，虽然大大改变了区域经济不平衡情况，但客观上也制约了沿海地区的发展速度。转向社会主义市场经济体制后的前几个五年规划（计划），强调非均衡发展战略，出现重视沿海、忽视内地特别是西部地区发展的倾向，在促进沿海地区迅速崛起的同时，拉大了区域间的经济差距。

第六，国家规划与地方规划的关系。在国家规划体系中，国家发展总体规划处于最上层，是地方规划的总遵循。地方规划既要体现国家战略意图，又要结合当地实际，体现地方发展的需要。国家规划与地方规划的关系体现了中央与地方的关系。中央政府与地方政府的矛盾一直是中国经济建设中的一对主要矛盾。中央集权与地方分权多次博弈，很难找到两者的平衡点。在制订与实施的五年规划（计划）的历史上，中央与地方的矛盾一直贯穿其中。下级政府会争抢资源，扰乱中央政府的部署，比如，在投资、产业布局、资源开发、财税关系等方面，中央与地方政府常常出现矛盾。又如，编制规划的时候，发达地区希望加快发展，欠发达地区希望迎头赶上，所以指标一再加码。在编制与实施中，要协调好国家规划与地方规划的关系，按照下级规划服从上级规划的原则，做好国家规划与地方规划的统筹协调，才能取得较好的效果。

第七，国家总体规划与部门专项规划的关系。在"十五"计划之前，部门专业规划是五年规划体制的重要组成部分。部门专业规划以特定领域或行业发展为规划对象。"十一五"规划之后，部门行业规划、专题规划、重大建设工程规划等归属于专项规划。专项规划是国家总体规划在特定领域的延伸和细化，是指导特定领域发展、布局重大工程项目、合理配置公共资源、引导社会资本投向、制定相关政策的重要依据。计划经济时期，中央各部门从部门利益出发，都力图自给自足，自成系统，而不考虑国家的总体计划安排。转向社会主义市场经济体制后，国家规划与部门规划在编制五年规划（计划）上虽然采用同样的方法，但因为存在利益差异，仍然有不协调的现象。如编制"十五"计划，一些部门的规划与国家总体规划衔接不够，目标、任务相互不匹配。

第八，规划制订与规划实施的关系。规划制订以后怎样实施？国家制订和国家实施的关系，如果是规划指标制订比较合理，就应该认真执行，但是如果规划当时制订得不合理，是不是应该在实施过程中进行修改修正？五年规划（计划）的编制与执行的矛盾体现为三个方面。一是规划指标定得是否合理，合理的应该认真执行，不合理的需要动态调整。二是执行规划的监督机制如何实施。如果没有监督，规划就会流于形式。如果过于注重考核规划指标，有可能迫使地方造假，或者产生强迫命令。三是五年规划的科学性与前瞻性并不完美，经济运行会遇到多种不确定性，实施五年规划（计划）需要一定的灵活性。但灵活执行规划也有一定的限度，如果各行其是，五年规划（计划）就是废纸。

中国编制与实施的五年规划（计划），既有成功的经验，也有失败的教训，对于编制与实施"十四五"规划，都有重要的借鉴意义。

（作者单位：中国社会科学院经济研究所）

数字化转型与统计挑战和创新

许宪春

近些年我和我的研究团队，调研了 50 多家企业，大部分是新经济企业，包括数字化转型比较成功的企业、互联网企业等。通过调研发现：高质量发展离不开创新和技术进步。当前最重要的创新和技术进步是数字化转型。数字化技术的渗透力非常强，它渗透到企业的生产经营，渗透到政府的治理，渗透到人们生活的方方面面。数字化也渗透到农业企业生产经营和管理过程中，包括通过数字化技术对土壤进行分析和监测，评估它适合种什么植物；通过数字化技术进行精准施肥、精准洒药防治病虫害等。调研的多家制造业企业，处于数字化转型的不同阶段。有的企业转型非常成功，比如深圳一家医疗器械生产企业，它的转型就非常成功，从企业产品的研发设计，到生产销售，再到售后服务都实现了数字化。也有一些数字化转型刚刚起步的企业，在转型中遇到各种各样的困难。我们认为，谁抓住了数字化转型的机会，谁就会得到持续快速发展；谁抓不住数字化转型的机会，谁就有可能被淘汰。所以数字化转型非常重要，对中国高质量发展也非常重要。

我们在研究数字化转型对经济社会发展所产生的影响的同时，也在研究它对统计的影响。下面主要通过一些例子来进行阐述数字化转型与统计的挑战和创新问题。

第一个例子是互联网企业提供的免费或者价格低廉的服务。目前许多互联网企业都在进行盈利模式的创新，比如腾讯，它提供的微信、QQ 等服务一般都是免费的或者是价格低廉的，但是它通过广告和游戏等方式获取利润，用来弥补它提供免费或者价格低廉的服务的成本。也就是说，它通过一种或几种业务活动的收入弥补另外一种或几种业务活动的成本，所以有的学者形象地称之为"羊毛出在猪身上"。对于互联网企业提供的这种免费的或者价格低廉的服务来说，它的生产活动和消费活动都是存在的，互联网企业提供了相应的服务，消费者消费了相应的服务，只是由于免费或者价格低廉，所以在现行的生产统计和消费统计中，在 GDP 中没有得到体现或者没有得到充分的体现。因此互联网企业提供的免费的或者价格低廉的服务对生产统计、消费统计和 GDP 核算都带来挑战。从而需要进行认真研究，对相应的服务进行合理的估价，把它的生产活动和消费活动反映出来，计入 GDP。因此，互联网企业提供的免费或者价格低廉的服务对统计是一种挑战，同时也是统计改革和创新的一种机遇。

第二个例子是直播平台的打赏活动。目前，直播平台打赏活动成为一种新型收入模式。在统计上，如何处理这种新型收入模式？把它作为提供服务的收费还是作为转移收入？两种不同的处理方法，结果是截然不同的。如果作为提供服务的收费来处理，直播平台从事的相应活动就是一种生产活动，创造了新的价值，产生了增加值；如果作为转移收入，只是一种再分配收入，增加直播平台的可支配收入，但没有创造新的价值，不会产生增加值。所以如何处理直播平台的打赏活动，对统计也构成一种挑战，也需要进行统计创新。

第三个例子是数据的资本化。许多企业都拥有数据，特别是互联网平台企业，比如阿里、京东、腾讯、滴滴，都拥有大量的数据，数据成为这些企业非常重要的资产。例如滴滴出行的主要业务就是在乘客和司机之间进行信息匹配，所以数据成为它的主要资产。国民经济核算国际标准《国民账户体系 2008》（简称 "2008 年 SNA"）提出了知识产权产品的概念。它属于固定资产，包括研究与开发、计算机软件和数据库、矿藏勘探与评估、娱乐文学艺术品原件和其他知识产权产品。这里的数据库是存储数据的设施，与数据不是一回事。随着互联网、物联网、云计算的迅速发展，数据呈爆发式增长，并在企业生产经营、政府治理和居民生活中发挥越来越重要的作用，企业、政府和研究机构在数据方面的投入越来越多。由于2008年SNA还没有把数据作为固定资产处理，没有把数据支出作为固定资本形成处理，所以我国支出法GDP中的固定资本形成总额没有包括数据支出。这带来什么问题？由于近年来迅速增长的数据支出没有作为固定资本形成处理，这给从需求角度解释经济增长带来困难。因此，把数据作为固定资产处理，把数据支出作为固定资本形成处理不仅具有理论意义，而且已经变得具有重要的现实意义。随着数字化技术的迅速发展，数字化转型步伐的不断加快，这个问题变得越来越突出，解决这一问题变得更加迫切。但是，数据资产的范围如何界定、数据资产如何估价等一系列问题需要进行深入探讨。

第四个例子是互联网平台经济的发展创造了灵活多样的经济活动，其中有一类活动属于个人对个人提供的服务。例如私家车车主在滴滴出行平台注册之后，就可以以快车、专车、顺风车的形式拉活。这些私家车车主与滴滴出行之间没有雇佣关系，不属于它的雇员，他们也没有注册为个体经营户。再比如有一些房主通过小猪短租把私家的房子租出去获得租金收入。这类活动都是通过互联网平台实现的个人对个人提供的服务。传统的生产统计把法人单位、产业活动单位和个体经营户作为基本的生产统计单位，但是互联网平台迅速发展催生的这类灵活多样的经济活动既不属于法人单位，也不属于产业活动单位和个体经营户，所以传统的统计调查无法覆盖这些生产活动，导致这些生产活动往往被遗漏或者被低估。因此互联网平台经济的发展催生的这类个人对个人提供的服务活动，对传统的统计调查制度带来了挑战。

数字化技术的发展，数字化转型对现行的统计理论、统计调查方法和统计标准带来一系列的挑战。数字化技术的发展，数字化转型产生许多新型经济活动，这些新型经济活动在国民经济行业分类标准中往往没有对应的类别，这就对国民经济行业分类标准带来很大的挑战。同时，互联网平台创造出许多灵活多样的就业方式，这类就业方式对传统的就业统计标准带来挑战。这些问题既给统计工作带来很大挑战，也给我们的统计理论工作者和实际工作者带来重大机遇。传统的统计理论和方法大都产生于西方发达国家，因为这些国家经济社会发展长期领先，给这些国家的统计理论工作者和实际工作者提供了总结、梳理、提炼统计理论和方法的机会，他们也抓住了这样的机会，国际统计标准的制定基本上由他们主导。由于我国经济社会发展长期落后于发达国家，所以我们的统计理论工作者和实际工作者总结不出先进的统计理论和方法，在国际统计标准的制定中我们的发言权非常有限。虽然一些国际统计标准并没有考虑到中国等发展中国家的实际情况，但是中国和其他发展中国家往往只有执行的份儿。现在，中国在数字化转型的一些领域已经走在世界的前列，这给我们的统计理论工作者和实际工作者创造一个总结、梳理、提炼新的统计理论和方法的机会，也给我们更多地参与国际统计标准的制定提供了机会，我们要勇于抓住这个机会。所以数字化转型虽然给统计工作带来巨大挑战，但是也给我们的统计理论工作者和实际工作者提供了一次难得的机会。如果抓住了这次机会，我们就有可能在统计理论和方法的创新上，在国际统计标准的制定上，做出更多的贡献和拥有更大的发言权。

（作者单位：清华大学中国经济社会数据研究中心）

后疫情时期的世界经济
展望与发展战略

加大金融开放乃当务之急

范小云

今天讨论的主题将"发展和安全"放在很重要的位置,"安全"这个概念需要界定清楚,与之相一致的问题是"什么情况下是不安全的"。我认为可以从国际环境、经济关系角度上看安全问题。

最近 IMF 报告称按照购买力平价,中国经济规模已经超过了美国六分之一。美中的竞合关系毫无疑问会被看成是一个守成大国与新崛起大国之间的遏制与反遏制的关系。历史上,排第二的国家要真正超越第一的话,需要从教育、增长竞争力、军事、贸易产出到金融等多个层面超越。从具体实现顺序来看,也是这样一个顺序。所以,从经济规模角度,我们确实是形成了对美国的压力。但在其他方面,如在最前沿的教育上,其实我们还是相对落后的。如果没有先进的或者说是更好的教育,就不可能真正实现创新方面的超越和科技层面上的高水平竞争力。不实现高水平的教育就不可能实现真正的超越。

此外,我觉得在金融体系层面上我们还有短板。最近我们一直担心在金融领域发生与中美贸易摩擦类似的事情也是源于此。刚刚发生中美贸易摩擦时,我们有各种担心,但是后来发现,由于 40 多年改革开放,中国的经济体系和国际市场乃至于和美国市场实际上已经有了深度的融合,不可能完全脱钩。但在金融层面,相对来讲,我们还是缺乏安全感的。这是由于中国金融业的现代化建设,实际上是相对落后的,与现代化的要求是有差距的。中国作为一个经济大国、贸易大国积极推动开放,我们的经济结构深深地嵌入世界经济结构中。但是，一直以来我们对金融开放很谨慎，特别对资本账户开放一直特别担心，始终争论很大。我们在资本项目可自由兑换上始终持保守态度，特别是在 1997 年、1998 年亚洲金融危机，和 2007 年、2008 年国际金融危机之后，很庆幸我们由于资本项下的严格管制，没有受到很大的外部冲击，从而进一步坚定了自己传统的看法。最近我们做了一个研究，对于跨境资本流动的宏观审慎管理进行了评估，结论是这几年起到了积极作用。但是如果我们在金融领域总存在对开放的担心，特别是在资本账户开放上不敢迈出重要一步，我国金融体系就不可能和国际金融体系（包括美国的金融体系）形成像今天经济贸易体系那样深度的相互渗透融合。如果真的要在金融领域与我们脱钩，我觉得从这个角度看，确实是有一个安全问题。

推进金融开放需要在两个方面进一步做好工作。一个是强调契约精神，金融实际上是契约，要加大金融开放，就一定要在相应的法律制度层面上有一个大进步；再一个，中国的金融体系的体量需要更加强大。尽管在研究上对我国外汇管制效果给出的评估是正面的，但我认为，着眼未来，中国需要加大金融开放，特别是资本账户开放的力度。随着金融去杠杆、国家加强对系统性风险的管控、坚持供给侧结构性改革、加强金融基础设施建设，现在中国金融业开放的条件越来越好、越来越成熟，我们应该尽早谋划，加快我国资本账户开放的进度，让我们的金融体系和世界金融体系实现深度的渗透融合。这种开放发展，无论对促进我国综合国力更加强大，还是有效抵御所谓的金融摩擦都具有积极意义。

（作者单位：南开大学）

建设一流的中国家庭金融学科

甘　犁

我今天和大家分享一下对疫情后的经济金融学科发展的想法，着重讲什么是中国特色的家庭金融学科建设，并建议大家一起研究中国的家庭金融。

什么是一流的中国的家庭金融学科？首先要基于中国的事实。什么是中国家庭金融的基本事实？首先是消费不足、储蓄率过高。这里面有很多原因，比如收入不平等，转移支付不足，资产收益率尤其是房产收益率过高，储蓄率与年龄的关系与其他国家不同呈"U"形分布，还有过去 30 年收入的高速增长。家庭资产方面，房产配置过高，股市直接参与率过高，工商业资产很高，民间借贷比例也很高，这些都是中国家庭金融与别的国家不一样的基本事实。

国外家庭金融学科的特色之一是有一套完整基于跨时间优化的理论体系。优化时有背景风险，包括相对确定的生命周期风险，涉及结婚、子女、退休，还有不确定性大一点的疾病风险。收入有比较稳定和不稳定的情况，也有成长性好和不好的情况，都可以作为外生变量影响整个家庭的资产配置。在跨时间的优化理论框架下很难有较好的直觉及预测。另外，该学科一般只考虑有代表性的家庭，研究资产存量重于流量。

经过多年的发展，家庭金融学科在国外仍然是小众学科，目前只有一部分学校开设有家庭金融课程。为什么？首先需要了解的是什么是经济学关心的主流问题？家庭金融学科研究的是一个有代表性家庭的资产分布问题，没有很强的政策含义，也不涉及公平效率问题。金融学研究资本市场，尤其是资产在市场中的交易行为和价格。但是家庭金融学科把资产价格作为外生变量，成为小众学科是可以理解的。

如何去改变这种状况？其实，相对中国经济学的其他学科的发展，家庭金融学科发展势头是很好的，因为已经有大量的学术文章把中国的基本事实讲得很清楚了。现在还没有成为主流学科的原因是我们在理论上不够深入，也没有把家庭金融问题变成主流的经济问题。解决这个问题需要扩展研究内容。一流的中国家庭金融学科，内容要比国外更加丰富，尤其是要扩展到公共政策领域。公共政策一般相对短期，主要是关注流量而不是存量。家庭金融学科关心存量重于流量。所以，中国的家庭金融学科应该是存量流量并重，内生和被优化的变量从存量变成既包括存量也包括流量。

家庭最主要的流量就是消费。购置房产也是流量，储蓄也是流量。流量成为研究的主要内容以后，政策意义就很自然了，包括房贷、所得税、遗产税、转移支付等所有这些问题都是家庭金融学科的主要研究内容。

我对学术杂志有三个建议。刚才我讲到，中国家庭金融学科有不错的基础，原因在于我们的数据库已经十年了，有几千篇文章出来，对我们了解事实帮助很大，所以学术杂志第一要继续支持长期跟踪而且有代表性的数据库。同时鼓励专项数据库建设，有助于不同学科的发展。例如，时间利用数据库、小微企业数据库、农业农村数据库、住房需求数据库、人口流动数据库、中小学教育数据库、基层治理数据库等。第二是学术杂志要支持事实发现研究。事实发现研究在国外是主流杂志和主流学者在做。要重视做横向和纵向的比较研究。第三要鼓励积累。积累，就是要约请权威学者发表文献综述和学科综述，要有权威的说法。这个学科到目前为止，要搞清楚哪些是我们已经知道的，哪些是我们不知道的。

（作者单位：西南财经大学）

新冠肺炎疫情对全球经济的冲击及未来全球经济增长前景

李坤望

围绕分论坛的主题，我想主要讲两个方面的看法：一是新冠肺炎疫情对全球经济带来的冲击；二是未来疫情结束或得到控制，经济恢复到疫情前的水平之后，全球经济又将会步入一个怎样的增长路径。

这次疫情对全球经济的冲击主要有两个方面：一方面是疫情本身的冲击；另一方面是疫情防控，尤其是各种防控措施，如居家隔离、保持社交距离等，对经济活动造成的干扰和破坏。除中国等少数东亚国家做到了疫情防控和经济恢复同步变化外，世界绝大多数经济体的经济下滑在 2020 年 4 月底达到最低点，之后，许多国家放宽防疫力度，经济下降幅度从五六月份开始收窄，以牺牲疫情控制为代价，减轻经济上的损失，成为大多数国家的选择。

疫情的直接影响是停工停产。后续的一系列影响体现在供给和需求两方面。从供给面来讲，疫情带来的产能和生产率的巨大损失，供应链受到严重破坏；从需求方面来讲，由于失业等导致收入的降低，以及恐慌情绪带来消费的下降，尤其是耐用消费品消费下滑明显，投资也受到很大冲击。以上冲击还波及很多其他方面，产生放大传递效应。第一，是金融市场的波动，对更安全金融资产的追逐，以及疫情造成很多信贷的违约，等等，就造成金融成本的上升，另一个影响是信贷紧缩。第二，是贸易成本的提高，2020 年前三个季度，全球贸易成本提高 25%。除金融市场外，还对大宗商品市场造成巨大的冲击。比如，2020 年第一季度，全球市场石油价格下跌了 65%，天然气价格下跌了 38%，矿产品价格下跌了 15%。

这次疫情给全球经济的影响程度究竟有多大？这里通过一个历史对比，来做一判断。无论是持续的时间，还是实际 GDP 的损失，2008—2009 年国际金融危机，都算得上是第二次世界大战结束以来最严重的一次经济危机。而这次疫情对全球经济的冲击要严重得多。以国际金融危机的 2009 年为例，全球经济总体上有一个略微下滑，当年经济增长是 - 0.7%，这次按照 IMF 的预测是 - 3.3%，很明显这次疫情对全球经济造成的冲击远大于上一次金融危机的冲击。另外，跟上次金融危机有很大不同的是，上次的金融危机主要影响的是发达国家，发达国家经济出现比较大的下滑，2009 年实际 GDP 增长率为 - 3.7%，但是相比之下，新兴市场和发展中国家受到的波及相对来讲少一点，这也跟这些经济体在 1997—1998 年亚洲金融危机之后，充分吸取了历史经验教训有关。1997—1998 年亚洲金融危机爆发之后，发展中国家吸取了经验教训，采取很多修护的措施，包括宏观审慎政策，采取一个更加灵活的浮动汇率制，还有通货膨胀目标制，等等，从而成功地躲开了 2008—2009 年的金融危机，经济受到的影响明显小于发达国家。这次疫情暴发以来，无论是发达国家还是新兴市场和发展中国家，都同步陷入经济衰退之中。从 2020 年下半年发展趋势看，疫情最严重的美国，其所受到的经济冲击，已经开始有所减缓。在疫情严重的西方国家当中，美国经济相对表现算最好的。欧元区受到的影响比较大，最早出现疫情的意大利和西班牙，还有英国跟法国，经济下滑幅度都比较明显。

这里面我们也看到，主要经济体当中，唯一可能出现增长的经济体是中国，IMF 预测 2020 全年可能出现不到 2% 的正增长。还有印度受到的影响比较大，在 2011 年的时候，印度超越了中国成为新兴市场和发展中国家经济增速最快的国家，但是这次疫情对印度的打击也是非常大的。其他包括像俄罗斯和拉美一些疫情比较严重的地区，经济受到的冲击也比较严重。

　　我们看一下，这次疫情给全球贸易带来的影响。首先我们可以看到，2008—2009 年全球贸易出现比经济衰退更严重的倒退，所以我们把 2008—2009 年叫作贸易崩溃年，之后全球贸易增长都没有恢复到金融危机之前的增长势头。而且金融危机后，全球贸易增长乏力，略低于经济增长，这是一种反常现象。因为在 2008—2009 年金融危机之前，全球贸易年平均增长速度高于经济增长，大约是经济增长速度的两倍，这符合经济学常识，因为贸易的收入弹性一般大于 1，即经济增长每一个百分点都导致贸易超过 1% 的增长。贸易弹性由原来大于 1 逆转为小于 1，很大程度上与全球价值链的萎缩和重构有关，即金融危机后，全球价值链由原来的上升势头转变为明显的下降趋势，这种现象也有人称之为"逆全球化"。正是这一变化，导致这次疫情对全球贸易的冲击与国际金融危机有很大不同。国际金融危机期间，全球贸易下降了 11.3%，而这次疫情对全球经济的冲击比国际金融危机要严重得多，但对全球贸易的影响反倒没有上一次严重，预计全球货物贸易 2020 年下降 8.5% 左右。两次冲击对全球贸易的冲击形成强烈反差，其原因与全球价值链的变化有关，全球价值链的萎缩，导致外部冲击的放大效应减弱。

　　关于全球经济的未来趋势。可以看一下国际金融危机后经济恢复用了多长时间，美国到 2011 年的七八月份，它的经济才恢复到金融危机之前的历史最高水平，用了差不多将近三年时间。从历史经验上来推断，这次疫情结束或受到控制之后，在全球经济受到那么大影响的情况下，差不多也需要两到三年的时间才能够恢复到疫情之前的水平。

　　从中长期看，未来全球经济增长将很大可能步入一个速度放缓的轨道，我把未来全球经济形容为一辆挂低速挡行驶在慢车道上的汽车。我们把充分就业下的经济增长率称为潜在增长率，由于外部冲击和价格粘性等因素，实际的经济增长是围绕着潜在增长率上下波动的，所以潜在增长可以视为消除波动后的经济增长趋势。从潜在经济增长率的变化趋势来看，发达国家从 2000 年开始之后，就已经进入经济增长速度放缓的阶段。2011 年后中国经济增长减速我们称之为新常态，按这样的提法，实际上，发达国家从 2000 年开始就已经进入新常态。

对于发展中国家来讲，它出现所谓的新常态，相对来讲比较晚。2008—2009 年金融危机之后，发展中国家也步发达国家后尘，开始进入经济增长减缓阶段。在此之前增长一直呈上升的趋势，特别是国际金融危机后，在 2012—2016 年发展中国家连续五年出现经济增长逐年递减的现象。

全球经济增长放缓的原因主要有两个：一是生产率的增速减缓；二是人口结构，主要是老龄化的影响。以美国为例，美国经济增长越来越依赖于生产率的增长，进入 21 世纪之后，它的经济增长有 80% 是来自生产率的提高带来的贡献。但是，美国的生产率增长由原来的上升势头转变为下降趋势，这在金融危机之后表现得尤为明显。一方面，经济增长越来越依赖生产率的提高；另一方面，生产率的增速又在放缓，这两个合在一起导致美国经济潜在增长趋势放缓。

进一步看，生产率增长又主要靠什么？我们过去一般讲靠 TFP，但是根据 Jorgenson 和 Stiroh 的研究，对生产率增长贡献最大的因素并不是技术进步，而是资本深化，即人均资本水平。所以，从根本上讲，生产率的改善最重要的是投资，即固定资本投资。现在全球范围内，投资增速在减缓。以美国为例，美国的资本形成占 GDP 的比重是 1963 年以来的最低水平。这后面隐藏着一个很有趣也很值得研究的问题：一方面，随着人工智能、互联网、大数据等技术革新层出不穷，投资机会越来越多；另一方面，投资意愿反而在下降。

最后简单地总结一下，新冠肺炎疫情正在全球范围内给人类活动带来巨大的损失，不论影响范围还是影响程度，疫情对全球经济的冲击远大于 2008—2009 年的国际金融危机。全球经济正处于潜在增长速度放缓的阶段，疫情无疑会加重这一趋势，给疫情过去后的全球经济恢复造成阻碍，疫情结束或控制后全球经济恢复有可能经历一个短暂的强力反弹，但随后很大程度上会步入一个缓慢增长阶段。固定资本投资是决定全球经济恢复和长期增长前景的一个关键性因素。

（作者单位：南开大学经济学院）

后疫情时期的实体经济与金融市场的背离

朱小能

金融市场是经济的晴雨表，所以实体经济跟金融市场应该是一个镜像，很多时候实体经济与金融市场确实是有这样的镜像关系存在。但疫情冲击以来，我们发现这个镜子变成了哈哈镜，在镜子里面照出来的金融市场和实体经济出现了很大的背离。今天我想从金融市场的角度，从哈哈镜的视角看看，我们的实体经济与金融市场产生背离的原因以及给世界带来的挑战。

首先盘点一下疫情。新冠肺炎疫情与 SARS 相比有很大的区别。SARS 更像黑天鹅，消失得比较快，几个月一下子飞走了，金融市场和经济都恢复了。但是，这次疫情有一个肥尾现象，尾巴越来越翘，而且会产生长尾现象，疫情对金融和经济市场冲击是不可避免的，是长期现象。这样的长期冲击就会带来一系列的基础性变化：经济结构的变化、消费结构和消费习惯的变化，甚至工作方式也变了，最近有人在加拿大做调查，疫情期间在家里办公，大家习惯了这种方式。他们的调研，主要问在家里工作这些人在疫情过去以后是愿意继续在家里工作，还是愿意回到公司上班。有 70% 的愿意在家里工作，这样的模式必然带来的是对交通和很多消费习惯的冲击。举一个简单的例子就可以说明这样的变化：疫情期间四五月份，上衣卖得很好，裤子卖得很差，因为我们出镜只需要穿西装，同时配一个短裤，所以出现了上衣好卖裤子难卖的现象。

这种经济结构调整的第一个影响是对数字经济有较大的正向冲击。整个消费结构调整，对数字经济，特别是金融科技有很大的促进作用。这次疫情以后，以人工智能、大数据、区块链、云计算为技术支撑的数字经济生态圈就更加成熟了。如何理解这样一个数字经济生态圈呢？大数据是活的，不断生长的，不是一堆数据凑起来的，所谓云计算是大数据存储的中心，另外也是计算中心。就是说云计算把数据变成信息，再通过人工智能，我们最终要做决策，把大数据变成信息再变成最终我们做决策的判断依据，区块链是这个过程中的加密过程。

疫情在对经济结构造成巨大冲击的同时，对金融市场也造成了巨大的冲击，并且伴随着巨大的反转。3 月的时候，A 股市场跌得很厉害，但是很快又涨起来了，反倒变成了一个牛市。美国其实也一样，3 月，全球股票市场都是大跌的，我们专门出了一个词叫活久见。因为巴菲特 89 岁之前，看到过几次美国股票市场熔断？一次。2020 年连续四次熔断，最厉害的是 3 月 21 日的时候，全球有九个股票市场，包括韩国、德国、美国等市场同时熔断，这是人类股票历史上第一次九个市场同时产生熔断。但是 3 月过了以后，我们会发现，股票市场截至 7 月的数据，已经回到疫情前的高点了。在疫情冲击的情况下，美国纳斯达克指数创历史新高，也就是说，纳斯达克指数的最高点就是在 2020 年出现的。纳斯达克在 2008 年国际金融危机之后几年也是创新高了，那时候很大程度上是因为股票的回购。很多公司手上持大量现金就买自己的股票，导致股价上升，这次大家还是比较有共识的，不是回购或者经济发展恢复，主要是流动性，无限量的量化宽松，全球都有这样的现象出现。

如果我们把目光转移到债券市场，发现也像股票市场一样是牛市。债券市场的牛市也和流动性过剩导致的低/负利率紧密相关。在 2008 年国际金融危机之后出现了负利率，原本大家认为负利率是短期事件，但是疫情冲击改变了大家的预期，现在市场普遍认为，低/负利率是一个长期现象。低/负利率很有可能已经成为一种新常态。例如，美联储已经宣布到 2025 年零利率政策不会变，所以美国未来几年的低利率是可以预见的。另外，负利率的形式也发生了变化，从早期的超额准备金负利率，到后来国债的负利率，现在甚至出现了贷款负利率：丹麦住房贷款已经是负利率，就是你找银行买房子按揭贷款，每个月银行还要倒贴你。

这样的低/负利率是全球流动性泛滥的一种外化表现。例如，疫情冲击以来，城投债的发行就比较容易，之前没人买的城投债就有很多人买，并且这些城投债的利率也比较低。比如江浙一带的城投债发行利率低于国债或者跟国债持平。美国的流动性也很充裕，也出现了股债双牛的情况。之前低利率导致垃圾债价格飙升，全球范围内的股市债市都不错，这样很大的隐患造成债务高企，美国是120%多，中国还好，另外我们2018年、2019年搞结构性去杠杆，腾出很多空间，但是2020年杠杆率回升。我们在全球很多市场看到金融市场的繁荣，体现为股债双牛，但是实体经济很糟糕。事实上，目前IMF预测，全球主要经济体中，只有中国经济2020年是正增长，其他经济体都是负增长，陷入衰退的泥淖。从全球范围看，我们把实体经济与金融市场放在一起对比，会发现出现了一个巨大的背离，所以我想说金融市场成了实体经济的哈哈镜，照出来的是变了形的实体经济。

实体经济与金融市场的背离，我认为最重要的成因是流动性的泛滥。流动性泛滥造成的政府、居民、企业杠杆率高企，需要引起高度的关注，要防止再出现金融危机。从金融风险防范的角度看，我想提出几个问题，供大家思考。第一，全球量化宽松会不会退潮？什么时候会退？2008年国际金融危机之后的量化宽松引发的资产负债表扩张，到现在都还没能很好地缩表，新冠肺炎疫情的冲击又引发了新一轮更大规模的扩表，无限量量化宽松使得流动性的潮水泛滥。这样的浪潮怎么退下去是个大问题。潮水不退下去，我们就像吃激素一样，吃多了一定会出问题，但简单的缩表可能会导致经济衰退，并且让金融市场承压，因此如何有序地退出也是一个巨大的挑战。目前，似乎还没有经济体找到一条很好的缩表的途径。此外，这一轮流动性潮水是全球范围的，如果缩表，需要各国的政策协调。在疫情分化和经济分化的背景下，这样的政策协调也显得很艰难。因此，各国的政策协调也是全球经济面临的一大挑战。

（作者单位：上海财经大学金融学院）

后疫情时期全球金融市场展望

宋　敏

今天讨论的议题有些过大，我试着分享一下我的观点。首先是题目中的后疫情时期。我觉得虽然我国已初步控制住疫情的冲击，但仍面临区域性的复发风险。另外，国外包括欧美国家正经历疫情第一轮的打击，可能还有第二轮甚至多轮的冲击。我国也面临疫情境外输入的风险。因此，疫情的发展趋势充满了不确定性，对其判断超出了经济学者的能力，很难确切认为我们已进入后疫情时期。

尽管很难准确判断疫情是否已经过去，但毫无疑问此轮非常态的疫情状况终将过去。人类是在长期与病毒的斗争中生存下来的物种，有理由相信我们一定能再次适应与战胜病毒的挑战。此次百年难遇的新冠肺炎疫情给全球经济金融带来了巨大的冲击，并将留下持续性的影响。当疫情蔓延到欧美发达国家时，金融市场产生了巨大的波动。但此次危机与2008年国际金融危机不一样。2008年的国际金融危机起源于美国金融机构与家庭部门的高负债，危机中因为流动性问题，大量金融机构与家庭破产，引发实体经济中企业的倒闭及大量的失业。美联储与其他国家央行通过量化宽松及负利率政策对经济体注入流动性，成功阻止了金融机构及企业的更大面积崩溃，但也造成了金融体系高杠杆率的风险。此次源于发达国家的金融风险也传导到新兴市场国家。相对比的是，2020年的新冠肺炎疫情对全球经济的冲击是基于实体经济需求侧与供给侧的双重冲击。因疫情影响，许多国家采取了控制人员流动的措施，减少了疫情的传播，但也带来了某些需求和供给的大幅下降。政府通过财政与货币政策，帮助大量因疫情不能复工企业或失业的人员渡过难关。目前来看，这些政策确实起到了纾困的作用，有效缓解了企业及员工的困难。同时，金融机构没有遇到重大问题，金融市场也基本恢复了正常。但疫情还在继续，对实体经济的冲击还在持续，而纾困政策带来的财政货币政策压力巨大。发展中国家的纾困政策则面临更大的约束。下一步疫情对全球经济金融的影响仍充满巨大的不确定性。

另外，一个与疫情不确定性叠加的巨大不确定性是中美战略竞争。疫情终将过去，但中美战略竞争是长期性的、战略性的和地缘性的冲突，不仅仅是意识形态的分歧。因应对疫情的超宽松财政货币政策虽然短期起到了有效的纾困作用，但进一步带来了财政金融体系的高负债。美国及少数发达国家通过超宽松货币政策将给全球经济带来通货膨胀压力，给全球经济带来巨大风险。另外，疫情进一步扩大全球贫富不均的问题，可能进一步引发民粹主义及民族主义的极端政治行为。中国需高度警惕美国当政者为转嫁国内矛盾，联合其盟友对我国形成舆论压力及政治军事围堵。

国际国内的经济学者们大多对中美之间的战略竞争及其严重影响认识不够。当中美在几年前发生贸易摩擦时，多数经济学者只关注中美巨大贸易逆差的问题，并提出自由贸易有利于中美双方的经典解释。今天大家已意识到中美之争远超贸易之争，而是关乎中美两国及全球各国命运的重大事情。中美之争从贸易出发，已延伸至金融、科技等领域，将来还可能发展到冷战甚至局部热战的可能。中美战略竞争充满了不确定性，这种不确定性牵涉国家安全及世界和平，其复杂性远超大多数经济学者理解的企业产业安全或经济金融风险。因此，经济学者们考虑经济问题时需要扩大视角，必须从国际政治及国际关系的大视角重新审视诸如经济金融的开放问题。

如何应对中美战略竞争的巨大不确定性？本人认为需进一步加大对外开放力度。从金融开放的角度，有人担心金融的进一步开放会带来热钱进出对中国经济与金融的冲击。诚然，金融的开放的确会带来一定的风险，但对金融开放的风险我们是可以把握的，也有管理金融开放风险的工具。如对热钱的进出通过离境税、短期高资本增值税及外汇交易税等方式调节热钱跨境流入流出。在关键时刻甚至可以采用行政控制手段，如马来西亚政府在亚洲金融危机时采取限制外汇流出的政策。在现阶段加大金融开放也面临良好机遇。中国在党和政府的领导下，全民一致积极抗疫，国内疫情得到较好的控制，国民经济也得到了较好的恢复。相比世界上多数其他国家，我国在投资与贸易中都存在巨大机会，财政与货币政策也相对稳健，与欧美等发达经济体存在一定的利差，有利于吸引国际资本的进入。只有在更多的国际资本与投资流入中国的情况下我们才能更有效地对冲中美战略冲突所带来的不确定性。

　　总而言之，疫情与中美战略冲突给我国带来了巨大的不确定性。为应对这些不确定性，有必要在经济特别是金融领域进一步加大开放，通过对经济金融的加大开放，对冲中美冲突带来的不确定性。同时，加强对经济金融开放的有效风险治理与管理，做到合理利用全球资源与资金，推动我国经济高质量发展。

（作者单位：武汉大学经济与管理学院）

百年变局下的中国经济

万广华

我在 2011 年《国际经济评论》上发表的一篇论文中明确指出，中国跟西方的冲突是无法避免的，只是时间问题。同时提及中国必须减少对国际市场的依赖，大力提升国内需求。2018 年我回到国内，第一次在国内做讲座是 3 月 15 日，首先就谈到中美贸易摩擦早晚要发生，而 3 月 23 日确实开始了。其实，关于中美关系早晚要恶化，2009 年我就与中国政府驻亚洲开发银行的董事办公室进行过交流。2018 年 3 月中美贸易摩擦开始后，我一直强调中美之间的冲突无法解决。我们要努力将中美冲突控制在贸易领域，避免延伸至金融、科技等其他领域。

在《国际经济评论》发表的文章里，我提出至少需要从两个方面为将会越发严峻的国际局势早做准备。第一，要努力改善与印度的关系。因为亚洲和中国崛起都不能"后院起火"，而且印度是上升中的大国，甚至在很多年后有可能成为世界强国之一。这就是为什么我从 2003 年起，一直呼吁国内重视研究印度。第二，必须减少对国际市场的依赖，大幅度增加国内需求。今天的会议上有不少人提到逆全球化，我 2015—2016 年对此进行过思考。2018 年底，中国世界经济学会在上海开会，我在会议开幕式上的演讲中就讲了逆全球化。

2020 年我国推出双循环，所以我关于逆全球化的观点得到了部分认可。关于逆全球化，我简单提几点。一是逆全球化不是现在才开始的，至迟 2008 年就出现明显的势头了；二是逆全球化的动因在哪里。不少人把矛头指向中美关系或意识形态问题，这都是表面现象。个人认为，逆全球化的根本动因在于全球化红利的分配，主要是在国家之间的利益分配问题，当然也与这个红利在各个国家内部的分配有关。要知道，亚洲在全球化中受益显著，东亚受益巨大，中国更是受益。这个事实必须承认，先得尊重事实。之后才可能与欧美和世界各国讨论全球化红利的分配。我的判断是，这个问题在相当长的时期内无解，所以逆全球化的趋势还会继续，尽管我们看到报道说，在长三角和珠三角的跨国公司大部分不愿离开中国。需要说明的是，全球化需要相关国家打开国门，西方国家只能通过立法打开或关闭国门，需要时间。推动逆全球化的另一个因素是无法阻挡的第四次技术革命。第四次技术革命将进一步增加国民经济中资本的投入和资本从 GDP 中分得的份额，所以我们看到劳动报酬占比在我国、亚洲乃至全世界都出现了不断下降的趋势，从 60% 多到 50% 多，如果继续下降，会带来更多的社会动荡，如我们已经看到的占领华尔街运动、法国的黄马甲事件、英国脱欧等。

最后就国际秩序重建说几句。上一次的国际秩序变化或国际重心的转移，发生在欧洲和美国之间。1894 年美国 GDP 超过英国，1905 年美国人均 GDP 超过英国，1914 年发生第一次世界大战，之后第一次出现了正规的国际组织，即 1920 年 1 月成立的国际联盟，其主要目标是防止战争。但是很遗憾，没过多少年，第二次世界大战发生了，直到第二次世界大战后美国才开始主导国际事务。我要强调的是，美国 1905 年经济实力全面超越英国，但美国没有加入国际联盟，在第一次世界大战前后的国际话语权也有限。当今，国际重心正在从大西洋两岸转向太平洋两岸，中国的 GDP 在 2030 年左右可能超越美国，但人均差距需要数十年才能赶上。考虑到经济实力与综合实力之间的滞后（比如俄罗斯经济实力从 20 世纪 90 年代开始衰落，但至今仍然是强国之一），中国全面超越美国还需要很久。

最后提一下，我们在《经济学动态》上发表过关于国际援助的论文。作为负责任的大国，中国需要开展国际援助，但要不要"押注"非洲？从国际关系的角度看，非洲只可能在联合国帮助我们。

因为现有国际秩序中，只有联合国是一国一票的，其他大多数机构是按照其股权或会费多少投票的。但联合国正在被边缘化。尽管非洲的人口年轻，但在逆全球化和第四次技术革命浪潮下，非洲的发展前景黯淡。目前非洲50多个国家的GDP加一起才两万多亿美元，还没有印度多。简单地说，我们需要非洲国家的支持，但"押注"非洲的经济和非经济回报皆有限。

（作者单位：复旦大学世界经济研究所）

疫情、变局应对与经济史研究

徐建生

今天论坛的主题是后疫情时期的世界经济展望，是从形势预判出发的未来展望。我来自经济所中国经济史研究室，我们研究古代和近代经济史，与现实问题包括未来展望的距离比较远。请容许我简要介绍经济史学科，对后疫情时期展望提供我们的角度和判断。

（一）后疫情时期尚未到来

有一个说法是现在和未来是从过去来的，过去的历史可以提供一些解决方案和经验教训，但是这中间隔了很多变化的东西，不能简单地比附。比如疫情从时间延续的角度来讲可能是以后经济史上的大事件。但是，我们所说的历史是指已经固化下来的，已经定型的事物，才进入历史研究的范畴，就是说盖棺才能定论，否则还是现实探讨或未来展望的其他学科的研究对象。现在提出后疫情的概念有些超前了，后疫情其实还没到，不能一相情愿地提前进入。我们国内控制住了，但是外面环境还是疫情起伏。疫情是突如其来的，它的离开却像是病去如抽丝，在相当长时间内将延续存在。所以这个疫情应该说是一个现在正在面对的很重要的变化因素，是现在和未来之间一个未确定的因素。

经济史对于现实问题研究的作用，可以从陈争平先生提出的"一通""二合""三侧重"方向上着眼和着力。"一通"即"通古今之变"，注重历史连续性；"二合"指融合社会经济史、经济思想史研究；"三侧重"指经济史研究是规范分析与实证分析相结合而侧重实证分析，短期考察与中长期考察相结合而侧重中长期考察，突变因素与渐变因素考察相结合而侧重渐变因素的考察。这也是经济史与经济学其他分支的分界标志。经济史学主要是以中长期（十年以上）考察方式，通古今之变并以史为鉴，对现实问题展开相关性研究。

目前经济研究所的经济史学科，在经济学与经济史学共同构筑的学科布局之中，拥有中国经济史、中国现代经济史、中国经济思想史、体制改革4个研究室和中国经济史学会、《中国经济史研究》期刊、《中国经济史评论》会刊；在中国古代史、近代史和现代史和思想史等专业，实现了全面覆盖，形成了一个有机的整体。经济研究所的经济史学科，学界公认其历史长久、门类齐全、队伍整齐和实力雄厚，现在是全国经济史学科与研究的较具规模和实力的重镇。

（二）变局与应对——历史与现实的连接点

我在想现实和历史之间，怎么把这两个东西连接起来，古代近代史与现实事件以及后疫情时期的展望怎么连接起来。从经济史角度出发，有两个关键词可以联系起来，就是：变局、应对。

现在讲我们面对两个大变局，是中华民族伟大复兴的战略全局和百年未有之大变局，要应对和抓住变局实现民族复兴。从历史角度来讲也曾经出现两次大的变局，我们从古代到近代是以鸦片战争为分界线，那是亘古未有之大变局。那时候魏源、林则徐他们面对的是从来没有过的大变局，外国人船坚炮利打进来，敌人不再是游牧落后的番邦。再就是1937年抗日战争全面爆发，是日寇继甲午战争、八国联军之后，以独占中国、灭亡我们中华民族为最终目的的入侵。古代也有过蛮夷入主中原，鲜卑、突厥、契丹、蒙古、女真（满族）等建立了王朝统治。但这都是中华各民族之间的矛盾冲突，在中华民族形成过程中这些民族后来都融入进来。虽然那时候认为蒙古人统治世界，我们还是可以把元朝视为中国历史上的大一统王朝之一，与近代的外族入侵有本质区别，1937年全面爆发的抗日战争是要亡国灭种的。近代的这两次变局，鸦片战争是全球殖民时代和资本主义扩张的典型事件，抗日战争（第二次世界大战）是帝国主义瓜分世界的大决战。可以说它们是亘古未有之大变局，是千年未有之大变局。

鸦片战争和抗日战争这两个大变局，如果我们要吸取对于今天有价值的认识，就要看当时是怎么应对的。当时的统治者执政者所采取的应对措施，和现在我们的政权和政党应对大的变局，包括突如其来的巨大疫情变局的时候，采取不同方式、不同的对策，也将产生不同结果。近代应对变局的主体，一个是清王朝一个是民国政府，这两个政权为应对变局、救亡图存，清王朝在最初屡遇败绩的惊恐万状之后，从开展洋务运动、发动戊戌变法到最终尝试君主立宪，民国政府自从日本帝国主义侵占东三省后，面对日寇对关内大好河山发动的长驱直入的侵略，组织本国工业从沿海沿江到大后方的悲壮的大迁徙，实行统制经济等战时经济体制，在西南和西北建设工业基地。清王朝和民国政府在从师夷长技的觉醒到工业化建设的自觉中，不约而同地把军工和重化工业放在最为优先的位置，把官营和国有制度作为直接控制社会经济的首选政策。当然它们之间更多的是差异，两个政权的更替不同于千年来常见的改朝换代，而是从封建社会的末世转入半资本主义社会的时代。应对变局的主体之外，如果把整个社会作为应对的本体，那么除了经济体制的因素，变局应对无疑还关乎政治制度，关乎思想文化因素，社会形态也是产生差异的根源，国际环境也在不断变化。近代政权和社会在巨大变局的应对上面，有许多值得分析探讨的轨迹与得失。虽然现在和今后的中国，与历史相比已经不可同日而语，仅在经济体制上、在社会经济领域里面已经有了划时代的更新，但是事物都有源流，历史总有能够提供给现在和未来的镜鉴。所以，如果要把过去现在和未来展望结合起来的话，可以从古往今来、古今中外的变局—应对模式中，梳理总结出一些有价值的认识，这个可能是我们能够找到的一个连接点和切入点。

（三）经济史研究的价值

有人问：跟历史上大的疫情比，比如黑死病，对人类的影响，有可比性吗？肯定有，那就是灾荒史、环境史、疫病史的研究对象。中国历史上有记载的"疫疠"发生了 700 余次，主要是天花、鼠疫、霍乱、斑疹伤寒等传染病、流行病。从东汉末年到魏晋南北朝时期，到唐朝初年、明朝末年，这几个时期都有瘟疫的大暴发，地方性的瘟疫则隔三岔五地时常暴发。这些疫病与自然灾害和战乱杀戮时常相伴而来，古代社会的人们面对疫情，并没有得力的防疫治疗等应对之策，瘟疫肆虐迁延数十甚至上百年，导致白骨蔽野、十室九空，社会经济遭受严重损毁和大幅度的倒退。

近年来，经济史学界对近代灾害史和生态史也有研究，2020 年夏明方老师出版了《文明的"双相"》，对于自然灾害、救荒、生态环境与中国历史发展关系做了一系列思考。魏众研究员发表了《奉天万国鼠疫研究会史事新证》，梳理了 1911 年奉天万国鼠疫研究会的全貌，不仅展示了中国防控 1910—1911 年东三省"庚辛鼠疫"的经验和效果，其经验总结在近代对于 1917—1918 年绥远和山西鼠疫、1919 年东北霍乱、1920—1921 年东北第二次鼠疫大暴发的防疫有着重要和深远的意义，时至今日这些经验仍有一定的借鉴价值。

这次大的疫情变局，已经堪称人类历史上最严重的疫病之一，而且波及范围更广，感染人口更多，迄今尚无减缓的迹象。如同历史上所有重大疫情一样，发生时来势汹汹，要短期实现根除或清零却难上加难，它产生的影响甚至更加深重和久远。现在还没有到大局已定可以总结和做历史比较的时候。只有等到过了这段时间之后，真的进入后疫情时代，疫情变局、新型冠状病毒溯源事件可以作为历史来研究的时候，那时候我们再和中外历史上流行瘟疫的影响及应对，去做经济史上的比较才是可行的。

吴承明先生认为，经济史是经济学的"源"而不是"流"。厉以宁先生主张《中国经济学应加强历史研究和教学》（载《光明日报》2017 年 6 月 13 日），第一，他以自身学术经历，说明经济史和经济学说史的重要性，认为它们是经济学研究的扎实基础；第二，在经济学教学中，西方经济史和中国经济史对于解释工业化等重大问题都是必要的，有助于知晓西方经济学的局限性，理解中国选择社会主义道路和马克思主义经济学的必然性；第三，他提出"经济学是历史的科学"，只有不断分析总结历史，在实践中加以检验和适时转变，才能发展社会主义经济学，走出中国特色的经济学学科道路和社会发展道路。厉先生关于经济史学对于经济学的价值和必要性的观点，在中国经济学家中具有代表性，表明中国经济学因经济史而源远流长。我们也从中国经济学历程中认识到，经济史为经济学提供基础和材料，具有无可替代的价值和必要性。

（作者单位：中国社会科学院经济研究所）

世界地缘政治演变与我国经济持续发展定力

姚树洁

我想从世界地缘政治演变视角，讨论中国如何在百年未有的大变局中应对国内外各种挑战，特别是基于新冠肺炎疫情各国经济的表现，提出如何坚定信心推动我国经济社会持续高质量发展的一些观点及政策建议。

（一）全球周期性危机动摇了 G7 主导的世界地缘政治

20 世纪末到现在，世界先后经历了 1997—1998 年的亚洲金融危机，2008—2009 年的国际金融危机和 2020—2021 年新冠肺炎疫情大流行危机。应对这几次重大危机，西方许多主要经济体暴露出不同程度的政治、经济、社会、文化等方面缺陷，折射出中国特色社会主义的制度优势，举国体制、党群联结、政府开明、社会互信、优良文化传统等优势使中国在应对各种危机中显得游刃有余。

在上述三次重大危机中，许多国家经济都出现严重衰退，少数国家经济甚至面临崩溃。相比之下，中国经历三次重大危机没有出现过经济负增长情况。2020 年新冠肺炎疫情全球大流行，中国国内生产总值（GDP）增长 3.2%，美国萎缩 3.5%，英国萎缩 9.9%，欧盟萎缩 6.2%，日本萎缩 4.8%。

2007 年我在英国诺丁汉大学的教授就职演说中分析了中国"经济奇迹"的原因，预测中国经济总量能够在 2018 年超过日本，2038 年超过美国，当时许多人不认可我的观点，认为中国永远不会成为世界经济大国，并且中国经济很难在 2018 年超过日本。然而，2008 年国际金融危机爆发，日本、英国、美国等主要经济体严重萎缩，中国却出现了连续数年的两位数增长，人民币大幅度升值。结果，中国的 GDP 居然在 2010 年超过了日本，比我 2007 年的预测提前了 8 年。到 2020 年，中国的 GDP 已经是日本的 2.9 倍，英国的 5.4 倍。亚洲金融危机之前，中国 GDP 只有美国的 10%，2020 年是美国的 70%。

2008 年以后，美国经济率先复苏，中美两国以外全球其他主要经济体却跌宕起伏，长期处于衰弱状态。在以前所谓 G7 的"三脚架"（美欧日）中，日本被中国的崛起所掩盖，美欧依然强劲。但是，2016 年英国脱欧公投，2020 年正式脱欧，加速了欧盟经济体衰退的步伐，欧盟在全球的影响力下降。主宰世界经济格局及发展方向，已经从 G7 时代转化为 G20 时代，而中国和美国的超大市场和经济规模及军事力量，却在不知不觉之中形成了 G2 的格局。

（二）技术进步、市场规模和经济体制是 G2 格局形成的决定因素

在西方世界，美国能一枝独大，主要是在工业革命 3.0 往工业革命 4.0 的演进过程中，欧日相对没落，美国持续走强，说明技术革命是地缘政治变化的主要推动力。

新技术革命主要体现在互联网和人工智能，这两种技术的研发与应用需要规模经济来支撑。没有足够充足的需求拉动，互联网和人工智能回报率低、成本高。例如，不管是 4G 还是 5G 网络，固定投入成本巨大，网络建成以后，如果没有足够多的用户，平均成本必然居高不下。像欧洲那些人口比较少的国家，新技术研发和推广落后于美国和中国，主要是市场太小，形成不了规模经济。因此，规模经济是新技术进步的必要条件。高铁、云计算、大数据、人工智能等，都需要有足够的人口规模和需求能力，才能产生巨大的社会经济效益。

美国人口多，经济体量大，是技术进步的主要推动者和得利者。美国在过去 25 年里把欧日甩在了后面。中国也是因为规模经济优势，成为新技术革命的得利者，与美国一道形成了目前的 G2 格局。

中国的技术原来与美日欧有很大差距。在第一、第二次工业革命中，中国处于战乱或封闭状态。中国改革开放，深度融入了第三次工业革命浪潮。在第四次工业革命中，中国借助规模经济优势，加上国内教育科技长足发展，具备了从跟跑者向领跑者转变的规模、资本、人力优势，解释了中国为什么能够在多次全球性经济危机和突发事件危机中充满韧劲并能持续推动经济增长，与全球许多主要经济体脆弱的表现形成了鲜明的对照。

解释全球地缘政治产生巨大变化的另一个重要因素是经济体制差别。西方福利经济和"民主自由"，在没有危机的情况下可以发挥得比较好，因为整个国家的治理及激励机制能够下沉到民间企业、学校、社会各个单位。但是，西方主要经济体无法摆脱马克思和恩格斯所说的"繁荣—衰退—危机—复苏"周而复始的自由经济周期，一旦危机来临，这些国家就会出现两大问题：一是财政收入急剧下降；二是财政开支急剧上升。两者叠加的结果，就是经济危机和漫长的衰退。

以本次新冠肺炎疫情作为例子。面对新冠肺炎疫情，不管是美国还是英国，他们都是通过印钱去补贴快要破产的企业和个人消费，从而引起大规模财政赤字和经济衰退。中国与美欧不同，尽管新冠肺炎疫情也造成短期财政收入减少，但是财政开支却没有大幅度上升。所以中国比西方的所谓自由经济体有一个很大的优势，那就是全国能够上下一条心，共同努力奋斗，共渡难关。例如，疫情期间我在重庆看到的情况与英国大相径庭。重庆相关部门不是给农民工发放现金，而是想尽一切办法帮助他们到沿海地区打工。英国政府因为没有能力防控疫情，更没有能力说服和帮助大家复工复产，只能通过印钞手段支持即将破产的企业，对每个企业20%的员工提供高达80%的工资收入补贴，这不仅无法阻止生产下降，也大幅度提高了政府的财政压力。

因为连续三次全球性重大危机，世界地缘政治已经发生了不可逆转的变化。2008年以前，G7主导世界。2008年以后，G20不断取代G7，成为维系世界经济秩序的主动力。以前统治世界经济的美欧日三角，变成了美中欧三角。英国脱欧和2020年新冠肺炎疫情暴发以后，巴西、印度、俄罗斯、南非等 G20 主要成员国经济变弱，中国人均 GDP 首次超过俄罗斯和巴西，使得 G20 的全球影响力受到严峻考验，加速了从美中欧三角向中美两极发展，这是 21 世纪地缘政治的里程碑变化。

(三) 中国社会经济发展的方向及定力

中美两极发展可以用于解释中美两国持续升级的摩擦。因为美国意识到中国规模经济和经济制度的两大优越性是西方国家所无法比拟和复制的，中美竞争此消彼长，最终将导致中国经济地位超过美国。美国为了维持独霸世界地位，只能采取一切办法打压或者拖慢中国崛起时间，想办法给中国制造各种麻烦，逼迫中国自乱阵脚，再找机会把中国打压下去。

中美贸易战、科技封锁、意识形态宣传都是为了达到阻止中国持续崛起的目的。然而，中国以国内大循环为主体、国内国际双循环相互补充的新发展格局，是有效化解美国各种打压的有力手段，是中美两国在 21 世纪相互博弈最精彩的地缘政治演变。

基于对全球地缘政治动态演变的分析，我们能够比较清晰地梳理中国面对百年未有之大变局所必须采取的重大战略战术。中国到底应该怎么做？首先，安全和稳定是中国至高无上的战略方针。只有安全和稳定才能够实现第二个百年目标，实现中华民族伟大复兴梦想。回顾世界很多国家在人均 GDP 达到 1 万美元以后，最终无法摆脱"中等收入陷阱"魔咒。解释这些国家失败的经验有三种理由：一是政治社会不稳定；二是国家经济体量太小，发展余地和韧劲太小；三是技术革命无法走在世界前列。

中国要避免掉入"中等收入陷阱"，就必须在以下几个方面发力：一要确保社会稳定和经济安全，国内大循环要能经得起国外各种政治经济变化的冲击；二要在技术进步上猛下功夫，摆脱技术封锁，不断提高国际竞争比较优势；三要主动作为，促进区域、城乡均衡发展，推动社会服务均等化高质量发展；四要坚持以民为本，不忘初心，实现共同富裕，提高全国人民的幸福感和获得感，充分体现中国特色社会主义的优越性；五要增强"四个自信"，以中华民族特有的智慧及文化历史文明优势，展示中华民族伟大复兴的磅礴力量和坚定信念。

中国的发展定力是实现社会主义现代化的重要基础。要坚定民族伟大复兴信心，哪怕面对更加复杂的外部冲击，哪怕增长速度放慢一点，也要做到永不心灰气馁。要有足够的定力看清世界地缘政治变化，面对未来，波澜不惊，了解美国、欧洲和印度等主要经济体为什么要这么做，才能做到知己知彼、百战不殆。

西方国家很难理解中国的社会、政治、经济体制和中国人民艰苦奋斗的意志。许多国家四年换一位总统，"自由民主"和"选票政治"导致整个社会缺乏长期的政策预期，政府没有把老百姓的根本利益当作社会发展的主要目标。中国共产党和中国政府的最大优势在于有长期的政策预期，在于把人民的根本利益作为社会经济发展的主动力，能够得到最广泛人民群众的支持。这是中国政治社会经济长期稳定的重要保障，也是中国特色社会主义的根本优势。

有了这一优势，中国宏观经济发展需要以不变应万变，经济发展不需要急功近利，需要朝着"稳中有进、稳中向好"的方向发展。不刻意追求中国 GDP 用美元计算何时超越美国，但是要不断提高国内大循环实力和应对各种风险的韧劲，不断提高老百姓的幸福感和获得感，维护社会安定团结，党群团结，在社会发展的同时，努力照顾弱势群体，不是简单地给钱、输血，而是不断提高弱势群体的内生动力，打破社会阶层阻隔，提高中产阶层比重，不断缩小城乡、区域、个人发展差距，牢牢把握中国经济发展主动权，通过加强军事国防建设，确保中国在经济不断发展中，人民生命财产和国家主权安全得到最充分的保障。

（作者单位：重庆大学）

全球化、服务化、老龄化与风险问题

袁富华

地缘政治与现实联系很紧密，尤其是有助于理解疫情冲击之下的收入不平等问题。无论是国际还是国内，对这个问题，都要放到三个背景之下理解：第一个是全球化，第二个是经济服务化及其主导的内循环，第三个是人口老龄化。对此，简单提一下几个分析思路。

第一，收入分配公平问题。20 世纪 90 年代以来，这个领域主要针对福利资本主义及其转型进行研究。理解当今全球化、经济服务化和老龄化之下的不平等问题，应立足于福利国家转型趋势，即黄金时代传统福特主义向后福特主义的转型，现在欧洲国家关注的是新条件下的效率/公平的平衡，策略是积极推动国家建设，特别是工作福利问题。后福特主义时代，传统的讨价还价机制受到了削弱，加剧了两极分化，这是正统的解释。

第二，社会风险问题。经济学的影响正在下降，不能对一些重要的现实问题给出有效的建议。对于这个问题大家有这个感觉。个人认为，大致从 20 世纪 80 年代开始，主流经济学日益朝着形式化、复杂化发展，同时离现实问题越来越远。与此同时，社会学领域的研究却取得了进步，可以说，近四十年的现代化、城市化、老龄化问题分析，主要是由社会学思想推动的。其中，有三条主线：第一条主线是贝克关于风险社会的分析，指出现代性的特征是风险的生产分配，风险与安全问题被系统论证出来。第二条主线是吉登斯关于现代性的研究，与贝克的风险社会分析相呼应，论述高度现代化时期的风险与安全。第三条主线是福利国家理论吸收现代化研究的最新成果，在研究中更加重视风险分担以及社会保障制度改革。也正是在这个时期，社会学以其在现代性、城市化、全球化和老龄化领域的思想建树，对发达国家政策制定产生着越来越大的影响。这些都是值得借鉴的经验。

（作者单位：中国社会科学院经济研究所）

建设现代化经济体系的理论及重大问题

以数字经济健康发展助推现代化经济体系建设

洪永淼

2017 年，习近平总书记在党的十九大报告中首次提出："建设现代化经济体系是跨越关口的迫切要求和我国发展的战略目标。"现代化经济体系内涵丰富，包括质量第一、效益优先，供给侧结构性改革，质量、效率和动力"三大变革"，提高全要素生产率，建设实体经济、科技创新、现代金融、人力资源"四位协同"的现代化产业体系，构建市场机制有效、微观主体有活力、宏观调控有度的"三有"经济体制，不断增强我国经济创新力和竞争力。在第四次工业革命的浪潮下，上述目标的实现均离不开数字经济的蓬勃发展。因此，建设现代化经济体系应该充分发挥数字经济的引领作用。

数字经济是指以计算机、互联网、移动互联网、云计算和人工智能技术为基础进行生产、交换、消费等各种经济活动的总和。数字经济是未来经济形态的发展趋势与主流，并且日益渗透到经济生活的各个领域。经济数字化正在成为现代经济活动的基本特征，特别是数据成为数字经济最关键的生产要素。在数字经济时代，数据广泛产生于生产、交换、分配与消费的各个经济活动环节与过程之中，而且反过来驱动各种经济活动，不可避免地对人们生活和社会生产方式变革产生重大影响。中国政府很早便提出"互联网＋"战略，加之中国人口和经济规模庞大，使得中国数字经济发展走在世界前列。

实践证明，大力发展数字经济是建设现代化经济体系的有效途径。在生产领域，通过以大数据为基础的信息网络，不仅可以将研发、设计、生产和销售在内的全部过程紧密地连接在一起，提升资源配置效率，而且能够做出个性化设计，避免单一的批量化生产。在交换领域，数据信息充分流动可以缩短市场从非均衡到均衡的过程，提升市场供求双方的匹配效率，减少摩擦和套利机会，促进交易模式创新，改善市场效率。在消费领域，数据催生新的商业模式，不但可以为消费者提供有用信息，还可以预测消费者偏好，既能够更好地满足消费者的需求，又能够引导生产者生产适销对路的产品，在提升消费者福利的同时，增加厂家和供应商的利润。在金融领域，大数据能够激活金融市场活力，深刻影响着金融市场的运行方式。同时，运用大数据不仅可以提升信用风险预测准确度，降低不良率，还可以帮助银行识别用户身份，预防欺诈行为。在微观治理与宏观调控方面，大数据可以实时预测，帮助各级政府更好地掌握经济发展趋势，提升政策制定的科学性、政策出台的时效性与政策实施的有效性。

在充分认识与肯定数字经济发展对建设现代化经济体系的巨大作用的同时，我们也应该关注数字经济时代生产关系正在出现的新变化。特别是对于可能出现的负面影响，应及时加以调节和化解，保证数字经济的健康发展。

第一，当数据被视为一种独立的生产要素时，某些行业具备的禀赋特征可能使其大规模地生产和使用数据，形成数据要素密集型产业。在数据要素密集型的产业中，数字经济与实体经济交叉渗透与融合，其中融合程度较高的实体经济将会蓬勃发展，而与数字经济融合程度较低的实体经济将有可能发展相对滞后，其生产份额在整个国民经济中逐步降低，这将不可避免地带来国民经济结构、国家财富与收入的重新分配与变化。对此，需要推动数据产业化和完善数据要素市场，优化数据和其他生产要素的组合与配置，调节国民经济结构。

第二，在数字经济时代，伴随着大数据与人工智能技术的广泛应用，无论是社会主义国家还是资本主义国家，均出现了机器逐步代替人工的现象，产生了"无人经济"。同时，大数据、人工智能、云计算等技术以及数字平台的兴起改变了传统的组织模式和工作方式，催生了"零工经济"。"无人经济""零工经济"的兴起反映了社会生产力的提高，是人类社会技术革命与技术进步的表现。但是，需要避免劳动与资本的对立，特别是避免技术进步对直接相关行业的劳动者利益造成大的冲击，中国应该充分发挥社会主义制度优越性，帮助工人转岗转业，并且在收入分配政策上进行一定的倾斜，使资源分配得更为合理。

第三，在大数据时代，机器学习在经济中的广泛使用，既提升了效率，也带来了诸如"算法崇拜"、缺乏人文关怀等弊端。运用大数据和算法进行信贷评估，可以减少信息不对称性和逆向选择，提升信用风险预测准确度，降低不良率，但是对于众多民营企业特别是中小企业而言，他们往往被算法排除在外，因而无法及时获得信贷，融资需求得不到满足，融资难、融资贵问题更加凸显，这与面向广大小微企业的普惠金融的目标背道而驰。因此，我们应该思考如何在保证效率的前提下，警惕算法可能带来的生产关系恶化，加强人文关怀，保护广大劳动者、消费者、中小企业等弱势群体的利益，调节劳动与资本的关系。

第四，大数据与数字技术的迅速发展在带来生产、生活便利的同时，可能会加深数字鸿沟。针对数字鸿沟的不利影响，社会各界在应用数字技术时，应该充分考虑人文关怀，在技术与人性、效率与公平之间取得一定的平衡。特别是在"新基建"的投资过程中，要保证城乡、区域协调发展，缩小各种数字鸿沟，要以数字经济助推乡村振兴。

第五，大数据的广泛使用可能会侵犯个人隐私，特别是在数据驱动的商业模式中，当个人数据被社交媒体等数字平台企业使用时，个人如何获取应得收益既关乎个人隐私维权，也关系自身经济利益维护。如果不妥善解决这一问题，可能会出现新的不公平，损害消费者福利。

　　数据要素既提升了资源配置效率，又改变了不同行业、不同群体的分配结构，将对生产生活方式和社会公平产生巨大影响。不仅如此，在当今逆全球化思潮抬头趋势下，数据要素能够推动新型经济全球化，促进全球联系的进一步深化。伴随当今数字经济的不断发展，以数据要素特别是大数据为核心驱动力，以互联网、移动互联网为载体的高速率、大容量、低延时的跨境数据流动，正在成为连接全球经济的纽带，极大地拓宽了传统经济全球化的广度与深度。数字经济全球化的大趋势将带来诸多便利，同时我们也需要警惕数字经济全球化可能带来的数据安全隐患以及对全球收入分配格局造成的不利影响。在过去40年的经济全球化浪潮中，欧美有一些地区，一些产业，一些群体，没有融入经济全球化之中，成为被经济全球化忽视或边缘化的对象，没有从经济全球化获得多少利益，甚至因为产业转移而利益受损，导致出现逆全球化思潮。在数字经济全球化进程中，应该吸取当今经济全球化的经验和教训，关注和重视由数据可能导致或加深的利益冲突与矛盾，警惕新的全球收入分配差距扩大。

　　值得一提的是，在数字经济全球化进程中，中国如何保证数据安全，特别是打破美国对中国实行的数据脱钩，更加广泛地进行数据开放，都是我们需要注意的大问题。2019年，《哈佛商业评论》发表的"哪些国家在引领数据经济"问题提出，数据生产总值是测度数字经济全球化时代一个经济体财富和实力的新标准，它包括四个重要组成部分：规模性（Volume），即一个国家的宽带绝对消费量，是用来衡量原始数据的指标。易用性（Usage），即互联网活跃用户人数，是用来衡量使用行为、需求与背景的广度指标。可及性（Accessibility），即机构数据流的开放性，是用来衡量一个国家所产生的数据能否被众多人工智能研究人员、创新者和应用软件更广泛地使用和访问的指标。复杂性（Complexity），即人均宽带消费量，是用来衡量数字经济活动复杂性的指标。

　　得益于中国政府的大力支持，以及中国规模优势与人口优势，中国数字经济发展一直走在世界前列，中国在数据总量上具有相当大的优势。但是在数据开放与数据要素流动，即数据可及性上，中国仍然存在短板。如果只考虑网民人均宽带消费量和数据可及性积分，中国在全球 30 个国家排名中处于最低一组，而美国则遥遥领先。可及性不足会导致中国无法充分享受数字经济全球化带来的益处，并在一定程度上动摇中国在数据总量上的优势。作为一种生产要素，数据开放程度高的国家或地区容易结成联盟，并建立数据合作协定，提高整体的用户数量和宽带消费总量，提升规模性与易用性，中国数据总量的优势地位便会受到冲击。因此，中国在数字经济发展中，要在可及性与复杂性上狠下功夫，拓宽数据开放范围，加快数据传输速度，这样才能促进现代化经济体系的形成，进而使中国在全球竞争中进一步发挥人口优势与规模优势。

总之，数字经济对于建设现代化经济体系具有重要的推动作用。中国在大力发展数字经济的过程中，应该关注和重视由数据要素带来的生产关系变化，特别是推进对数据生产要素的研究，构建数据经济学，建立数字经济新型生产关系，以数字经济的健康发展推动现代化经济体系建设。

（作者单位：中国科学院数学与系统科学研究院、中国科学院大学经济与管理学院）

绿色发展与现代化经济体系建设

陈诗一

党的十九大报告指出，我国经济已由高速增长阶段转向高质量发展阶段，正处在转变发展方式、优化经济结构、转换增长动力的攻关期，而贯彻新发展理念，建设现代化经济体系是跨越这个关口的迫切要求和我国发展的战略目标。其中，绿色发展自然成为我国加快建设现代化经济体系的重要内涵。

绿色发展与可持续发展可谓一脉相承。可持续发展概念是在20世纪70年代以来能源危机和环境灾害频发的基础上发展起来的，1987年联合国环境与发展委员会首次采纳可持续发展思想，并被国际社会广泛接受。改革开放特别是20世纪90年代以来，我国对能源节约和环境保护开始重视，但是长期以来唯GDP的评价考核体系导致我国经济增长方式依然粗放，经济发展在很大程度上仍然以牺牲环境和经济质量为代价，在经历了21世纪前十年的经济高速增长之后，资源节约、环境保护、绿色发展、科学发展也提上了议事日程。

由此可见，绿色发展首先是我国经济从高速增长向高质量发展转型的内在要求。为了满足人民日益增长的美好生活需要，党的十九大明确中国特色社会主义事业总任务是到21世纪中叶建成富强民主文明和谐美丽的社会主义现代化强国，并将生态文明建设纳入中国特色社会主义事业"五位一体"总体布局，即全面推进经济建设、政治建设、文化建设、社会建设、生态文明建设。无论是美丽中国建设，还是生态文明建设，都对绿色发展提出了根本要求。这里，我们要注意，对生态绿色发展的理解必须是系统的，不能与其他发展内容割裂开来。我们要建设的现代化是人与自然和谐共生的现代化，"五位一体"不是说互相并行，生态文明建设应该是贯穿于经济建设、社会政治文化建设中的，绿色发展理念也是贯穿于新发展理念的创新、协调、共享理念中的。绿色发展也需要我们有创新思维，无论是区域还是城乡的协调发展、共享发展都必须保持绿色生态这个底色，包含绿色的要素或元素。

当然，绿色发展也是新时代我国经济开放发展，不断走向世界经济舞台中心的必然要求。"先污染后治理"已经成为落后观念的代名词，我们也不能再有向其他发展中国家输出质量不高的过剩产能的想法。习近平总书记在党的十九大报告中指出"人与自然是生命共同体"，人与自然共同体应该成为构建人类命运共同体的重要内容。2020 年 9 月 22 日，习近平主席在联合国大会上向全世界承诺2060 年前中国要实现碳中和，这是一个了不得的承诺。根据联合国政府间气候变化专门委员会（IPCC）报告，若全球气温升高要控制在 1.5℃ 以内，那么全球要在 2050 年实现碳中和；若要控制在 2℃以内，则全球在 2070 年要实现碳中和。大多数提出了碳中和目标的发达国家由于已经实现了碳达峰，均选择 2050 年作为目标时间点。而我国在碳排放尚未达到峰值的情况下，做出 2030 年前实现碳达峰、2060 年前实现碳中和的承诺，十分不容易。

由上可知，没有绿色发展，无论是国内经济高质量发展，还是全球经济可持续发展都是一句空话，绿色要素应该和数字要素一样，成为经济高质量可持续发展的新的要素，绿色元素应该成为现代化经济体系的底色和无所不在的节点。这个绿色发展的要素如何纳入现代化经济体系呢？我的理解，它需要政府和市场的这样一个双向的作用。我们也知道，绿色发展如果没有政府提倡，那么就是我们以前的发展模式，即高投资、高能耗、高污染，导致环境的一系列问题。所以说它需要政府有这方面的理念。当然，绿色发展或者是环境保护理念和意识的萌芽也不是很早,20 世纪 80 年代末 90 年代初才有可持续发展的理念,也不仅仅是中国,全球所有国家都遇到了这种环境污染的问题,才意识到资源不是可以无休止消耗,大家共同的家园这个环境品质同样重要。

从"十一五"开始,我们的五年规划里面就开始提出一系列关于环保的约束性指标,也取得了很好的成效,可见,政府的作用是必不可少的。但是如何来达到可持续的绿色经济发展呢?最终还要落到市场上,我们的市场资源要素配置如何引领要素往绿色产业、可持续发展的区域发展呢?这里就是说市场要在绿色发展与现代化经济体系建设中发挥基础性作用。其中,能源跟环境保护息息相关,能源也是重要的投入,如何合理配置能源要素,如何充分节约能源使用,提高能效?这包括人力、资本都需要往绿色低碳方向引领,包括数字技术和数字要素。数字技术的发展、数字智能产业使得我们这些企业的节能减排更加透明化,更容易为投资者所知晓。科技助推绿色透明度的增加将对我们绿色发展起到很大的促进作用。政府所制定的一系列环境政策最终要落到企业身上,要落到市场化的机制上面,要让这些环境政策最后通过企业、通过市场发挥作用,这样的绿色发展才是可持续的。学界经常讲到的环境税、资源税就是市场化的政策,包括我们的二氧化硫排放权交易试点、碳排放交易等都是通过价格来改变企业自己的行为。这些都是靠市场发挥作用的政策。

绿色发展与现代化经济体系的建设还需要一系列经济理论的构建。我们讲现代经济增长,如何把绿色要素、环境要素纳入进来,扩展经济增长理论,或者经济可持续发展理论。这是未来经济体系建设的创新点,我们的经济增长与转型理论,我们的现代化经济体系里面要纳入绿色要素。诺德豪斯就进行了这种创新,把环境地理科学的元素跟经济系统整合在一起了,这就是所谓的气候变化经济学,经过 30 年的发展,终于拿到了诺贝尔经济学奖。但是现在这种约束更加多了,不仅仅包括碳要素,还包括雾霾、能源要素、数字要素、土地要素等，不仅仅要持续的经济增长，还要考虑像逆全球化、新冠肺炎疫情这些重大事件的冲击。因此，学界急需开发能够有助于经济现代化建设的新经济理论。

最后讲一下这几年发展比较快的绿色金融。可以说，绿色金融是绿色发展与现代化经济体系建设相结合的一个很好范例。绿色金融本身就是一个体系建设的过程。绿色金融也成为可持续金融，主要涉及如何把稀缺的货币资本配置到绿色低碳的产业中去，如何在各区域中进行合理配置。绿色金融是金融领域供给侧结构性改革的重要内容，也是构建现代化经济金融体系的主要任务。长三角一体化发展有一个示范区，就称为长三角生态绿色一体化示范区，加了一个生态绿色修饰语，嘉善、吴江、青浦的一体化发展一定是生态绿色的发展。尽管 2020 年疫情这么严重，经济也受这么大影响，但是可以发现国家环境保护、绿色发展一直没有停止，出台了很多相关政策。2008 年金融危机导致的投资刺激，使得我们还是投了一些高污染行业，但这次丝毫没动摇。我们绿色发展方向的转型，包括金融领域的深度调整都没有因为这次危机而改变方向。

绿色金融也很好地体现了习近平总书记讲的两山理论，但是绿水青山也不可能坐在那儿变成金山银山，它也需要发挥政府和市场双向的作用。政府讲供给侧结构性改革，这说明应该朝着绿色方向加大改革的深度和力度。政府如何引导市场把资金、人力等要素往绿色产业合理发展的地区配置。绿色金融这几年发展挺快的，虽然起步晚。2017 年就有全国 5 个省 8 个地区做绿色金融国家改革创新示范区，浙江两个，分别是湖州市和衢州市，此外还包括江西、广东、新疆、贵州。2019 年又增加了一个兰州新区，现在是 8 个地区了。两山理论诞生地在浙江，浙江的绿色金融发展相当快，湖州市和衢州市绿色金融发展在全国是领先的。绿色金融包括金融产品的一系列创新，比如，绿色信贷占总信贷的比例现在也达到了 10% 左右，这个市场在全球是最大的。绿色债券稍微小一点，有 6000 亿—7000 亿元人民币，全球第二。其他还包括绿色基金、绿色保险、碳金融等，发展都很快。

（作者单位：复旦大学）

财税体制与现代化经济体系的关系

贾俊雪

中国的改革开放要处理好两种关系：政府和市场的关系、中央和地方政府的关系。

政府与市场的关系其实就是要明确政府的职能定位，厘清政府与市场的边界。用党的十八大报告里面的话，就是要让市场在资源配置中发挥决定性作用，而且更好地发挥政府的作用。另外是政府间的关系，就是中央、地方责权利的关系。这实际上是改革开放一直要解决的两大关系，对于处理好这两大关系，我觉得政府间关系是前者的基础，就是要想把市场与政府的关系厘清，首先得把中央和地方或者是政府之间的职能厘清。这就是回顾改革开放以来，我国经济体系改革往往是以财税体系改革为重要突破口的原因，如1978年的城市经济改革，1994年的分税制改革。由此，可以看出财税体制在整个经济体系中的重要性，1994年分税制改革影响非常深远。1994年分税制改革的做法是一种收入集成的做法，支出上没有改变，更多是在地方政府收入权利划分上，采用了一个集成的做法，使得中央能够集中更多的财力。事实上，中央之所以能够成功应对1998年的亚洲金融危机以及2008年的国际金融危机，还包括应对新冠肺炎疫情，很大原因跟这一块有关系，因为中央有足够的财力做支撑。

另外，分税制也带来了一些不利的影响。一个突出的问题是地方权利上移以后，地方承担的支出责任没有变化，甚至于还有加重的趋势，这就使得它会出现收入不足以支撑支出的现象。这种财政失衡需要中央转移支付来弥补。但是这会产生明显的道德风险问题，也就是地方拿到这笔钱后，因为这笔钱不是它自己的，所以它在用的时候就不会很审慎。在收入上，为了能获取更多的转移支付，地方政府增加收入的努力也会比较低。

这就形成了中国一个比较有意思的现象，特别是20世纪90年代中后期以来，形成了地方收支的特点是高支，即支出增长很快。为了支撑这个高支得增加收入，但是又不太愿意增加自有收入，所以就开始出现转移支付膨胀以及地方债的膨胀。这一系列的后果或者说地方政府收支模式的动态演进，对于经济高质量发展其实产生了一系列的负面影响。

政府支出规模扩张太快使得民间资源跟社会资源更多集中在政府手里，民间缺乏更多的资源。还有收入在增加，就会使得企业的税负不断增长。对于这种情况，中央从党的十八大以来也认识很清楚，所以财税政策实际上出现了一个转型，就是开始更多强调减费降税。虽然公共基础设施投资还在不断膨胀，但是对经济的拉动作用会越来越弱。另外，企业负担越来越重，抑制了企业和市场的发展，这就是为什么我们近些年开始实施大规模减税降费的政策，实际上就是这么一个思路，即从供给侧来改善经济发展的动力，提升高质量发展。

当然大规模的减费降税政策和财税政策，它的有效性这些年来看并不是特别突出。2020年因疫情原因，财税政策加力更大，预算赤字不封顶，可能在3.6%以上。关于最终的赤字是多少还不清楚，但是可以看出来力度很大。其实学界包括中央也一直在强调怎么能够让财政政策更加有效，这种更加有效跟我们的财税体制有关。

财政学最核心的关系，或者说政府的财政无论是财政政策还是在具体的财政实践中，最核心的就是一个等式关系：政府支出等于政府收入加债务。一方面从现在的财政政策来看，要减税降费，收入要削减。而因为地方债务的问题，实际上继续加大发债空间也比较有限了，再加大有可能对财政安全产生冲击。这时候你想真正让减费降税发挥作用，就必须一方面通过加强财政管理来提高财政绩效。另一方面就是深化市场化改革，把真正不需要政府干预的地方让政府退出来，这样可以减少相关的支出，以此为突破口，整个财税政策可以更加有效，也可以更加积极。同时还有一个问题，要想确保财政政策有效，还需要财税体制做一些改进。因为现在的减税降费很多涉及的是地方税或者是中央和地方共享税。比如2016年"营改增"，营业税是地方税改成增值税了。但是地方的支出压力如果不减，地方就可能增加另外一个税，可能宏观税负并没有降下来。如果想让减税降费有效落地，就必须继续推进财税体制改革，更多地赋予地方政府相对比较大的财政自主权。这种通过优化完善财税体制以支撑经济高质量增长，是建设现代化经济体系需要解决的一个问题。

（作者单位：中国人民大学财政金融学院）

"高低不平"的全球经济困局

汤铎铎

我最近在做关于低利率问题的研究，现在向大家汇报一下主要的观点和进展。

首先，怎么看待低利率。许多金融方面的研究把低利率看成一个局部化的金融现象。然而，从宏观角度看，低利率不是一个偶然和暂时的现象，它是长期积累的结果，有其长期性和必然性。它也不是局部现象，而是综合性的现象。大家现在有时候去单纯研究瑞典、北欧几个国家为什么出现了负利率，更重要的是要把它看成是美国主导下全球经济陷入困局的一个反映，有它的综合性和复杂性。其次，现在美国主导的全球经济有一个70年的杠杆—利率周期，我后面详细讨论。再次，低利率有各种各样的效应，包括金融风险等各种宏观经济效应。但是最应该强调的是它的再分配效应。低利率不管在全球也好，或者是在一般的经济体内也好，都会造成强烈的再分配效应，这是低利率最关键的一个特点。

下面先重点讲一下什么是杠杆—利率长周期。谈到低利率，大家一定首先会想到日本。从国债收益率等指标看，日本的低利率已经持续很长时间了。所谓日本化，就是经济出现低增长、低利率和低通胀的现象，而扩张性的宏观经济政策缺乏空间，无能为力。克鲁格曼有这样一个说法，日本正遭受着似乎无止境的停滞和通缩，经济学家对日本的政策进行了严厉批评。然而，克鲁格曼现在发现经济学家应该向日本道歉，整个发达经济体事实上已经陷入了与日本类似的境地，也几乎是束手无策了。因此，整个全球低利率可以从日本化这个角度讲，可以叫全球日本化，以前这个问题似乎只有日本有，现在成为一个全球性的现象，尤其是美国和欧洲日本化了。日本没有解决好日本化这个问题，日本到现在失去 10 年、20 年、30 年，安倍经济学也实施了，但是日本的低利率问题也还没有解决，日本还在这个陷阱中。

为什么会这样呢？我把这种现象叫作"高低不平"的全球经济困局。高是高债务、高杠杆、高风险，低是低增长、低通胀、低利率，不平是收入分配不平等和财富分配不平等。这个困局是宏观研究的一个热点领域，很多研究都是分析这些变量的关系，做实证或者理论化。总之，这是一个综合性问题，需要彻底打破这个陷阱才可以解决低利率的问题。

所谓利率—杠杆长周期，就是看利率和杠杆率的长期趋势。首先是两个利率，一个是联邦基金利率，另一个是十年期国债收益率。然后是两个杠杆率，一个是政府债务/GDP，另一个是美联储总资产/GDP。从数据可以看出，高债务和低利率是综合现象。第一个债务高峰期在第二次世界大战以后，第二个债务高峰期就是现在。中华人民共和国成立 70 周年，这个周期也基本上就是 70 年。第二次世界大战时候的那个债务高峰期，后来顺利解决了，去杠杆成功，主要依靠两个因素。

第一个因素是第二次世界大战之后有一个战后的繁荣，经济增长非常快，全球发展非常好。第二个因素是 20 世纪 70 年代出现石油危机，导致出现滞胀或者说大通胀。高增长和高通胀先后出现，延续的时间都不短，就让整个杠杆降下来了。因为杠杆率的分母是名义 GDP，增长和通胀都会增加分母，从而导致成功去杠杆。高通胀的另一个后果是当时的美联储主席沃尔克把利率也提起来了，最高联邦基金利率加到了 17%。这个时候美国就同时解决了两个问题，去杠杆后财政政策空间也有了，加息后货币政策空间也有了。联邦基金利率到 17%，足够应对三次衰退。目前已经又降到零了。

还有全球不平等的状况，这个和杠杆—利率周期完美匹配。也就是在高杠杆、低利率时，不平等情况会恶化，去杠杆成功、利率上升时不平等情况改善。

关于低利率，很多研究现在关心这样的问题，计算美国出现负利率的概率有多高，中国出现负利率的概率有多高，比如说美国有30%、中国有10%。我觉得这个问题不重要，现在我关心的是这个困局什么时候能走出来，以及走出来以后是什么情景。目前大家都在关心通胀什么时候能起来。走出低利率有两个情景，战后繁荣是要高增长，滞胀是要有高通胀。现在想要经济繁荣、高增长不容易，所以就只剩下通胀了。目前大家都在看高通胀什么时候到来。

因此，宏观经济学家比较困惑的是通胀最近确实一直处在低位，起不来。日本也有二三十年的经验了。在中国大家更不容易理解，因为在我们高速发展阶段，好像很容易就会把经济搞得过热，导致出现高通胀。但是现在全球的通胀水平就是不及预期，发达经济体都很头疼。未来存在很大的不确定性，未来可以看到的比较好的解决整个低利率问题的方案，就是高通胀，舍此别无他途。或者说，剩下的都是更差、更惨烈的结果。

最后，我简单地再说一个问题，就是低利率也是一个再分配的问题。麦肯锡2013年做的一个研究，讲低利率的再分配效应。可以看到，通过低利率，美国中央政府获得了9000亿美元，非金融企业获得3100亿美元。利率低了，对政府和非金融企业都是有好处的。美国的银行也是有正收益的，大约1500亿美元。美国的保险和养老金、家庭部门是负收益。当然，还有一个更大的负收益部门是国外，4800亿美元，这其中其实就有我们国家的损失。

我们可以利用麦肯锡的方法测算我国的相应损失。从外汇储备的利率损失看，2007年到2019年这13年的时间，我国整个损失是8468亿美元。这是一种机会成本。美国国债利率的年平均收益在4.68%，收益在此之上算正收益，在此之下算负收益。这个8468亿美元就是这么算出来的，需要仔细理解其含义。

（作者单位：中国社会科学院经济研究所）

走出现代化的悖论

张永生

（一）对现代化概念的重新思考

关于现代化，我们首先要回答什么是现代化的问题。现在关于现代化的标准，都是以工业革命后工业化国家，或者说现代化国家的标准为标准的。如果把现代化划分为两个维度，一个是什么是现代化（即 what 的问题），另一个是如何实现现代化（即 how 的问题）。我们可以发现，包括中国在内所有的后发国家，过去基本上都集中在第二个问题上，就是如何实现现代化，包括实行什么样的政治制度、经济制度、技术、体制机制的设计，等等。

对于什么是现代化，可能思考相对比较少，尤其是主流经济学界对于这个问题思考相对比较少。我们要看到，工业革命以后，以工业化国家为代表建立的这种经济发展模式，带来了物质生产力的飞跃，极大地推动了人类文明进程，但现在全球面临着的不可持续问题，也根源于这种现代化模式。

在很多经济学家的眼中，可持续问题都不被视为真问题，因为他们认为市场会自动解决这个问题，新技术会出来，新能源会出来，新的材料也会出来。但是，问题不是这么简单。我们人类现在有历史上最好的技术，但是我们现在也面临最大的不可持续危机。

（二）如何走出现代化的悖论

这个背后存在着一些悖论，即技术悖论、效率悖论、发展悖论。人们思维上总是习惯希望通过新技术来解决问题。经济学是研究如何优化配置资源的学问，核心是关于效率的问题。效率的提高，意味着同样的投入会有更多的产出，也就意味着生产同样数量的产品，需要的资源消耗和环境破坏会更少。但是，技术进步固然会降低单位产出的资源和环境强度，技术进步或效率提高的目的，却是推动消费和生产的扩张，为企业获得更大的利润。所以，即使短期内会因为技术进步缓解环境不可持续问题，长期而言一定会带来更大的问题。这就是为什么人类现在有最好的技术，但也面临最大的不可持续危机的根本原因。

这就会带来一个现代化悖论问题。工业化国家通过传统工业化模式实现了自身的现代化，占世界上少数的人口过上了丰裕的现代化生活。但是，当其他国家试图以工业化国家的模式为标准，将其扩大到全球范围（包括发展模式、制度安排、价值观等）时，这种现代化模式的不可持续性就凸显出来。这也是为什么现在全球化也带来前所未有的全球生态环境危机的根本原因。技术进步虽然极其重要，但是我们不能陷入技术决定论。技术本身无法从根本上解决我们人类面临的困境。

因此，中国要建立的现代化，不是对工业化国家现代化的简单学习和模仿。中国未来的现代化，不是简单照搬今天欧美的现代化，因为他们这个模式也不可持续。这也是为什么联合国提出可持续发展目标（SDGs）的原因。要注意的是，SDGs是针对所有国家，不仅包括发展中国家，也包括发达国家。

发达国家发展模式不可持续的问题，不是一个外生的问题，而是内生的问题。也就是说，欧美遇到的资源环境不可持续问题，不是因为哪个国家特定的发展方式对它们产生了负面冲击，而是因为工业革命后建立的、作为其现代化基础的传统工业化模式，本身具有不可持续的内在局限。

中国取得的巨大发展成就意味着，中国实际上是传统工业化模式最大的受益者之一。那么，为什么中国率先提出这些新发展理念，包括将生态文明写入宪法、写入执政党的党章里面，并将绿色发展上升为国家战略？中国现在提出的目标，是"人与自然和谐的共生"

的现代化。很多主流标准经济学家，可能会对这句话没有太大感觉，因为标准经济学认为环境是靠技术和市场自动解决的。但是，技术的确无法解决这个问题，因为背后有更深的问题。

发展的目的，或者说现代化的目的，是为了提高人的福祉。但是，从世界范围看，现在虽然物质财富大大提高了，福祉并没有与经济同步提高，可持续问题也并没有解决。发展的根本目的没有达到，还面临越来越大的不可持续危机。

（三）　生态文明视角下的现代化研究

不可持续发展的危机，是工业革命后建立的发展范式的危机，也是研究范式的危机。在某种程度上，现代化经济学是传统工业时代的产物。它的出现，更多的是解释传统工业时代的经济现象，并为传统工业时代的发展范式服务的。因此，面对目前不可持续发展危机，我们可能要跳出传统工业化及标准经济学思维框架，对传统工业时代建立的现代化经济学理论和知识体系进行重新反思。这就要求我们按照严格的学术规范，从新的视角研究现代化问题。

我们目前进行的生态文明研究，就是在做这些工作。工业革命以后建立这一套发展范式和研究范式，更多的是处理人和商品之间的关系，不太考虑对其他方面的影响，而人类的经济活动，只是人与自然关系的一部分。我们现在从生态文明视角研究经济学，就是从人和自然的更宏大视野去看待人类经济活动。这个有点类似从地心说的视野跳到日心说的视野。同时，还要对人类行为背后的价值基础进行重新思考。如果对价值理论进行重新思考，则环境问题就远远不再是标准经济学家的"外部性"问题。

一旦我们从生态文明视角这样思考问题，就会发现很多概念，包括成本、收益、福祉、效用、最优化等，都会发生变化。很多过去传统工业化视角下的理论和政策含义，就都会发生变化。如果再用这些新的概念去看什么是高质量发展，什么是现代化，就会得出不一样的结论。

由于我们过去对于现代化的思考，更多的是集中在怎么实现，对于什么是现代化这个问题,可能没有太多的思考。这对于经济学来说也是一个挑战,因为经济学是在给定偏好情况下进行分析,假定偏好是固定不变的。但实际上,从农业社会到工业社会,我们的偏好很大程度上是被商业力量左右的。农业社会对于美好生活的定义,同工业社会对于美好生活的定义具有本质不同。为什么不一样,那不是一个简单的问题,它背后是商业力量在驱动,再背后则是一系列更底层逻辑在驱动,比如价值观念等。因此,消费者的偏好,实际上并不完全是独立形成。这些已经在行为经济学等研究中得到广泛证实。

就正如从传统农业社会向工业社会转变需要价值观念的系统性转变一样,从工业时代转向生态文明时代,也需要价值体系的大规模转变。前一个转变的动力是生产力低下造成的物质匮乏带来的生存危机,现在转变的动力,则是传统工业化模式不可持续的危机。这种转变不是一个选择题,因为别无选择,而是一个应用题,即如何转变的问题。但是,这种转变却意味着巨大的发展机遇。

我有一个比喻,如果工业时代这些观念和经济学是像地心说,则在生态文明大的框架下就像日心说一样,一旦跳出来,原先相互之间的矛盾就会得到解决。目前,关于可持续发展研究遇到一个很大的问题是,主流经济学家认为,这是一个外部性的问题,是一个技术的问题。然后,研究可持续的学者,就使用或发明一套新概念和方法语言体系,结果主流经济学家同可持续发展研究的学者就无法对话。

我们现在的研究,不是简单地将标准经济学的方法引入生态环境领域,而是从生态环境领域的危机出发,对经济学的一些基本问题进行重新反思和拓展,包括价值理论问题、分析的视野等。一旦从这样的视野思考问题,原先的很多结论就会改写。这时候,再看同样的问题,就会有不一样的结论。比如,对美好生活进行反思和重新定义后,就需要用不同的发展内容去满足,而不同的发展内容又对应着不同的资源。由于其技术特性不同,不同的资源又需要采用不同的企业组织模式和商业模式。如果仅仅是技术上的变化，只是提高了效率，还是不能解决我们现在面临的一些深层问题。

因此，走出传统工业时代发展模式导致的现代化悖论，必须从新的生态文明视角对长期接受的现代化概念进行重新反思，建立"人与自然和谐共生的现代化"。为此，需要从生态环境危机出发，对标准经济学包括价值理论和分析视野等在内的一些基本问题进行重新思考，以实现发展范式和研究范式的深刻转变。

（作者单位：中国社会科学院生态文明研究所）

多维贫困与农民工市民化问题探讨

王春超

我发言的主题围绕着"人的发展"。我个人认为建设现代化经济体系的前提是基于人的发展。中国特色经济学的中心问题也是人的发展问题。我将结合前段时间做的研究进行简要归纳。

人首先需要生存，在此基础上才能考虑发展问题。生存与贫困问题紧密相连。关于贫困的问题，我做了一些研究。按照联合国的贫困标准是人均1美元一天，现在是2.3美元一天，这个贫困的标准相对比较低。这个说的都是收入。2020年是脱贫攻坚的决战决胜之年，到了完成脱贫攻坚工作，建设小康社会阶段，关注人的发展问题，单纯讲收入是不够的。

我认为应该用一个多维的视角去看待贫困的基本内涵，多维贫困想说的是人的发展需要基于人的可行能力。

第一个维度是收入。一个人或家庭收入太低，则无法获得想要维持生存或者体面生活的基本的物质和环境。

第二个维度就是教育。人在生活发展的过程中，必须要有思考问题的能力，或者是自我知识积累的能力，这个是需要通过教育来进行的。当然教育涉及的面比较广，不仅包括正规教育，还包括社会上各种各样的教育以及培训等。

第三个维度是健康。这里的健康包括身体健康和心理健康。人的发展当中也越来越意识到健康的重要性。新冠肺炎疫情引发了社会各界对于健康的空前关注。

第四个维度是基本保障。当人在发展过程中遇到这些风险的时候，需要一个保障，我们把它叫作社会保障。

从这四个维度去测量或者看待一个人的发展相对来讲是合适的。我们党站在第二个一百年奋斗目标的起点上，更需基于多维度看待人的发展。

按照我刚才提到的多维贫困的思路，我将劳动者分为农民、农民工、城市劳动者三个群体，并测算了改革开放以来他们的多维贫困状况。测算结果发现，改革开放初期，农民的多维贫困问题是极其重要而严峻的，其次是农民工，再次是城市劳动者。

由于各界都非常重视农民问题，在扶贫方面做了大量工作，近几年这种状况有了变化，其中最突出的是农民不仅仅实现了收入脱贫，其多维贫困问题得到非常大的改善，甚至已经开始有超过农民工的状况。我们扶贫的重点开始要注意到农民工这个群体。

为什么要关注农民工群体呢？因为从收入维度上来看，相对普通农民而言，农民工的状况更好。但是研究结果显示，农民工的健康状况日益恶化。如果要让人的发展更充分的话，多维贫困中健康维度，包括心理和生理健康是极其重要的。

在关心农民工群体的过程中的一个根本思路，或者说一个基本的方向是解决他们的贫困问题，推进农民工市民化。这一问题是我之前课题研究比较关心的问题。推进农民工市民化过程中有什么问题呢？如果利用多维贫困思维，从收入、教育、健康、基本保障这四个维度将农民工跟城市的居民进行横向和纵向比较的话，可以发现，农民工的社会保障维度的发展程度最低。要推进农民工市民化，就需要让他们在社会保障方面得到比较大的提升。具体如何提升呢？我们可以从两个方面来考虑。

第一，农民工个人预期。人为什么要买社保呢，他一定是基于对未来的憧憬，在他对未来有一个理性的判断之后做的决策。

第二，中央和地方政府之间的关系。政府的公共财政在分担社保的过程中要做更多的事情。而社保分担中企业的负担很重，财政负担把企业的利润空间挤压掉了。企业没办法做到的事，能不能由政府来做？地方政府说财力又不够，对于这个问题，我觉得可以考虑从中央和地方政府之间关系的角度去进一步思考。因此，要解决农民工安心在城市工作的问题，从中央和地方政府关系角度思考财政分担问题将是一个比较重要的思路。

总结起来有两个要点。一方面，我们在认识贫困问题的时候，需要有多维的视角，不能仅仅只强调收入，需要从收入、健康、教育以及基本保障方面去看待。另一方面，在推进农民工市民化的过程中，需要更多关注中央和地方政府之间的关系。

（作者单位：暨南大学经济学院、暨南大学伯明翰大学联合学院）

企业创新：长期看人口、中期看环境、短期看政策

吴超鹏

　　我的研究团队主要从经济学和金融学的角度来研究如何促进企业创新融资，并提升企业的创新能力。研究这一问题，是因为当前我国企业面临的技术创新挑战很大，这有其内外部原因。从内部看，我国目前正面临着从要素驱动型经济向创新驱动型经济的转型；从外部看，以美国为首的西方国家正在加强对中国的技术封锁，中国亟待在"卡脖子"技术上取得突破性进展。

　　那么究竟什么因素能影响企业创新呢？我们提出一个新观点，即企业创新能力的提升，长期看人口，中期看环境，短期看政策。

　　首先，长期看人口。我国的人口结构中有两个趋势是不利于长期内企业提升创新能力的。一是人口老龄化趋势，据统计，改革开放初期的1980年，中国人口年龄中位数为22岁，而"七普"数据显示，中国人口的平均年龄已达38.8岁。研究表明，老龄化越严重的国家和地区，企业创新的数量和质量越差。其原因并不难理解，年轻人比老年人更具有创造力，老龄化社会趋于保守，社会创新能力下降。由此可见，人口老龄化趋势，势必成为制约我国企业创新实力提升的一个重要因素。二是人口少子化趋势。据统计，中国总和生育率从20世纪70年代之前的6左右，降至1990年的2左右，再降至2010年后的1.5左右，再降至2020年的1.3。2020年出生人口1200万人，比2019年下降265万人。那么，人口少子化趋势究竟如何影响企业创新呢？我们团队做了一项研究，发现在少子化时代，父母对子女的养育方式趋于保守，而要进行技术创新突破是需要冒风险的，

因此少子化会抑制企业创新。当然，政府也注意到人口结构上的这些趋势带来的问题，并对人口政策做出了及时调整。但是，由于人口结构对人口政策的改变做出反应还需要较长的时间，因此至少在未来20年时间内，我们还必须考虑如何积极应对老龄化和少子化这两个因素对企业创新的不利影响。

其次，中期看环境。这里讲的环境包括社会环境和自然环境。在社会环境中，影响企业创新最重要的因素是社会文化，我们考察了三个方面的社会文化。第一个是诚信文化。我们发现一个地方的企业越讲诚信，企业越可能为自己的研发创新项目融到所需要的资金，而且企业也越可能把他们融到的资金更大比例地投入到研发项目中去。基于这一研究，我们给出政策建议，就是要培养和塑造一个社会的诚信文化，加强对失信人的惩罚机制。第二个是容忍失败文化。创新的过程经常要用999次失败来换回1次成功，因此我们的企业在设计公司治理机制，以及高管和员工激励机制时，要用更长远的视角来衡量创新人员的业绩，塑造容忍失败的文化。第三个是鼓励竞争的文化。研究表明，市场垄断是抑制企业创新的，一些大企业甚至把可能威胁其垄断地位的创新型小企业并购后注销掉，来扼杀创新。因此，政府要加强反垄断法的执行力度，因为这些做法有助于促进企业的创新。

自然环境也会影响企业创新。我们研究表明，一个地区的空气污染越严重，这个地区的企业创新数量和质量都越差。其原因主要有两个方面：其一，污染较为严重的地方很难吸引到人才，因此企业的人才质量较差。其二，空气污染本身也会对企业员工的身心健康造成不利影响，医学研究甚至表明空气污染对人们的认知能力产生负面影响。因此，在政策建设的方面，政府通过督促企业节能减排，治理污染，将可以提升人居环境，进而促进企业创新。这正是习近平总书记讲的，"绿水青山才是金山银山"。

最后，短期看政策。政府通过制定一些政策，将可能在短期内提升企业创新能力。我们的团队最近研究了两类政策的影响。第一类，政府引导基金政策。2019年底，我们政府引导基金达到4万亿元，占中国GDP的4%，这个规模很大。政府引导基金其实是政府主导的风险投资，但是我们发现它比其他的市场化的风险投资机构更能促进企业的创新。原因是政府引导基金运作能够达到两种效应。其一，引导效应。政府引导基金可以引导社会资本投向政府想优先发展的核心关键技术领域中去，而这些领域往往都是"卡脖子"的技术领域。其二，杠杆效应。一般而言，每个政府引导基金里面政府出资金占40%左右，其余60%是社会资本，这样算起来政府投入1元可以带动2.5元的资金。此外，这种政府引导基金成立后向社会公开招标，聘请管理水平最高的普通合伙人（GP）来负责管理，因此它是政府引导加上管理的市场化，融合了政府力量和市场机制的优势。第二类，"一带一路"倡议。我们研究发现在"一带一路"倡议提出之后，企业到"一带一路"沿线国家去投资并购的规模显著上升。而且，我们发现不仅投资规模上升了，我国企业跟"一带一路"沿线国家企业的技术融合度也增加了，因此并购后企业的创新绩效上升了。综合而言，"一带一路"政策带动了"走出去"企业创新能力的提升。

（作者单位：厦门大学管理学院）

建设现代化经济体系的内在逻辑

张　辉

近年来，在我国经济由高速增长迈向高质量发展的关键时期，党和国家高度重视发展方式的转换、经济结构的优化以及新动能的培育，提出了"创新、协调、绿色、开放、共享"新发展理念，推出振兴实体经济、创新驱动发展、乡村振兴、高水平开放和全面深化改革等重大发展战略，以及深化供给侧结构性改革等战略性发展方针。我国力争以深化供给侧结构性改革为主线，以上述重大发展战略为举措，深入贯彻新发展理念，全面建设现代化经济体系。现代化经济体系体现了中国特色社会主义进入新时代以来，生产力发展与生产关系调整的总要求，是一个由社会经济活动各个环节、各个层面、各个领域的相互关系和内在联系构成的有机整体。

按照建设现代化经济体系的演进逻辑划分，现代化经济体系具体包括的六个体系与一个体制又大致可以分为基础、目标、内在动力和实现条件四个相互促进、互为依托的有机整体。其一，充分发挥市场作用、更好发挥政府作用的经济体制是现代化经济体系的起点和基础。其二，创新引领、协同发展的产业体系，彰显优势、协调联动的城乡区域发展体系和资源节约、环境友好的绿色发展体系是现代化经济体系的内在驱动。其三，统一开放、竞争有序的市场体系和多元平衡、安全高效的全面开放体系是现代化经济体系的实现条件。其四，体现效率、促进公平的收入分配体系是现代化经济体系的标准和宗旨。其五，实现经济高质量发展是建设现代化经体系的主要目标。

（一）现代化经济体系"六个体系、一个体制"的内在逻辑

这六个体系和一个体制之间相互作用、相辅相成，共同构成现代化经济体系的内在逻辑体系。具体地讲，现代化经济体系有机构成的四个组成部分之间的关系是：第一，总体上看，根据生产力决定生产关系，生产关系反作用于生产力的政治经济学原理，作为现代化经济体系内在驱动的产业体系、城乡区域发展体系和绿色发展体系是涉及生产力解放与发展的核心构件。而经济体制、市场体系、开放体系和收入分配体系则构成了生产关系中的生产资料所有制形式、价值实现形式和价值分配形式等内容，将反作用于生产力，对生产力的发展起到不可忽视的影响作用。第二，从现代化经体系内核决定其他部分的关系来看，产业体系、城乡区域发展体系和绿色发展体系构成的内核是市场体系和开放体系实现价值交换的基础，旨在强调在市场上进行交换、在开放中进行交换的价值必须以劳动生产活动为基础，并且以符合高质量发展为衡量准绳。产业体系、城乡区域发展体系和绿色发展体系构成的内核是收入分配体系不断优化的持续动力，旨在强调收入分配的优化改善的根本途径是不断解放和发展生产力，扩大和提高社会生产水平与效率，从而不断实现收入分配的优化。产业体系、城乡区域发展体系和绿色发展体系构成的内核也是经济体制不断调整的内在要求，旨在强调生产关系的调整必然要跟得上生产力的发展。第三，从现代化经济体系内核受到其他部分反作用的关系来看，经济体制是现代化经济体系内核的制度基础，指明了建设现代化经济体系的必然要求和制度土壤是社会主义市场经济体制。市场体系和开放体系则是代表解放和发展生产力的现代化经济体系内核得以实现的内外部条件，表明现代化经济体系内核代表的价值生产需要通过在市场体系和对外开放中才能实现价值交换。收入分配优化则是现代化经济体系内核的标准和宗旨，指明了现代化经济体系各部分紧密合作要在注重效率的同时更加兼顾公平。

（二）产业体系、城乡区域发展体系和绿色发展体系之间的内在逻辑

构成现代化经济体系内核的产业体系、城乡区域发展体系和绿色发展体系之间的内在关系是：第一，创新引领、协同发展的产业体系直击生产力解放和发展的内源性问题。当今产业转型升级实则是由传统工业化向现代工业化转型的过程，从人均 GDP 的国际比较视角来看，虽然我国现在人均 GDP 的水平相当于美国 20 世纪 40 年代中后期的水平，或者日本、英国、法国等国家 20 世纪 60 年代中后期的水平，韩国 20 世纪 80 年代后期的水平，但我国的经济规模远超同发展阶段的发达国家或地区，2015—2018 年，中国制造业年均就业人数达 5000 万人，是美国经济同发展阶段制造业就业人数的 3 倍、日本的 5 倍。这种规模化优势正是建设现代化经济体系的核心基础，我们要依托规模优势努力向创新优势转型。第二，彰显优势、协调联动的城乡区域发展体系直面生产力解放和发展的空间性问题，由产业体系的发展程度而决定，同时会影响产业体系的发展高度和效率。传统的大工业生产是向大城市集中的，但未来现代化的产业应该是以中心城市为增长极向周围城市、乡镇辐射、示范，形成以点带面，多片联动的更加均衡和充分的发展模式。因此，城乡发展体系的建设既是现代化经济体系的内在驱动，又是现代产业体系发展的空间路径。第三，资源节约、环境友好的绿色发展体系直视生产力解放和发展的"绿色性"问题，由产业体系的发展程度而决定，同时也会影响产业体系的发展成本和效果。2030 年"碳达峰"、2060 年"碳中和"是习近平主席在第七十五届联合国大会上为我国绿色发展制定的重要战略目标，也是中国对世界环保事业做出的庄严承诺。绿色作为新时代经济发展的底板，将是产业体系发展的基本要求，绿色背景下的产业发展才是现代产业体系建设的题中应有之义。总而言之，创新引领、协同发展的产业体系是生产力发展的核心环节，旨在调整解决生产力的动力之源和持续之基问题。彰显优势、协调联动的城乡区域发展体系是生产力发展的空间路径命题，

旨在调整解决生产力的布局效率和空间均衡问题。资源节约、环境友好的绿色发展体系是生产力发展的基础条件，旨在调整解决生产力发展与资源环境的和谐关系问题。三者之间构成了由产业体系统率、由城乡区域发展体系和绿色发展体系为支撑的现代化经济体系的内在驱动力，从而不断从内到外、从内生到空间再到"绿色"三个领域解放和发展生产力，倒逼生产关系的适应性调整，引领中国经济高质量发展。

（三）经济体制、市场体系、开放体系和收入分配体系之间的内在逻辑

构成现代化经济体系外围条件的经济体制、市场体系、开放体系和收入分配体系之间的内在关系则是：第一，经济体制是市场体系和开放体系的制度前提，它规定了中国进行的市场体系建设和对外开放建设，要以中国特色社会主义经济制度为根本前提。同时，市场体系和开放体系则是经济体制得以发挥作用的实现形式。换句话说，只有通过建设统一开放、竞争有序的市场体系和多元平衡、安全高效的全面开放体系，才能增强社会主义经济体制的活力和竞争力，凸显社会主义经济制度的优越性。第二，收入分配体系是市场体系和开放体系的内在要求，其含义为收入分配的优化，或者说劳动价值得以实现是市场体系和开放体系的根本目的。其目的是在等价交换的前提下，实现价值和使用价值的让渡交换，市场体系和开放体系作为价值交换的环节，是收入分配体系优化的实现过程。其含义是市场体系和开放体系作为价值交换过程的中枢环节，本身只是推动价值交换实现的一个过程，从而实现生产环节到分配环节的过渡，推动社会生产和再生产关系接续前进。

（四）"双循环"新发展格局下现代化经济体系的建设

2020年新冠肺炎疫情在全球范围内的暴发使得本就低迷的世界经济陷入暂时性停摆状态，全球生产网络遭受断裂威胁。加之近年来贸易保护主义、单边主义甚嚣尘上，中国的对外开放面临着极大的不确定性，中国经济迎来新一轮的机遇与挑战。在此背景下，习近平总书记强调"要深化供给侧结构性改革，充分发挥我国超大规模市场优势和内需潜力，构建国内国际双循环相互促进的新发展格局"。建设现代化经济体系和构建"双循环"新发展格局都是我国社会经济中长期发展的战略部署，是以习近平同志为核心的党中央在精准研判我国新发展阶段、新时代任务和新环境条件下做出的重大战略决策，二者相辅相成、互为补充。新发展格局要求"以国内大循环为主体，国内国际双循环相互促进"体现了新形势下我国经济发展战略的优化和发展路径的调整，这既呼应了建设现代化经济体系的重要内容，也为建设现代化经济体系提出了新的要求。

首先，畅通国内大循环是构建"双循环"新发展格局的基本要求，在早期出口导向型战略下，20 世纪 90 年代至 21 世纪之初，我国深度融入东亚经济体系，而后又深刻嵌入全球经济体系，为吸引海外资本，迎合国际生产标准，国内制造业生产与国际需求紧密结合，使得国内制造业加速发展时期未能促进本土服务业的协同发展。随着我国人均收入逐渐迈向上中等水平，快速上升的内需与国内制造业又发生错位。自 2011 年开始，服务业贸易逆差规模加剧，国内高端服务业需求又流向海外，使得国内服务业加速发展时期又未能反哺本土制造业的技术升级。这种脱节和错位使得我国难以充分发挥自身优势，将生产与消费有机结合起来，难以为高质量发展注入新动能。因此，在"双循环"新发展格局下，建设现代化经济体系：一是要利用国内巨大市场优势，培育在全球价值链治理机制下难以获得的底层技术的创新、工艺的提升、品牌的形成，注重产业体系中颠覆式的基础性创新，完成国内从资本密集型生产向知识密集型生产的转型，推进由工业化初期轻工业所代表的劳动密集型产业向教育研发、金融、物流、数字服务等现代服务业为主的新产业、新模式、新业态的转型。二是刺激国内需求，特别是中等收入群体需求是重中之重。我国有世界上最庞大的中等收入群体，庞大的内需潜力是畅通大循环的底蕴，这便赋予了建设城乡区域发展体系、收入分配体系新的内容，一方面要坚持城乡融合发展，加快乡村振兴，提高农村人均收入水平；另一方面要强调公平，充分发挥二次、三次分配的调节作用，整体提高中等收入群体的收入水平，充分激发国内强大的内需潜力。

其次，国内国际双循环相互促进的核心要义在于我国经济应继续保持对外开放，在畅通国内大循环的基础上实现国际循环由量向质的转变，依托国内大循环实现更高质量的国际循环，这便给现代化经济体系的对外开放体系提出了新的要求。20 世纪 80 年代以来，助推全球经济发展的"雁阵模式"逐渐退出历史舞台，取而代之的是基于垂直专业化的产品内部生产工序在不同梯度国家中分工的全球价值链体系，各国基于自身要素禀赋的比较优势嵌入全球价值链生产的不同环节。2008 年金融危机之后的产品内国际化分工实则已经转变为以我国为枢纽，上接发达经济体，下连其他发展中经济体（包括其他新兴经济体）的价值"双环流"体系。亚洲价值链体系同样表现出这种扁平"8"字的"双环流"特征。以国内大循环为主体，并不意味着中国经济将故步自封，自我运行，与世界经济脱钩、走封闭发展模式。相反，在后疫情时代，我国必须以更大程度、更高水平开放的姿态，积极合理利用外资，提升质量稳定外贸，这就要求建设对外开放体系应更加注重开放质量的提升，要高质量共建"一带一路"，以互利共赢方式，与世界各国建立起牢固的利益纽带，构建广泛利益共同体，维护多边贸易体制，抵御逆全球化风险。

（作者单位：北京大学经济学院）

全球公共财政学与现代化经济体系

张克中

我想从全球公共财政学的角度来谈谈自己对现代化经济体系的思考，中国作为一个大型开放经济体，应该如何从全球视角审视我们的财政和公共政策。现代经济是一个开放型的全球化经济，虽然经历了 2008 年国际金融危机和 2020 年新冠肺炎疫情，但是全球化仍然是中国增长和发展过程中面临的一个很重要的问题，这是全球公共财政学研究的话题。我的分析聚焦于三个层次：一是中国崛起引发的关于全球公共财政的思考，二是全球公共财政面临的挑战，三是如何建立与现代开放经济相融合的全球公共财政体系。

（一）中国崛起与全球公共财政

中国的快速崛起已经成为不可否认的客观事实，麦肯锡全球研究院 2020 年公布的《中国与世界：理解变化中的经济联系》报告显示：中国贸易量在 2017 年占全球商品贸易总额的比重就已经达到 11.4%，是 33 个国家中的第一大出口国和 65 个国家中的第一大进口来源国，贸易量相当于英、法等国的经济总量。中国与世界的经济联系越来越深刻，对其他国家产生的影响越来越大。在这些经济现象的背后，更深层次的原因是我们对市场经济的理解存在差异，这引发了一系列财政政策和税收政策的冲突。

中国已经成为全球第二大经济体，在参与全球化的过程中，只有站在全球的视角思考自身的财政制度如何与国际规则衔接，才能更好地避免崛起过程中与其他国家之间的摩擦与分歧。中国的财政和税收政策必须要考虑其他国家对本国政策的反应。在全球网络一体化的背景下，所有国家都是全球产业链上的一个环节，每个国家的政策会对其他国家产生边界外部性。如果在制定财税政策的过程中，没有考虑其他国家的行为和反应，就可能反过来制约本国公共政策的实际效果。这意味着中国必须将其他国家的策略性反应纳入政策制定的目标函数。在这样的逻辑框架下，我们可以进一步思考在参与"一带一路"和人类命运共同体的过程中，如何制定和改善本国的公共政策，充分发挥自身在全球治理中的作用。

（二）全球公共财政面临的挑战

全球公共财政学最早是国外提出的一个概念，传统的公共财政学主要关注国家或者地区的财政问题，忽略了一个国家公共政策对其他国家产生的影响及其反应。曾有学者试图融合经济学、政治学及国际关系等学科的内容，以推动全球公共财政学发展，但这一领域仍未取得长足进展。

全球公共财政面临的挑战主要来自市场势力和国家势力的矛盾，尤其是在民粹主义抬头和国家安全受到重视的背景下，罗德里克提出的国际经济一体化、国家主权和国家民主的三元对立变得更加明显。在全球化的进程中，市场势力和国家势力存在天然对立。一是市场势力。市场势力就是增加激励的行为，即使拓展到全球市场，这种内在激励依然存在。经济全球化意味着全球统一市场，市场势力的扩张导致要素在全球范围内自由流动，贸易和投资的联系越来越强烈，越来越多的国家和地区会更深层次地进入全球化体系。在这个过程中，全球发展失衡可能是市场扩张的必然结果。二是国家势力。国家势力不同于传统意义上的政府势力，国家势力的出现是因为全球化政治架构的基本构成单元是民族国家。对于主权国家而言，国家利益高于全球利益。以民族国家为基础的全球政治架构导致全球化的进程往往伴随着逆全球化的浪潮，遵从国际经贸治理规则会约束国家对国内社会诉求的回应能力。

（三）构建与现代开放经济融合的全球公共财政体系

建立与现代开放经济相融合的全球公共财政体系需要我们从全

球公共财政学的基本方面进行思考,必须紧扣全球公共财政学的研究内容,从理念、路径和措施等方面入手来讨论这个问题。

首先是全球公共财政学的哲学基础。哲学基础更多涉及的是看待这个世界的理念和价值。随着生态危机、贫富分化和贸易摩擦等全球性问题变得日趋严峻,我们需要新的哲学思维为全球公共政策的制定和落地提供思想引领。世界主义思想为我们提供了启示,在世界主义的框架下,所有人在共同体中也享有平等的公民地位,全球范围所有公民都应享有优先于国籍、民族的普遍的政治参与权利。任何一个国家要把别国的国民像对待自己的国民一样看待,这需要哲学家进行深入思考,尤其是将道德考量和伦理关怀融入国家公共政策的设计中,建立符合正义要求的全球制度。

其次是全球公共财政学的研究内容。全球公共财政学的研究内容主要包括四个方面:①全球公共物品的供给和融资。全球公共物品是全球公共财政学研究的重要内容,随着全球化的发展,全球生态环境、金融稳定、气候变化这些全球公共物品对人类福利的影响越来越大,需要全球协作来解决这些问题。面对各国对全球公共物品的需求,增加全球公共物品供给的关键是筹集资金。这就涉及全球公共物品的融资问题,必须要完善全球公共物品融资的官方和非官方渠道,尤其是要发挥国家和跨国公司在全球公共物品供给中的作用。②全球税。全球税是学术界和政策制定者高度关注的一个话题,皮凯蒂在其著作《21世纪资本论》中提出征收全球资本税以应对全球不平等的方案引发了广泛热议。全球税的种类繁多,例如:全球金融税、全球环境税、数字商品税、自然资源税和机票税等。但是,这些全球税在很大程度上仍然没有落地。③全球发展援助。全球发展援助的规模越来越大,新兴经济体在国际发展援助体系中的作用越来越突出,如何通过发展援助来解决贫困和落后国家的发展问题需要深入讨论,发展中国家在国家援助中的贡献需要被进一步明确,这都需要更加深入和更有说服力的研究。④国际税收竞争与合作。国家间的策略互动会扭曲资本和劳动等流动生产要素的区位选择，在过去的几十年里，世界各国为了吸引流动性生产要素，纷纷推动税制变革，引发了世界各国税收的逐底竞赛。这种"以邻为壑"的税收竞争没有将资本配置到边际产出最高的地理区位，必须通过税收合作和税收协调进行治理。税收合作依赖两条途径：一是税收协定和跨国信息交流，二是设置全球共同税率。

　　最后是全球公共财政学视角下全球发展的路径选择。未来世界格局会呈现什么样的面貌，有人说是去中国化或者中美并行，无论在何种情况下，我们都不能再将制定政策的目光局限在国内。中国在"一带一路"和人类命运共同体的建设过程中，要致力于形成一种全球化与国家主权相容的全球公共财政体系，在全球公共物品供给、国际发展和公共政策等领域进行广泛的协调与合作。这是一条可以选择的现实路径，也是公共财政和税收政策需要关注的内容，为中国在参与全球治理过程中推动构建现代经济体系提供了基本支撑点。

（作者单位：中南财经政法大学财政税务学院）

数字经济与人工智能的经济学前沿问题

数字经济发展呈现鲜明特征

蒋永穆

近年来，我国数字经济的发展逐步步入快车道，其增加值规模不断扩张，在国民经济中的占比逐年提高。数字经济已成为推动我国经济高质量发展的重要引擎，成为促进世界经济复苏的强劲动力。数字经济在发展过程中，呈现出不同于传统经济的鲜明特征。

第一，数字经济发展源于技术的指数级融合进步。数字经济相较于传统经济，更加重视创新的作用，集中体现了"创新是引领发展的第一动力"的内在要求。究其原因，数字经济是第四次科技革命的产物，其本质是信息化，即信息技术进步带来的生产工具革命，推动工业经济向信息经济升级转型。从发展方式来看，数字经济是一种内涵式的扩大再生产，强调技术要素的投入。数字经济所依托的技术进步，与传统工业革命下的技术进步相比，尤其是与马克思在《资本论》中所研究的机器大工业相比，已经发生了本质性的变化。"与以往历次工业革命相比，第四次工业革命是以指数级而非线性速度展开。"信息技术革命打破了原有技术体系，延伸或产生出新的技术生命周期，渗透到几乎所有的应用方向，影响到社会生活和社会生产的方方面面。

第二，数字经济发展拓展了创新的内涵。在传统经济时代强调创新，主要聚焦于科技创新。而数字经济发展存在着两条进路：其一是数字产业化，信息技术的进步直接产生出新的产业；其二是产业数字化，通过新技术的应用和渗透，对传统经济进行数字化改造和升级。数字经济时代的创新，强调技术与产业、技术与行业的跨界融合，涵盖技术、业态、模式和制度等的全方位创新。相应地，对数字经济创新的投入也不再局限于传统的研发投入，而更多是知识资本、无形资产的投入。无形资产高于有形资产的投入形式，给当前我国的征税模式带来较大挑战。

第三，数字经济创新主体日益多元化、大众化。传统经济中的创新是一种封闭式创新，创新主体主要是高校、科研机构中的科学研究人员和企业中的技术研发人员。在数字经济下，由于创新的内涵和外延得到深刻而广泛的拓展，创新主体也逐步从封闭走向开放，数字经济的创业者、参与者甚至是消费者都可以成为创新主体。与此同时，数字经济的发展改变了生产组织、社会分工及经济治理等，多元主体参与的万众创新正在形成和发展。目前，国内一线城市和新一线城市，涌现出了一大批各具特色的众创空间，汇集了创业者、风险投资、私募基金、孵化器、用户等创新主体。

第四，数字经济发展有赖于新场景的助推。数字经济发展的最终目的，是培育新产业推动经济高质量发展。在此过程中，需要破除技术与实体经济的供需对接矛盾，需要为技术找到商业化应用落点，需要为产业转型升级找到解决方案。解决这一系列问题的抓手，是进行新场景的建设。新场景是由政府发布或由企业发现，利用现代信息技术创造出来的具有创新性、前沿性和颠覆性的生产生活方式。新场景建设有利于孵化数字经济的创新应用，有利于打造集成的产业生态系统，有利于为消费者提供更多美好生活的体验。

第五，数字经济发展突破了三次产业间的边界。在传统经济时代，三次产业间的边界相对比较清晰。在数字经济下，信息技术的深度应用催生了新兴产业形态；信息技术向传统产业尤其是向第三产业细分行业的广泛渗透，推动了产业结构的整合和优化升级。由于大量数字经济应用的诞生，产业间、行业间、产业与行业、线上线下的深度融合大量出现，产业边界逐渐模糊。在此趋势下，传统产业概念和统计口径已无法适应数字经济的发展要求。

第六，数字经济运行模式凸显共生共享属性。在数字经济时代，免费、分享、合作、开放等成为高频词，表明数字经济的运行模式呈现共享化、平台化特征。究其本质，平台经济的形成使得各类要素能够畅通地嵌入开放式的网络平台，从而推动经济运行模式的根本性改变。尤其是作为数字经济核心生产要素的数据，具有可复制、可共享、可开放的特性，其无限供给的禀赋，能够有效突破传统生产要素有限供给对经济增长的制约。数据的共享，使研发共享化、销售公共化、信息开放化成为可能。经济运行模式的变化，使个人能够依托平台分享信息，使企业能够依托平台提供的增值服务实现盈利，使公众能够依托平台进行公共活动。

第七，数字经济驱动力来自用户牵引。传统经济属于供给主导型经济，强调生产者的生产能力和规模经济的效应。进入数字经济时代后，平台经济、共享经济、租赁经济等新型商业模式兴起，打破了各级经济主体之间的界限。通过信息的表达和公开，消费者成为商品和服务的研发者和产销者，满足消费者的需求成为企业盈利的核心逻辑。随着技术的进步，消费者的需求会不断优化升级，进而导致商业逻辑、生产方式的改进，也就意味着数字经济不断向前发展。

数字经济是一个动态性的迭代概念，在不同发展阶段有不同的具体内涵。因此，对数字经济特征的归纳，还需要进行更加持续和深入的研究。

（作者单位：四川大学经济学院）

数字经济给金融发展带来的转变

刘澜飚

我一直从事金融学的教学和科研，从现在金融学研究目的、研究手段和研究范式上看，本属于应用经济学二级学科的金融学，在某种意义上正在脱离经济学范畴。金融学的研究与应用正成为经济学、数据科学、人工智能等多学科的一种交叉混合体，当然金融学存在的根本原因不变，还是要研究有效率地配置资金资源。这些发展变化现在主要表现在金融科技发展得非常快，对教学培养和科学研究都产生很多的影响。特别是在人才培养方面，如何设计数字金融人才的培养目标，如何重构数字化时代的金融教育范式，如何安排相应的课程体系，如何将科学研究的成果转化到教育中来，都是我们现在必须直面的问题。

首先，关键是要思考数字经济将给金融带来什么转变。现在面临人类历史上百年未有之大变局，这个大变局在经济维度上至少有三个特征是值得我们注意的。第一个是中国经济开始追求高质量发展。第二个是全球经济数字化过程的启动。第三个是全球秩序巨变过程中的经济博弈。在这种变局之中，金融正在向一个新的道路发展，新道路是人类社会发展变化的客观选择。

值得思考的就是数字社会中金融业发展的新道路。在金融新的发展道路上有两个关键问题，非常值得关注。首先是数字金融，当今世界由于数字化而发生了根本性的改变。习近平总书记多次指出要加快数字经济的发展。他在 2019 年 12 月强调大力发展数字经济，2020 年 4 月在浙江考察的时候又提出要善于化危为机，抓住产业数字化、数字产业化赋予的机遇，抓紧布局数字经济。

　　发展数字经济已经成为落实国家重大战略的关键力量，对实施供给侧结构性改革，创新驱动发展战略具有重要意义。今天我们国家已经进入到数字化时代，突出的特征就是"新"，新经济、新生活、新治理、新时代。"新"源于数字化转型，核心是人的数字化。今年有一个流行词叫"后浪"。后浪比喻现在的年轻人，我们所培养的人才都是"后浪"，现在的年轻人都是"后浪"。

　　其实世代交替、新陈代谢很正常，那为什么现在"后浪"成为流行词？这是值得思考的。今天的年轻人不同于以往时期的年轻人，他们具有不同于过去那些年轻人的生存环境、价值认知和行为方式。他们的现实曾是他们父辈梦寐以求的理想。他们与"前浪"们的一个本质区别，就是"后浪"们是数字化社会的原住民。自幼就生活于数字空间，数字化过程为他们注入了数字文明的基因，人类社会也自此开启了新时代。数字化带来的新改变，不是个别的、局部的、暂时的变化，而是整体的、全局的、长期的变化，改变秩序、改变格局，也带来巨大的未知。

　　从数字经济的发展模式来看，其发展进程中衍生出一系列新业态、新模式，包括工业互联网、大数据、机器人、自动驾驶等基于数字技术产生的新业态，也包括智慧农业、智能制造、智能交通、智慧医疗、移动支付等通过数字技术与实体经济深度融合产生的数字经济新模式。对资金资源进行市场化配置是金融的核心功能，在经济数字化过程中，金融的核心功能并不改变，但金融结构和金融技术会被数字化重构，金融的服务对象也被数字化重塑，这些是数字金融的发展逻辑。

　　金融所服务的社会是数字化的社会，这个时代也必将是数字金融的时代。从教学、科研及金融业界的发展过程看，都正在发生着转变，未来最明显的变化就是 ATM 机可能减少。而我们过去讲真正的金融创新就是 ATM 机的出现，恐怕这个创新随着数字化的过程会被消灭。

其次，金融永远跟风险相伴，数字化时代的来临必然会带来新的危机。数字化正在重塑我们社会生活的各个环节，社会数字化昭示着发展的必然趋势，人类正在进入农业文明、工业文明之后的数字文明，这个数字文明是一种客观必然。在数字文明社会里，哪些具体的行业被改变或被淘汰，目前还不能完全清楚；数字文明社会中的社会关系调整并达到稳定也需要认真的研究。当前的数字化转型是人类文明形态的发展和重大转变，我们不仅要看到它给人类带来的新发展和各种益处，也要看到这个过程所必然具有的一些内在冲突和利益损失，与我们相关的就是金融危机，这种危机的发生与重大技术革命相关。

重大技术革命是放在经济长周期的角度进行理解的。对当代最有借鉴意义的所谓的两次全球大危机，一次是 20 世纪 30 年代的大萧条，另一次是 2008 年国际金融危机。大萧条被认为是发生在第二次技术革命之后，是由于 1870 年电力技术革命的重大变革以及技术长周期末端的产能过剩所引发。而本次国际金融危机，被认为是发生在第三次技术革命之后，看成是 1980 年之后的信息技术革命的影响。同时，人们也都注意到两次重大技术革命还有同样的负面作用，就是会带来收入分配上的巨大问题。

20 世纪 30 年代的大萧条，在某种意义上可以看成是工业文明广泛替代农业文明过程中的一次必然，也是工业文明进入成熟阶段的催化剂。同样，目前正在发生的社会巨变，是现代数字文明替代传统工业文明所导致。在这样的大变革中，由于债务名义刚性，而经济大转型又导致资产价值面临重估，传统经济类型的资产被率先贬值，新经济性质资产也估值不足，估值方法还缺乏统一认识。在这个过程中，债务危机的发生成为必然。特别是，当一种具有全面社会影响性的生产力结构取代旧结构的时候，更会产生大范围的危机，这是系统性危机产生的底层逻辑。系统性危机的产生发展过程，本质上是市场快速出清过程，但也以社会资源的巨大损失为代价。

当数字化过程席卷全球的时候，将加剧社会的不平衡，加剧世界的不平衡，同时随着主导势力的转化，冲突和危机广泛发生也是必然的。从全社会角度，我们在积极推动数字金融发展的同时，也要为防范化解新金融危机做好充分的准备。

（作者单位：南开大学金融学院）

人工智能在财税领域学术研究中的应用

毛 捷

借此次论坛，从财税领域学术研究的视角，谈谈对人工智能在经济学应用中的理解。以税收理论研究为例，税收遵从问题一直以来是财税理论界争论的热点，不少研究从税收征管的角度探讨税收遵从，并取得了丰富成果。但税收遵从的决定机制有两面，一面是税收征管，另一面是纳税服务，只从一面分析税收遵从有失偏颇。税法宣传是纳税服务的重要方式，各种媒体（报纸）对税收法律法规或典型案例进行宣传介绍，为纳税人提供了税收信息。那么，看似平常的税法宣传是否能促进纳税人的税收遵从呢？研究这个问题不可避免地会遇到如下问题：税法宣传报道更新很快，一年有数千篇相关报道，而且内容丰富多样，既有国内外税法知识普及，也有税收热点问题分析，还有税收违法案件报道，等等。如果是人工阅读，很容易出错，而且很难保证每个阅读者对宣传内容的判断是同一个标准，影响对税法宣传类型进行分类统计的精度。

人工智能可以帮助我们解决上述问题。借助机器学习方法，人工智能在较短时间内就能完成文本信息的处理和分类，还能根据已经处理的文本信息，建立起记忆和经验，后续出现新的宣传报道，不用从头来，而是利用已有经验进行判断和分类。这样就节省了对税法宣传报道进行阅读和分类的大量人力和时间。但是人工智能并不是"万能药"，和人类一样，它也需要有一个学习的过程。因此，能否用好人工智能，关键在于人类这个师傅能否教好人工智能这个徒弟。

　　例如，我们的任务是要从上万份税法宣传报道中，识别出哪些报道是督促纳税人依法自觉诚信纳税，哪些报道是提醒纳税人依法申请税收抵扣、减免和退税。这两类税法宣传的侧重点不同，对纳税人的影响很可能存在差异。那么，如何教会人工智能去学习并解决上述问题呢？首先，我们试着自己阅读了数百份税法宣传报道，发现根据报道的内容和侧重点，可以建立一些规则对税法宣传类型进行区分。但人工阅读掌握的信息毕竟是有限的，仅以人工阅读整理出来的规则去教人工智能，可能只会起到限制人工智能的效果。为此，第二步，我们并没有直接给人工智能输入任何指令，而是让它自学。这个过程需要用到自然语言处理和机器学习，对以"税"为主题的报纸文章进行"分词"，即将文章内容合理地切分为词组。对于切分好的词组，根据相应算法（如"TextRank"和"TF-IDF"算法等），找出与不同类型税法宣传高度相关的关键词（主要是名词和动词）。根据这一步的研究，我们会和人工智能进行一定的交流，结合我们的经验，对关键词进行修正。第三步，将根据第二步得到的关键词，运用机器学习，对税法宣传报道进行再次阅读，并完成分类。这一步十分关键，也需要一定的时间。难点在于，人工智能一开始的错误率往往比较高，原因有三点：一是中文文本的信息含量往往比英文文本高，同一句话在不同语境下含义差别较大；二是税法宣传报道的格式是不固定的，不是千篇一律的告知；三是税法宣传本身是一个大类话题，不少报道里包含多种类型的宣传内容。若使用关键字建立简单模型，容易出现过度拟合等问题，影响分类判别的精度。此时，需要我们帮助人工智能通过不断学习，逐步优化机器学习分类条件，提高分类准确度。这就和考试一样，需要不断做题、讲解和订正错题，才能提高成绩。

　　通过以上研究，我们对 2007—2015 年 2.15 万份发表于全国性和地区性重要报纸的税法宣传报道进行了分类，并将税法宣传的数据与企业层面微观数据、地级市层面财会人员数据等多套数据合并成一个大型数据库，实证分析税法宣传对税收遵从的影响。研究发现：与依法缴税（或申报税收抵免）相关的税法宣传减少了企业应缴未缴（或应惠未惠）；税收信息的丰富有助于缓解财会人员素质低下对企业税收遵从产生的负面影响。上述结论十分稳健。进一步的异质性分析表明，上述激励效应在企业规模、企业所有制类型、企业资金流动性、税收征管机关、税收宣传工作阶段以及税法宣传报纸头版比例等方面存在显著差异。拓展分析还发现，税法宣传可以通过财会人员素质这一渠道对企业税收遵从度产生影响，并且财会人员素质和税法宣传对企业税收遵从度存在非线性和持续性影响。

上述发现有以下政策启示。第一，在研究影响企业税收遵从行为的内在机理中，财会人员素质是一个不可忽略的重要因素。研究发现，财会人员素质既会直接影响企业税收遵从，也是税法宣传等其他因素影响企业税收遵从的渠道。因此，为适应经济社会发展和全面深化财税体制改革的要求，有关部门应高度重视财会人才培养工作。针对企业税收遵从，加强对企业财会人员的税收政策宣传和培训，完善财会人员继续教育制度，可以起到事半功倍的作用，是贯彻执行党的十九大报告提出的"深化税收制度改革"重要精神、深入推进会计人才战略的一个着力点。第二，税法宣传是提高纳税人税收遵从度的有效手段，税务机关应持续加大税法宣传力度。结合以上研究结论，一方面，应以纳税人需求为导向，开展个性化分类宣传，如针对大型国有企业和外资企业注重强化纳税申报辅导，针对小微企业注重税收抵免等优惠政策宣传；另一方面，不断丰富税法宣传方式，持续推进税务干部下基层等活动。

上述研究发现也为我们基于中国的实践和经验，完善经济学中的税收理论，提供了新的视角和素材。在广大发展中国家，普遍存在纳税人涉税知识不足、处置涉税问题能力不够等问题，一味加强税收征管力度，对于提升纳税人税收遵从度可能是不够的，甚至还可能起负面影响。需要从纳税服务着手，通过改进涉税服务质量，为纳税人提供更为充分的税收信息，让纳税人真正了解税收法律和政策，并理解其应有的作用和意义，这样纳税人才会主动自愿地配合好各项税收政策，保障税收政策落地和发挥功效。因此，后续有关税收遵从的理论分析，不应只关注税务审计概论、逃避税惩罚力度等税收征管的因素，也应充分考虑税收信息和纳税服务等因素，突破传统的逃避税理论模型（例如 A－S 模型），对我们理解税收遵从的束缚，为建立能有力解释我国经济社会发展规律的税收理论提供思路和依据。

正是借助了人工智能，以上研究得以顺利开展。后续随着税法宣传报道数量不断增加，可供人工智能学习的素材不断丰富，利用人工智能分析税法宣传的广度和深度将不断加强。但根据笔者的理解，人工智能在财税领域的研究中仍发挥工具性作用，真正起主导作用的仍是人类智慧。人类智慧加上人工智能这对翅膀，将帮助经济学研究走得更快、更远。

（作者单位：对外经济贸易大学国际经济贸易学院）

如何理解数字经济贸易的发展

孙浦阳

关于"数字经济"的定义是非常值得探讨的,但大家应该注意到了,谈到要给"数字经济"下定义,基本上不同的人会给出不同的定义,就算细化于同一研究领域,如同样聚焦于网络经济领域,也往往会发现各个文献的主题是不一致的。

具体到中国的数字经济,我通过文献阅读的感受是大概可以分为三个阶段,当然,这不一定是准确的。现在只要和电子相关的,如 ATM 机都被认为是数字。但是这是第一阶段,是最早的。第二阶段就是互联网,互联网是什么?很多人认为就是京东、淘宝。第三阶段可能很快就到来了,它是什么?大概的解释就是以与人工智能相似方式做出反应的任何机器,并以摩尔定律为实现价值的增长方式。因为摩尔定律突然让我们改变了一个经济学特别基础的概念,就是资本的边际效率递减。以前是所有的机器都存在折旧,唯独人力资本存在反折旧。但是摩尔定律给我们提了一个新概念,即芯片的速度增长一定是以指数形式增长的,这就有可能改变折旧速度。

关于数字经济的刻画,现在各大期刊的文章都在研究。关于数字经济的衡量,我认为大概有以下几类。第一个最直接的就是电算化职业转化率。举例来讲,银行柜员的职业转化率就比清洁工低,而清洁工重复工作的速度要比柜员快。人工智能是否能够成为主流,存在一个前提,即人工智能替代的职业到底是清洁工还是高级的技术人员。如果它能替代高级技术人员,人工智能的时代可能就到来了。大家知道国际上的衡量非常丰富,我了解到的衡量关于美国通勤区的研究。通勤区就相当于中国朝阳区的部分区域，比如说国贸。通勤区人工智能职业替换率就是衡量朝阳区有多少职业人口是可以替换的。需注意的是，国际上研究发现了这样的问题，在相同的一个区域，比如说同时在波士顿的两个区，这两个区离电厂距离的远近不同，它的电算化转换率也不一样，因为这涉及成本。离电厂近，拿电的效率高，由此可以使用机器人。国际上已经开始用法国机器人用电量数据发论文。

探讨人工智能跟经济的关系，肯定要谈其间的机制。刚才提的一个机制"摩尔定律"。是不是机器一定折旧？大家知道数字经济在阿西莫格鲁的文章中提到了，数字经济、数字贸易很有可能改变机器一定折旧的概率。大家要知道，如果这个概念被大家一致认可的话，美国所担心的问题就出现了。美国担心人工智能时代的到来会导致失业率进一步提升，渐渐地买机器比雇用人简单。新冠肺炎疫情期间只有一类工厂不受影响——大量使用了自动化的工厂，因为它不用跟人打交道。这反映了美国和欧洲的关注点，即他们那里雇用人很麻烦。大家知道中国也存在这样的情况，东莞现在大量的工人离开。据我所知，美的面对这一问题时的损失是最少的，因为美的在十五年前就开始用人工智能替代劳动了，劳动力走不走跟工厂的关系不大了，这就是替代机制。

再说一下我自己的研究。首先说开放体制下开放数字贸易怎么跟人工智能相联系。我自己的研究是从劳动经济学角度展开的。大家也许会感到奇怪，明明谈的是人工智能，怎么会跟劳动联系到一块？刚才说的电算化转换率，即这个机器能不能替代人？它替代人的百分比是多少？能不能衡量出来？如果能衡量出来，如何知道中国哪些行业和地区现在需要人工智能，而哪些行业和地区不需要人工智能？这就是数字贸易，即哪些行业和地区对数字贸易敏感，而哪些对数字贸易不敏感。

我关注的另一个选题是数字经济跟一般技术进步的差别是什么？如果所谈的数字经济只是新阶段的一般技术进步，那么相关的问题就可以不用探讨了，因为关于一般经济进步我们都研究透了。为此，探讨相关问题时需要注意区分数字经济跟一般经济进步的差别。具体举例来讲，就是要考虑用人工智能替代柜员和用 ATM 机替代柜员的差异。根据我的理解，这两者间的重要差别之处就是它们的资本折旧不同。ATM 机的机器折旧是存在且易于度量的，但是人工智能的折旧速度会有较大调整。

最后一个我关注的选题是目前美国或者欧洲人感兴趣的选题，但是我觉得在中国这个话题也将会热起来。中国人口老龄化会不会引发人工智能位置的转移？本来人工智能不是主流，但是中国老龄化越来越严重之后人工智能有可能迅速成为一个热门主题，因为它其实能替代很多人干不了的工作。换句话来讲，即是以最低的成本解决老龄化的问题。

（作者单位：南开大学经济学院）

对人工智能、数字经济的几点思考

王 军

数字经济与人工智能在经济学研究当中的作用有以下几个方面。

第一，怎样利用人工智能（AI）和机器学习进行因果推断。国外在这方面已有很多研究。像阿西莫格鲁有文章专门研究机器学习对经济学的作用。NBER 有一个特别著名的会议就是专门讨论人工智能与计量经济学、实验经济学、产业组织理论等经济学分支的结合，以及对这些经济学分支学科的影响。这些进展都是利用 AI 工具来进行经济学研究。Susan Athey 认为经济学家未来要更多地将机器学习技术与计量经济学结合，机器学习在因果推断等方面有广阔的应用前景，可以解决很多问题，不仅是取代人的劳动，甚至产生很多新的理论命题、研究方法。

第二，需要思考怎样把人工智能纳入经济学理论模型。目前人工智能与经济增长是讨论的热点。多数文章的处理方法是把人工智能当成一种自动化，AI 就是最高级别的、最新版本的自动化。基于传统的柯布－道格拉斯生产函数，把它纳入生产函数。首先，假设 Y 由一系列中间产品 X 来生产，每一个中间产品可以看作一个任务。这个任务如果是自动化的，就假设 X 等于 K。如果这个任务是非自动化，就假设 X 等于 L。这样最终把一系列中间产品归结为简单生产任务，另一系列中间产品归结为人工智能的生产任务，又回到传统柯布－道格拉斯生产函数形态。然后可以求解它们的均衡增长路径。也有文献把生产函数改成 CES 函数，本质上来说是一样的。对于知识生产来说也有这样的特征，AI 作为这样的技术，对于知识的生产有没有产生什么影响？也采取类似的处理方法，处理成资本的投入，然后求解新的均衡增长路径。

这种处理方法既有可取之处，又存在一定的问题。因为自动化代表本身就是技术进步，人工智能也的确属于自动化，确实是自动化的一种形式，而且这样的分析方法处理起来比较方便，又回到传统的模型。但在理论中，仅仅把人工智能当作资本来处理，作为劳动替代品进行研究并没有完全刻画人工智能的本质属性。首先，不论具体定义如何，人工智能一定提高了劳动与资本的效率，提高了现有的资本与劳动的效率。人工智能、数字经济如何进入生产函数，提高现有资本与劳动的技术效率，还需要深入研究。其次，这种方法简单地把人工智能归结为一个任务，或者说完成这样一个工序的任务，仅仅理解为自动化。但是，从现有人工智能一系列发展中可以看出，人工智能可以创造新的任务。这些新任务在这种处理方法当中没有得到体现。再次，就是机器学习能力问题。随着它不断地学习，效率越来越高。人工智能有类似于劳动的干中学效应，随着人工智能使用数量的不断增加，干中学效应不断递增，全要素生产率也不断递增。人工智能的干中学效应不仅注重人工智能调用数据、获取知识并进行分析的"学"的行为，也同时关注 AI 在生产过程中作为新的生产要素投入应用的"干"的表现。但是现有处理方法都是把它当成一种资本，学习的过程没有得到体现。

第三，关于数字经济、人工智能的经济效应。数字经济带来的技术进步、资源配置效率提升将对全要素生产率产生正向效应。在新的经济发展形态下，数字经济的新技术范式与生产组织方式变革、制度安排改进有机结合，可有效矫正资本、劳动要素的配置，大幅提升全要素生产率水平。首先，互联网和数字化技术的广泛采用能够有效减少劳动者在时间和空间上的壁垒，优化劳动力就业选择，实现劳动要素的优化配置，也同时通过代替简单劳动并促进因无法实现自动化岗位的复杂劳动力需求，提高劳动力生产效率。此外，数字经济的数字化平台和基于"互联网＋"的崭新模式改变了传统资本市场运作方式，有效促进了区域市场竞争和区域专业化水平的提升，降低资本要素市场的错配程度。总体而言，数字经济通过既有要素的重组和替代、资源的优化配置，依托云计算、大数据和人工智能等数字化技术合理地配置资本和劳动力，切实优化生产要素的投入和使用比例，摆脱传统要素市场的扭曲和束缚，推动生产要素有序高效流动，使生产要素达到最佳配置，进而促进全要素生产率提升。

（作者单位：首都经济贸易大学经济学院）

深耕人工智能创新应用
助推数字经济高质量发展

许和连

当今世界，新一轮科技革命和产业变革方兴未艾，以人工智能为代表的数字经济正成为引领创新和驱动转型的先导力量，并在加速重构全球经济新版图。中国信息通信研究院发布的《全球数字经济新图景（2020年)》显示，2019年全球数字经济规模达到31.8万亿美元，占GDP比重达41.5%。其中高收入国家数字经济规模占全球比重超过75%、美国数字经济规模蝉联全球第一。2019年中国数字经济规模为5.07万亿美元（约35万亿元人民币），占GDP比重达35.4%，并已成为全球第二大数字经济体。以数字经济为代表的新经济蓬勃发展，已成为中国高质量发展的新动能。

新冠肺炎疫情暴发以来，以数字化的知识和信息作为关键生产要素的数字经济并未如其他行业一样陷入深度衰退，疫情反而促使跨境电商新零售、移动支付、共享经济等新业态、新模式层出不穷，并有望成为后疫情时代世界经济复苏的引擎。大力推动人工智能创新应用，做大做强数字经济已经成为全球共识。

人工智能时代的到来赋予了数字经济新的发展内涵。其一，人工智能技术的应用将加快数字经济从虚拟经济向实体经济、从消费领域向生产领域延伸拓展，从而带动数字经济形态的变革。其二，人工智能将推动数字经济与各个垂直领域的深度融合，激发传统行业的新业态、新模式，从而使更多的传统行业分享数字经济带来的增长红利。其三，人工智能技术将深刻改变数字经济时代的社会治理模式。新冠肺炎疫情暴发以来，数字化治理手段被广泛应用于数字政府、智慧城市、公共事务管理等社会治理领域中，加速了社会治理的数字化转型进程。

需要注意的是，人工智能在为中国数字经济带来新机遇的同时，也面临着一系列困难和挑战，这主要表现在：首先，长期以来，我国的人工智能产业重应用技术、轻基础研究和关键技术突破，存在"头重脚轻"、根基不稳的问题，导致人工智能核心环节受制于人，严重阻碍了重大科技创新，也不利于我国在更大更广的领域和更高层次上参与国际技术合作和竞争。其次，人工智能与传统行业的渗透、融合度低，实体经济数字化转型不仅缺乏有效的数据资产积累，而且缺乏基础设施和专业人才，面临着"叫好不叫座"的尴尬。最后，以人工智能为代表的数字经济应用到社会治理面临数字鸿沟，且存在数据孤岛、隐私保护、数据安全等"顽疾"，跨地域、跨系统、跨组织、跨业务的数据协同管理和共享共用机制尚未建立，严重削弱了社会治理服务的优化进程和应急公共事件的处置效率。

放眼当下，在经济全球化新形势与疫情全球蔓延的新背景下，以人工智能助推数字经济发展，不但是我国推动经济高质量发展的题中应有之义，更是在数字时代积极参与全球治理变革的必由之路。着眼于未来，人工智能技术将迎来全新的爆发期，数字化新业态加速涌现，数字经济将迎来重要的战略机遇期。面对纷繁复杂的国际国内新形势，在我国开启"以国内大循环为主体、国内国际双循环相互促进"新发展格局的大背景下，数字经济不仅可以从供给侧和需求侧助力畅通国内大循环，而且可以推动国内国际双循环有效衔接，尤其在拓展与"一带一路"国家的数字经济合作中有着举足轻重的地位。把握好时代机遇，加快补齐数字经济短板弱项，推进数字经济发展提质增效，打造高质量发展的新引擎不仅当下可为，而且未来可期。为了更好地推动传统产业数字化转型，须主要从以下几个方面着手：

第一，以人工智能为抓手，共建新兴数字经济基础设施。在高标准、高起点、严要求的基础上深入推动传统信息基础设施升级改造，努力建构以人工智能等为代表的高速、移动、安全的新一代信息基础设施建设。第二，持续深化人工智能前沿技术创新，着力提升数字经济发展支撑保障能力。支持人工智能重点研究领域纳入国家重大科技攻关项目，加快突破核心关键技术，形成一大批重大原始创新成果。第三，推动人工智能与传统行业深度融合，积极培育数字经济新业态、新模式。支持数字技术与传统制造业、农业、服务业交叉融合创新，并充分利用"互联网＋"模式以及大数据平台，大力推进数字产业化和产业数字化的"双轮联动"。第四，拓宽人工智能应用场景，不断做大做强数字经济。进一步扩展与互联网、大数据、人工智能应用相关的公共服务范围，实现公共服务领域的"智慧＋"发展。

（作者单位：湖南大学经济与贸易学院）

数据、人工智能与经济增长

严成樑

数字经济衍生出很多新的选题，这为经济学理论研究提供了极好的素材。我今天报告的内容是如何将数据和人工智能对经济增长的影响模型化。根据 Maddison 的历史数据，在工业革命之前很长的时间里，经济增长基本处于停滞状态。工业革命之后短短 200 多年，人类在经济增长方面取得了巨大成就。关于工业革命之后人类社会长期持续经济增长，主流的经济增长理论主要强调两种力量：第一，资本积累驱动的经济增长。这类经济增长理论主要强调物质资本、人力资本、公共资本、社会资本、ICT 资本等对经济增长的驱动作用。第二，创新驱动的经济增长。这类经济增长理论主要强调内生的技术进步是驱动经济增长的引擎，这又包括水平创新体现的种类扩张型技术进步，以及垂直创新体现的质量提高型技术进步。大量的微观证据显示，资本的边际生产率长期来看呈下降的趋势，资本驱动不可持续。同时，技术创新的难度也越来越大，单独依靠创新也难以维持经济的长期持续平衡增长。

这里的问题是，新一轮经济增长的引擎是什么？数据和人工智能是数字经济时代的两个关键生产因素，它们是驱动经济增长的动力。国外一些学者甚至很乐观地认为，数据和人工智能甚至可以实现由线性经济增长切换为指数式经济增长。在经济新常态背景下，我国经济由高速增长阶段向高质量发展阶段转变。中央提出了数据作为生产要素按贡献参与分配，这说明我们已经意识到了数据在促进我国经济高质量发展中的重要性。理论界也需要更好地思考，如何将数据纳入经济增长模型。数据是怎么产生的？从经济增长模型的设定来看，生产端和消费端都会产生数据。生产端产生的数据通过"干中学效应"转化为技术。消费端产生的数据更多的是引导生产端，通过供给和需求更好地匹配，进而促进经济增长。我认为在经济增长模型构建时至少可以从以下三个维度更好地体现数据的作用。

第一，数据作为生产要素进入生产函数，使得生产种类多元化，这有助于实现递增规模报酬。同时，数据和物质资本、人力资本、公共资本、劳动资本等其他生产要素存在效率互补性，这样可以提高其他生产要素的生产效率。这也是学术界模型化数据对经济增长影响时通常的分析思路。

第二，数据中包含着信息，充分挖掘这些信息有助于减少生产要素错配，促进生产要素（包括物质资本、劳动、人力资本等）从生产效率低的部门流动到生产效率高的部门，这有助于提高全要素生产率。数据通过减少生产要素错配进而促进经济增长，这一渠道还有待于进一步研究。

第三，数据中包含的信息可以促进供给与需求更好地匹配。在经济新常态下，我国消费模式出现变化，模仿型排浪式消费阶段基本结束，个性化、多样化消费逐渐成为主流。我国当前推进的供给侧结构性改革通过提升供给质量和效率，增强供给对需求的适应性。数据可以更好地捕捉人们消费模式的变化，基于数据分析，企业可以有针对性地生产出与人们消费需求更相匹配的产品，这有利于促进经济均衡发展。这是目前经济增长模型构建的时候值得思考的方面。

关于人工智能与经济增长，现有文献更多是把人工智能理解成自动化，人工智能体现为工作任务由资本替代劳动完成。事实上，人工智能包括的内容很广，除了生产过程的自动化，还包括对数据的处理和分析能力等。如何在经济增长框架下更好地体现人工智能对经济增长的传导，还有待进一步深入探讨。

传统技术主要从宏观层面作用于经济增长，而人工智能则更多的是从微观层面作用于经济增长。基于微观视角研究人工智能对经济增长的影响，涉及学科交叉融合的问题，这是很有意义的选题。人工智能通过影响企业组织结构、市场机制、代表性个体的职业选择等变量来影响经济增长，这些都是人工智能影响经济增长的微观渠道。例如，人工智能通过提高工作效率和沟通效率使得企业组织结构趋向扁平化，即人工智能可以通过影响企业组织结构来影响经济增长。为此，我们需要将产业组织理论、博弈论和信息经济学等学科与经济增长更好地结合起来。

人工智能对经济增长既存在正向影响，也存在负面影响。目前经济增长模型构建方面的文献，更多的是在强调人工智能对经济增长正向的影响，而就人工智能对经济增长负面影响的研究还不够。我们认为以下两个方面是重要的：第一，人工智能通过加剧失业对经济增长产生负面影响；第二，人工智能通过加剧收入不平等对经济增长产生负面影响。经济增长的主流文献通常是假设充分就业的，这漏掉了人工智能对经济增长影响的重要途径。我们可以在经济增长模型中引入搜寻匹配理论，进而研究人工智能通过失业渠道对经济增长的影响。

标准的经济增长模型通常运用的是代表性个体的框架，考虑到收入不平等问题需要将代表性个体的框架拓展为异质性个体框架。我们可以考虑个体初始财富的异质性，或是劳动能力的异质性。在此基础之上，可以内生化收入不平等，进而考察人工智能通过影响收入不平等进而影响经济增长。

（作者单位：中央财经大学经济学院）

数字经济发展的经济学反思

张建华

我一直以来非常关注数字技术本身的发展，想就数字经济发展从经济学的角度谈几点看法。

第一，关于数字经济。如何理解数字经济？数字经济发展有没有规律？大家已经把数字经济看成是一个约定俗成的称呼，比较少去探讨什么是数字经济。大家都认为不需要说了，但是事实上数字经济从名词出现到现在，隔的时间很长。随着时间的推移，它的内涵一直在发生变化。我认为，如果从技术革命过去所发生的情况来看，数字经济可以界定为数字技术赋能的经济。数字技术的发展不仅引发经济方面的变化，也会引发社会形态和其他方面的变化。因此可以界定为由数字技术作为支撑而形成的一种新型社会经济形态。我们把这样的经济叫数字经济。

数字技术本身会不断变化、不断创新。如今数字技术几乎会深入所有领域，应用到所有能想象的场景。由此引发数字技术推动产业形态变革、生活生产变革以及经济结构变革。

数字经济可能会涉及三个层面。第一个层面应该是基本层面，也就是信息技术或者用数字化来处理相关的硬件、装备或者软件支撑体系所形成的一个产业。这里最核心的是信息和通信技术所涉及的产业和经济形态。事实上信息和通信技术也一直在发生变化。因为我们看到早期的技术，比如说20世纪70年代末80年代初的数字经济，基本上停留在实验室或者很小的范围之内。只有互联网出现后，信息化处理才变成今天所熟知的新形态。从通信技术来看，早期没有数字化，早期是模拟信号，真正能够数字化处理以后，把很多数据都数字化以后，才有后来的大发展。

第二个层面涉及数字平台经济。由硬件和软件支撑本身所形成的硬核经济，最后还要为未来广泛的数字化应用做铺垫的，必须搭一个桥。数字平台支撑以新的模式展现出来，包括我们今天所看到的电子商务平台、金融服务平台以及其他平台。中国最典型的平台以 BAT（百度、阿里、腾讯）为代表。除了这些平台，我们看到其他类型的平台也建立起来。比如说 OFO（共享单车）平台以及网约车，都是平台经济。只有这种平台经济的出现，才有可能把分散的、能够数字化处理的经济活动连接起来。

第三个层面就是数字化应用的经济。这就是今天所看到的，无论消费领域、生产领域还是政府管理领域里面广泛的应用场景，涉及电子商务、电子政务、工业互联网等，这就是数字化的广泛应用情形。比如说，医疗数字化、教育数字化、旅游数字化、博览数字化等，很多新形式层出不穷。我们今天看到的新基建，也是一种数字化的新产业，或通过数字化推动的新产业。传统产业的数字化也已经非常普遍了。现如今数字经济变成大众化、平民化，可以实现普惠化。通过数字金融可以赋能为普惠金融，如小额信贷，原来成本很高。从经济学原理看，没人愿意干小额信贷，但是数字技术应用使得它可以形成新的规模经济和范围经济。

在这三种经济形态当中，与数字经济相关的关键因素有哪些？我认为第一个要件就是数字技术本身。进入信息化时代以后，数字化技术研发应用为社会经济的运行提供了全新的基础设施和服务框架。这些技术到今天为止，应该在三个层面上是非常关键的。第一个层面就是最底层的硬件支撑，如半导体。美国对中国相关企业实体清单的制裁使我们意识到这个领域还有短板，即缺乏核心关键技术。第二个层面是软件和操作系统。这是一个软的支撑，是一个服务支撑，包括互联网基本协议，如果领先者不让用就非常麻烦。当然如果他不让用，对他也没有太大的好处，因为应用规模是可以形成较大的经济收益的。这是第二个层面的因素，看起来非常"软"，但是非常实在，也是必要的支撑。第三个层面是通信技术，包括信息和通信技术（ICT）。这个技术领域已经发生了翻天覆地的变化。从原来的电话、电报到后来用互联网技术实现信息传输，到万物互联的物联网。通过新一代技术（如5G）研发应用，可能会引发新型技术设施全新发展。

当前新技术数字化发展有五个比较有代表性的前沿性技术，它们也会引发相应基础设施领域的产业化。包括ABCDE。A代表人工智能，B代表区块链，C代表云计算，D代表大数据，E代表边缘计算。边缘计算和云计算理念是反的。云计算是集中化处理，边缘计算则是边缘化处理。不是什么东西都能靠集中统一云处理的，如自动化驾驶若完全靠云计算，就会产生大量延迟，无法应对紧急状况。同样如果数字医疗有延迟，就会有生命危险。这种新技术发展使得我们未来的数字技术赋能这种经济完全有可能。所以我们期待这样的核心数字技术不断涌现。

第二，关于数据要素。原有的生产函数当中没有考虑数据这一要素。今后的生产函数怎么定义数据？数据性质怎么认识？对于我们来讲还是个谜。数据是客观存在的。如果你不在乎它的话，数据就是垃圾。如果你在意它的话，数据可能会变成财富。但是在平常情况下，数据就是数字符号，没有任何的价值。如果把相关数据连起来就有价值，就会产生经济价值，甚至有别的价值。如运用AI技术维护网络安全，它就是基于这个判断。我们看到很多不同形式的数据，包括音频、视频通过数据的挖掘、生产加工、组合，甚至可以进行营销，产生新的影响力，产生新的效益。因此我们关注数字要素本身的经济学特性和有关的规定。

第三，关于平台经济。平台经济也是我们关注数字经济发展规律当中需要特别关注的。原因就是它和别的经济形态不一样，它能形成网络经济。我们知道原来的网络经济，如电网、铁道网等，具有自然垄断属性，而且规模越大垄断收益就越高。其实数字经济就具有这种特征。它的结点很多，如果分散了毫无价值。只有把它连接起来以后，使用者的数量多，网络的价值是成倍增长的。所以，平台规模越大，越有利于整体效率提升，也有利于整体经济，当然也会带来结构性的其他效益，会引发出一些别的问题。这个背后最主要的是规模经济带来的外部性问题，当然有正的外部性，搞不好也会有负的外部性。例如，网络传播以后谣言就会放大，马上会引起社会很大的动荡。

以上概括了数字经济的关键要件。下面再从经济学角度进一步做些分析和考察。

第一，对经济学领域中所有方面都提出了新的思考。比如说从微观理论来看，如产权理论，它会涉及数字主权和信息安全的问题。数据有关的搜集处理传送，以及它本身的价值再发现过程就涉及所有权，使用权和相关产权问题。主权归谁？数据归谁？如果不要这个数据什么价值都没有，一旦要了以后怎么界定它？这就是一个问题。如果是个别人的数据，似乎问题也不大，但是把所有私人信息归集到一块，这里也会引发新的问题。我们的数据被一些平台拿去以后可能会窥探到个人的习惯，甚至秘密。在某种意义上数据不仅具有个人属性，也具有一定的公共品属性，或有的可能是俱乐部属性。我们怎么界定它？怎么从产权的角度研究这个问题？这些对经济学就是一个挑战，还需要更多人关注这个问题，对它有关的规律要从头开展研究。

第二，需要重新认识网络条件下的竞争与政策。在网络经济时代，以往的竞争理论基本上有点不太好使。数字经济出现以后，哪些地方该竞争？哪些地方该垄断？我们知道由于网络具有规模效益，因此就会出现赢者通吃现象，平台经济也就相应引发垄断问题。如何监督垄断就成为一个问题！最近美国也在起诉 Google、Facebook。对这类企业的反垄断，中国也同样要面对。在这种条件下需要对竞争政策重新进行研究。

第三，反思产业发展和产业转型升级。由于数字技术赋能，产业发展和产业升级路径不一样。比如说支付宝经济，5G 研发和应用，完全不同于以往的产业发展，具有赶超经济的特性。但是赶超背后如何提供经济学理论支撑？我们特别强调数字化，但是产业数字化后面临虚拟化发展的危险。所以，数字经济发展如何和实体经济融合，这也是我们国家产业政策和产业转型升级当中关注的难点所在。

第四，涉及与社会分配相关的若干问题。比如，人工智能会不会替代劳动的问题？当然人工智能发展以后也创造新的就业机会，但它的创造效应和替代效应孰强孰弱，值得深入研究。

第五，数字经济带来社会治理、政府治理等方面的模式变革。经济学如何为之提供理论解释，这些领域具有很大的挑战性。例如在网络条件下如何运用好博弈分析，值得未来进一步探讨。

（作者单位：华中科技大学经济学院）

数字经济的学科建设

郑新业

数字经济的学科建设是比较重要的。主要体现在以下三个方面。

第一，数字经济学科建设的重要性。数字经济是如此之重要，以至于只对传统学科做修修补补是不行的。数字经济归结起来是一种新的生产方式、新的消费方式、新的市场方式，它对政策制定、对企业策略、对家庭消费等各个方面都造成了很大的冲击。对于这一新领域，只在传统学科中增加三两章内容是远远不够的。

第二，数字经济学科建设的内容。上面提到的不够具体体现在哪里？首先是重大事实不清楚。比如说数字经济时代的生产函数，估计滴滴的生产函数很困难，大家总说这件事无从下手，我说先努力完成，达到40分，请大家批评，再完善到60分，这样可不可以？他们说40分可以，但60分不可以。再举个例子，按照国际贸易理论，贫困县引入电子商务平台发展数字经济后，通过电商平台买东西的人很多，产品下行很多，而贫困地区原本的优质产业产品上行却很少，数字经济给当地的产业、制造业带来了很大的竞争压力。

重大事实不清楚，重要参数没有，新理论也没有吗？有一些，但也很匮乏。具体体现在以下几个方面。

（1）微观上，生产函数不清楚、成本函数不清楚、收入弹性不清楚、价格弹性不清楚。数字商品和服务的市场均衡价格是如何形成的？价格波动不清楚。数字商品和服务的市场均衡价值是如何形成的？均衡价值的波动不清楚。数字经济的产业组织结构不清楚，网络化部件是怎么来的？以上这些都是不清楚的。

（2）数字经济时代如何反垄断？界定垄断的标准是什么？数字经济的自然垄断如何监管？国家发改委价格司不仅要监管电网，监管城市燃气，还要监管数字经济下的互联网平台企业。关于数字公共财政问题，如何征收"数字税"？财政部很发愁。还有数字基础设施如何建？建在哪？这些问题都不清楚。

（3）接下来非常重要的一点是，数字经济的宏观均衡是什么样的？数字经济时代的宏观经济增长、经济周期是什么样的形态？这样的经济如何实现自我修复？应该如何进行政策干预？我不知道数字经济周期如何治理，也搞不清楚数字经济下的财政政策、货币政策、汇率政策，等等。想到这些问题，现有的知识就不够用了。数字经济还引发了新的不平等问题，包括刚才已经讲到的数字经济时代的环境与气候变化等很多问题。

此外，关于数字城市经济、数字区域经济问题。5G 时代的到来改变了城市的经济角色。顺丰投资建设的鄂州花湖机场，把鄂州生生变成了一个经济中心。还有数字教育、数字经济时代的人力资本形成问题。当前的师资队伍能否匹配数字经济的发展？教育经费增加越多，没准"擦黑板"擦得越严重，出现懂得越多越失败的"经验诅咒"。学校教得越好，学生离开学校进入社会后对新经济形态的表现可能越糟糕。

对以上这些基本问题，我们都还不清楚怎么回事。关于这些问题，需要数字经济的学科建设者们组织力量研究。

第三，如何建设数字经济学科。一是新型实践知识化。新型实践知识化是一个很重要的问题。这些数字经济的实践是了不起的。学科的建设需要专家学者们群策群力，每人研究一点汇流成河，有人研究阿里，有人研究顺丰，有一点干一点。研究的议题重要，使用的数据可以差一点。就像刚才所说的"精致的无用，瑕疵的有用"，刚起步要允许研究存在瑕疵，不能过度吹毛求疵。二是齐心协力。我提议明年接着举办一个关于数字经济与人工智能的年会，请年轻的老师讲一讲数字经济的研究进展。不用担心目前的成果简陋，数字经济研究和学科建设不要停，也不要急。

　　我认为数字经济的学科建设是到时候了，本硕博培养体系建设可以起步了，希望广大的学者们群策群力共同建设。中国人民大学应用经济学院目前已经形成了一个数字经济的本科学术培养方案，博士和硕士的培养目前还没有，因为没有足够的师资，也怕误人子弟。总而言之，数字经济学科有建设的必要性，也有建设的可行性。推进这种交叉学科的建设，还需要很多支持，希望各位重视数字经济学科建设。

　　　　　　　　　　（作者单位：中国人民大学应用经济学院）

经济增长潜力、新动能的理论和政策

持续推进市场化改革　激发经济增长潜力

陈乐一

经济高质量发展与经济增长潜力、新动能是一个热点问题。

第一，我国经济增长潜力还有多大。改革开放 40 多年以来，我国平均每年的经济增长速度达到 9.4%，未来的增长速度能维持多高，很多研究机构和学者都做了研究。林毅夫教授表示，未来中国经济仍然有 8% 的增长潜力，是很乐观的。最近北京大学出版社出了一本新书，叫《中国 2049：走向世界经济强国》，是由北京大学国家发展研究院院长姚洋教授等主编的。书中预测未来 30 年我国经济增长速度会不断放慢，但是平均每年经济增长速度还是会达到 4% 以上，2030 年前后我国经济总量将会超过美国，成为世界第一大经济体，到 2049 年，中国很可能将达到发达国家的经济发展水平，从而实现第二个百年奋斗目标。现在各种研究机构和学者基本上都认为我国经济增长潜力还是很大的，尽管速度会下降，不可能保持在 9%以上。这是第一点，就是要科学认识我国巨大的经济增长潜力。

第二，新中国 70 年经济增长的历程和原因。巨大的经济增长潜力是长期积累培育的，是从量变到质变的结果。可以回顾一下改革开放 40 多年甚至中华人民共和国成立以来的经济增长。过去中国经济增长取得巨大成功，需要进一步深入分析原因和经验。不仅是改革开放 40 多年取得巨大成功，而且还要正确认识改革开放前计划经济体制时期经济建设取得的成就。计划经济体制时期实行以重工业为主导的经济发展模式，这个模式在当时取得了巨大成功，但也付出了巨大代价，由于忽视轻工业的发展，城乡居民生活水平很低。

不管怎么说，在计划经济时期打下了相当扎实的工业化基础，这个成就值得肯定。1964 年 12 月周恩来总理在第三届全国人民代表大会一次会议上做《政府工作报告》，提出实现四个现代化分"两步走"的设想，第一步是用 15 年时间建立独立的比较完整的工业体系和国民经济体系，周恩来总理提出的这个目标，到改革开放前夕已经基本实现，也就是说改革开放前夕已经基本实现了独立的比较完整的工业体系和国民经济体系。到 1978 年，粮食、原煤、原油的产量比较高，铁路里程达到了 5 万多公里。"独立的比较完整的工业体系和国民经济体系"的建立，为改革开放以来的经济腾飞、创造经济奇迹准备了技术条件，提供了物质保障。所以，讲到经济增长潜力不能忘记计划经济体制时期打下的工业基础，没有计划经济时期奠定的工业基础，改革开放取得成就也是很难的。在这个基础上，改革开放以来，我国通过改革释放内生动力，不断发展壮大自己。所以改革开放 40 多年我国经济增长遵循新古典增长理论的路径：动员劳动力、资本积累、技术进步，取得巨大成功，根本原因还是市场化的改革取向，尤其是 80 年代的改革，或者说 1978—1992 年这 14 年的改革更加引人注目。现在的潜力是长期积累培育的，没有 40 多年的改革开放，没有计划经济体制打下的工业化基础，是不会有这么大潜力的。这个巨大的潜力确实是存在的，已经实现了从量变到质变。

第三，进一步挖掘、激发、释放经济增长潜力。未来还是要遵循新古典增长的路径，在劳动力、资本积累、技术进步等方面还要多下功夫。这些方面要充分发挥作用，关键还是要深化市场化改革，增强市场活力，尤其是要深化要素市场化改革，构建统一开放、公平竞争有序的市场体系。商品和服务价格绝大部分已是市场定价，商品市场、服务市场已相当成熟，但要素市场还是显著滞后的，不同领域的市场化改革进程不均衡，市场体系不健全，尚未形成高标准的市场体系。2020 年 4 月《中共中央 国务院关于构建更加完善的要素市场化配置体制机制的意见》正式公布。我觉得这是非常重要的一个文件，为了进一步挖掘、激发、释放经济增长潜力，还是必须要推动要素市场化配置改革，真正形成统一开放的要素市场。

市场活力的微观基础是市场主体，增强市场活力需要立足于微观基础，大力培育更多的市场主体，习近平总书记在 2020 年 7 月的企业家座谈会议上已经讲了这些问题。

第四，深化市场化改革，需要进一步处理好政府与市场的关系。党的十八届三中全会提出"使市场在资源配置中起决定性作用和更好地发挥政府作用"，实现了我们党对政府和市场关系认识的又一次重大突破。党的十九届四中全会进一步把社会主义市场经济体制提升为社会主义基本经济制度之一，由此可见这些年我们党对市场作用的认识是不断深化的。为了构建高水平社会主义市场经济体制，必须充分发挥市场在资源配置中的决定性作用，更好地发挥政府作用，市场和政府实现良性互动，有效市场和有为政府相得益彰，"看不见的手"与"看得见的手"相互促进，相辅相成，形成市场有效、政府有为的新格局。

充分发挥市场在资源配置中的决定性作用，就是要最大限度地减少政府对微观经济活动的直接干预，更大地激发各类市场主体活力和内生动力，大力培育更多更具活力更有创造力的市场主体，让市场主体轻装上阵，显示真正的创造力，生机盎然。充分发挥市场在资源配置中的决定性作用，就要实施高标准市场体系建设行动，建设高标准市场体系，5 年左右基本建成统一开放、竞争有序、制度完备、治理完善的高标准市场体系。

当然，市场起决定性作用，并不意味着起全部作用，构建高水平社会主义市场经济体制，还要更好地发挥政府作用和优势，克服市场自身的不足和缺陷。政府是市场规则的制定者，有效市场和有为政府要更好结合，"看不见的手"与"看得见的手"相得益彰，进一步把经济增长的潜力真正释放出来。

（作者单位：湖南大学经济与贸易学院）

以结构转型进一步挖掘中国经济增长潜力

陈　钊

对于中国经济增长的潜力，我们应该怎样找到新的动能？我觉得，通过继续坚持改革开放，推动结构转型是未来最为重要的政策着力点。

对于这个问题，我们不妨从经济学最基本的分析框架出发来讨论。从增长函数出发，经济增长无非就是全要素生产率以及基本的投入要素（主要就是资本、劳动和土地）。在这样的框架下，我们可以从不同角度来理解经济增长。一个是全要素生产率的提高，比如说技术进步。还有一个是对于所投入的要素，不管是资本、土地还是劳动，我们应当尽可能发挥它们的作用。

但还有一个重要的视角，是结构转型。在不同行业、不同地区都存在着这样的生产函数，如果我们把要素从一个产出低的部门转移到一个产出高的部门，就可以在不改变总要素投入的情况下，增加总产出。这就是所谓的结构转换效应。我们不妨从这个结构转移的思路来进一步看刚才我讲的四大要素。

第一，全要素生产率或技术水平。我们国家也非常强调技术创新，要从中国制造变成中国创造。这就要激发我们的效率。在这方面，未来可以做些什么？制度建设是关键。这里我想至少有两个方面的制度建设。一是对创新的激励政策，二是对创新的产权保护。只有这样，劳动要素的创造性才能被更好地激发出来。

第二，资本要素。资本的市场化相对来讲我觉得改革开放以来我们是做得比较好的。还有没有潜力可以挖掘？不能说没有。最重要的一点是有时候资本的配置还不是完全按照市场的规律来进行的。比如很多时候由于国有企业可能有些包袱，就不能让它按照市场化的规律，该淘汰的淘汰，于是就会出现一些僵尸企业。有很多研究发现僵尸企业其实更多的可能是国有企业，包括所谓的高杠杆率，往往也是不断向国有企业输血导致的。输血是为了救这些企业，而不是因为它们效率高。这就相当于把资源配置在了低效率部门。如果能够放下包袱，看上去好像国有企业被收购了、被兼并了、萎缩了，但是其实市场竞争环境好了，资源配置效率高了，总的蛋糕可以做得更大，税收收入会增加。这就是首先要以效率为原则，我觉得未来还是可以挖掘增长潜力的。

第三，土地要素。改革开放以来，土地要素对于经济活力的激发是非常重要的。复旦大学老教授张薰华先生曾提出了一个土地批租的概念，打破了我们思想上的束缚，使得招商引资成为可能，不然长期稳定的土地使用权是难以获得的。有了土地批租之后，我们就能把土地要素投入到市场经济的循环中去，能够把经济的活力激发出来。这个非常重要，是经济增长的一个巨大的潜力释放。

怎样能够让土地资源合理地配置？那就是，哪个地方的土地产出高，就应该让哪个地方的土地更多地投入到经济循环中去。因此，一些不按市场规律的做法就要调整。如各类土地资源能不能更充分地按市场规律来配置？这包括所谓的土地农转非指标，也包括农村土地的交易范围能否扩大？

另一个我觉得有意思的是，这几个要素之间其实具有互补性。比如，资本和劳动、土地都是有互补性的。农村其实有大量的土地。能不能让资本也到落后的农村地区去？资本和农村土地结合就能激发活力，缩小城乡差距。当然不是硬推，一定是要有市场的回报，他才愿意去。这个过程中，其实是有一些制度约束的。能不能把农村的土地市场激活？能不能在土地的产权制度上有所突破？我觉得还是有空间的，至少学界在理论的探讨层面，可以摆脱一些束缚，探讨更多的可能性。我相信，类似的解放思想，并付诸实践，可以大大地激发增长潜力。

第四，劳动力要素。中国基本公共卫生状况的改善，人均寿命的延长，这些对于人力资本是很重要的。我国人均教育水平增长也是非常明显的。这些对于发挥经济潜力有明显的作用。但更重要的还是结构转移的效应。从农村到城市，或者说从农业部门到非农业部门的劳动力转移，将来会成为通过劳动力要素释放增长潜力的重要动力。

未来还有什么可以做的？我觉得教育是一个重要的抓手。这不只是说提高人均受教育程度，更是在说怎样提高教育的质量与结构。目前，我国高等教育的培养模式太单一，如果能够多元化，通过开放引入不同的教育理念，这样才能有所改变。还有一个我觉得更重要的是职业教育，能不能提升职业教育的质量？我觉得要开放，特别是一些涉及技术性的、工程性的职业教育领域，为什么不可以开放呢？现在有很多家庭花大量的钱把子女送到国外去读书。我们为什么不能把更多的海外学校有选择地引入中国呢？送出去一个学生可能背后还有住宿等各种服务业的需求都带到了国外。为什么不能留在国内呢？我觉得完全可以考虑职业教育也加大开放的步伐，提升它的质量。

所以，我讲到的几类投入要素，每一项未来都有进一步深化改革的空间，还有非常可观的潜力可以挖掘。只要继续高举改革开放的旗帜，未来的发展就值得期待，我们也可以充满信心。

（作者单位：复旦大学中国社会主义市场经济研究中心）

高质量增长的人力资本挑战

冯帅章

推动高质量发展已经成为新时期我国经济社会工作的重要主题，关系社会主义现代化建设全局。高质量发展的内涵非常丰富，涉及经济社会的方方面面。我主要从人力资本的角度来谈一谈目前面临的一些挑战以及应对思路。过去几十年来，中国经济的高速发展与人力资本领域的巨大进步密不可分。从长期来看，经济增长潜力的最重要因素之一就是社会的人力资本或者技能水平。因此，未来的高质量发展更需要继续提高整个社会的技能水平，破除不利于人力资本积累、不利于人的全面发展的制度障碍。

第一，关于人力资本供给侧与需求侧的匹配问题。中国社会对教育的需求非常旺盛，不管是哪一阶段的教育大家都非常重视，因此我觉得面临的问题主要是教育的供给侧如何更好地通过改革，适应需求侧的问题。这里面有很多不同的维度。首先是地理位置的匹配。需求在哪里，供给就应该在哪里。更具体一点，学生在哪里，学校和教师就应该在哪里。目前的情况是有一些供需方面的错配。现在农村教育面临的一个问题是乡镇的学生都想到城里上学，而县城的供给明显不够。很多地方农村学校的硬件条件也很好，但是却面临没有学生的问题。如何重新整合教育资源，更多地向县城集中，需要破除一些体制障碍。大城市也是类似，在流动儿童集中的城郊地区，教育需求非常旺盛，但公办教育供给还是不够。其次是内容的匹配。教育需求的内容是非常丰富的，供给侧也应该是有一个非常丰富的生态，可以适应这样的需求。基础教育阶段，除了应试教育的需求，还有音体美劳等全方面发展的需求，这些方面的供给可以在公办学校之外更多由社会力量来补充。职业技能方面的需求，可以通过发展职业教育，以及和企业合作来满足。高等教育方面，有国际化的需求，目前的中外合作教育机构就是满足这方面需求的很好的尝试。最后是供给本身要和现实条件相符，量力而行，因地制宜。拿流动儿童的教育来举例，很多情况下家长的需求可能就是有学上，让学生有一个安全的校舍，能正常上课就好。这时候在供给方面就不宜做过高要求，不一定非要有很大的操场或高标准的图书馆。人为地提出过高的要求，反而限制了供给侧的灵活性，导致供给不足。再比如幼儿教育涉及公办、民办比例问题，现在国家也有要求，公办幼儿园达到多少、普惠幼儿园达到多少，有的地方一时之间达到这个标准比较难，需要有一个过渡期。如果一刀切反而会影响教育的供给。

第二，如何拓展教育的内涵。即使仅从人力资本的角度来看，教育的内涵也绝不局限于书本知识的学习。以芝加哥大学赫克曼教授为代表的专家的最新研究表明，包括社会心理情感、毅力、尽责性、开放性等内容的非认知能力对于重要的人生结果有很大的影响，而且往往解释力不在传统的认知能力以下。虽然我们也一直强调德才兼备，强调素质教育，但教育系统至今还没有一个比较成熟的体系来进行非认知能力的培养和考核。在我国未来的人力资本战略中，如何将非认知能力与认知能力放在同等重要的地位加以考虑，是一个重大的挑战。一方面，需要进一步对于非认知能力的发展规律进行深入研究。另一方面，需要重构学校教育和家庭教育的体系以促进非认知能力的培养。非认知能力的发展受家庭、社区、学校的影响都很大，可塑性强，贯穿教育的全过程。拿职业教育来说，虽然国家非常缺乏"大国工匠"，但目前职业教育发展难如人意，一个重要原因是职业教育被视为低人一等，往往是进不了普通学校的学生才会选择。因此，职业教育面临的最大挑战可能还不是如何培养学生的职业技能，而是如何提高学生们的自尊和信心，这都属于非认知能力的范畴。

第三，关于人力资本均衡发展的问题。中国的高质量发展需要整体上人力资本的全面提高，因此要特别关注教育公平问题，关注弱势群体的教育问题，包括贫困儿童、困境儿童，以及流动人口子女等群体。政府增加对于弱势群体人力资本的投入可以收到多方面的成效。从短期来看，投资人力资本，通过新建学校、更新设施、增聘教师，可以带动国内需求，创造就业。目前教育的量扩张很快，但在质的方面，还存在巨大的投资空间。从中长期来看，对于教育的投资，特别是弱势群体的教育投资往往回报很高，能产生良好的外部效应。最后，投资弱势群体的人力资本对于改善收入分配结构，促进共同富裕都是必不可少的。虽然政府对于弱势群体儿童的教育问题一直非常重视，但是由于现有的户籍制度及教育财政体制等原因，对于这些儿童的教育投资还存在很多障碍，需要通过改革加以破除。政策的目标应该是首先完全实现义务教育的全部免费覆盖。在此基础上，将免费教育进一步拓展到学前幼儿园阶段及高中阶段。

如果能在人力资本的投资方面解放思想，破除种种体制机制的障碍，加大投入，我相信未来国家经济发展的潜力还非常大。人力资本的积累将为高质量发展和共同富裕提供最重要的物质基础。

（作者单位：暨南大学经济学院、经济与社会研究院）

通过改革释放增长红利

刘瑞明

最近一些流行的观点认为我国的经济增长潜力已经开始衰减，经济增长速度会进一步随着时间的推移下降。从客观来看，在经历了几十年的高速增长后，支撑我国高速经济增长的传统动力的确有所下降，从而导致经济增长压力加大，这是符合经济发展规律的。

但是，这种分析背后的逻辑是，假定不进行相关改革，则经济增速会下降。而如果能够对于那些制约生产力进步的制度进行改革和突破，则经济增长的潜能有可能被激发。就此而言，如果结合中国当前的实际情况，不难发现，中国经济具有非常大的增长改进空间，城市化进程、所有制改革、户籍制度改革、垄断壁垒破除、土地制度改革……未来在发展的过程中，如果能够对这些"改革短板"进行破解，则可以带来高质量发展的巨大空间和潜力。梳理起来，在未来的数十年内，至少可以推动实现"八大改革红利"，保障高质量发展。

第一，向"推进城市化、市民化"要改革红利。在过去几十年里，城市化是中国经济增长的最重要的一个动力。而从未来的角度看，城市化、市民化依然是能够推动中国经济增长高质量发展的非常重要的一个力量。一方面，城市化水平依然有进步的空间，目前以常住人口统计的中国的城市化水平是60.6%，按照国际经验，还有大约20个百分点的增长空间和转移空间，进一步推进城市化进程依然会在未来支撑我国的高质量发展。另一方面，由于一系列公共服务提供的不平等和户籍管制，现有的相当一部分城市人口是以

"农民工"的身份存在的，并没有实现户籍的城市化，导致户籍城市化率只有 44.38%。这不仅是不公平的，而且也无法有效激发这部分人群带来的经济增长潜力。国家统计局的数据显示，农民工数量高达 2.88 亿人。而根据国务院发展研究中心的测算，如果每年能够使得 1000 万名农民工实现市民化，则可以实现经济增长率提升 1 个百分点，也就是说，保守估算，如果能够做好布局和规划，同时有序推进城市化和市民化，在未来的 30 年里每年至少会增加 1 个百分点的增长率，推动未来持久的高质量发展。

第二，向"所有制结构"要改革红利。在改革开放以来的"增长奇迹"中，民营经济在其中发挥了至关重要的作用。民营经济发展的情况不仅决定了宏观经济绩效，而且还是造成我国地区间差异的重要原因，全国各地基本形成"民营经济强则经济实力强，民营经济弱则经济实力弱"的局面。可以说，"民营经济"和"非国有经济"发展得好，宏观经济就趋暖向好，"民营经济"和"非国有经济"发展得差，宏观经济就趋冷下行。但是，近年来民营经济的发展出现了一定的障碍，民营经济固定资产投资的比重从 65.4% 下降到了目前的 56.83%。地区层面的面板数据回归显示，国有投资比重每增加 1 个百分点，经济增长率下降约 0.062 个百分点，也即，相比于最高值 65.4%，目前 56.83% 的民间投资比重，使得潜在增速下降了约 0.53 个百分点。如果以 2014 年 7.4% 的增长率做基准，至 2019 年 6.1% 的增长率，1.3 个百分点的下滑中，大约有 40% 可以由所有制结构变化直接引致。而且，这个只是最基本的"直接效应"，尚未统计对金融资源占用、进入壁垒、创新挤出等的一系列"间接效应"。这意味着，如果在未来可以大力启动所有制改革、市场化改革，让民营经济发挥应有力量，则可以有力地推动高质量发展。

第三，向"破除垄断壁垒"要改革红利。尽管自改革开放以来，我国已经大面积取消了各个行业的垄断壁垒，在下游的产品市场中基本实现了充分的竞争和供给，但是还有一部分处于上游的产品市场维持了较高的行业进入壁垒。例如，石油石化、电力、军工、交建、金融等行业的国有垄断地位并未得到有效改变。这些上游部门的长期垄断，造成了中下游行业企业的成本居高不下，严重挤出了中下游行业企业的利润，恶化了下游企业的市场环境，降低了居民福利。因此，在这些行业，需要逐步放开准入条件，降低行业门槛，让各类企业参股或控股垄断行业的某些竞争领域，形成领域内公平竞争、共同发展的格局，这不仅有利于促进公平高效的市场环境，还可以"还利于民"，提高社会的整体福利。十九届中央全面深化改革领导小组第二次会议指出，要重点推进垄断行业的改革。如果能够启动上游垄断行业的改革，则不仅可以释放出这些上游行业的经济活力，也可以为下游企业松绑，一举多得，释放出巨大的增长潜力。

第四，向"民生短板"要改革红利。改革开放以来，我国经济实现"增长奇迹"，居民人均可支配收入增长了20多倍，与此同时，消费结构也在不断地优化提高，其中最为明显的是居民对教育、医疗等服务日益增长的需求。但我国对教育、医疗等服务业的管制程度较高，资源供给始终处于短缺状态，构成了"民生短板"。所以，不仅造成了平时的"看病难、看病贵""上学难、上学贵"等问题，而且在此次疫情救助中，也显现出明显的医疗资源尤其是优质医护人员短缺的问题。在未来，实现高质量发展的一个重要任务就是，逐步放开垄断性服务业，探索民生短板领域多主体供给，释放民生领域供给潜力，缩小区域差距。民生供给质和量的提升，不仅在短期内有助于消弭疫情的伤害，而且还是长期经济增长的重要助力。

第五，向"营商环境"要改革红利。对于企业而言，"好的营商环境好比空气、阳光和水"，尽管我国营商环境在过去的数十年里取得了长足的进步，但是，依然存在持续优化的空间。一是进一步完善产权保护、鼓励合理合法的市场竞争。产权保护是稳定投资预期、鼓励投资落地的先决条件，同时在要素获取、经营运营、政府招投标等方面，要对各种所有制企业公平对待，强化竞争在市场经济中的基础地位。二是要进一步放开市场准入，虽然国家已经制定出台了多项鼓励各类资本投资的措施，但其中大多数在执行上仍然不到位，尤其在金融、医疗、教育等领域仍然面对这样或那样的隐性壁垒和附加条件。三是进一步推动简政放权，提高服务效率。深化"放管服"改革，深入贯彻落实《优化营商环境条例》，为企业的发展提供便利，运用新兴技术提升相关部门的行政效率。

第六，向"农业工业化"要改革红利。尽管中国的经济改革是从农村开始的，但是，在1985年以后，改革重心从农村转移到城市，农村改革在随后的几十年里是相对迟滞的。这导致了农业农村发展的相对滞后，城乡收入差距急剧扩大。这种农村改革相对迟滞背后的深层次原因是，相关的财产权利不完整，使得农业无法实现机械化、工业化和农场化，进而也导致了农业生产率水平、农民收入难以提升。近年来，为了解决上述问题，国家开展了土地确权、农地抵押贷款等一系列改革措施，对于相关财产权利进行了重新赋权和界定，大大激发了改革活力。如果在此基础上进一步实现赋权、确权，让农业实现农场化、机械化和工业化，则有可能启动农业农村领域的第二次大变革，不仅能够破解长期存在的城乡差距的问题，而且能够构成未来经济增长的重要推动力。

第七，向"科技体制"要改革红利。"科学技术是第一生产力"，未来的经济发展目标是有尖端科学技术支撑和引领的高质量发展。目前，我国虽然有大量的科研成果，但是，由于科研体制的相对僵化，导致大量的科研成果无法被应用在实践领域，也无法真正推动生产力的发展。当前，我国科技体制在"供、需、介"三个方面均存在体制障碍和困境。在供给端，科技要素供给的主体单一，科技要素成果的产权不明，科技要素成果收益对科技人员激励不足都限制了科技成果研发。在需求端，科技要素需求侧引领意识不足，粗放式增长模式限制了企业对科技的需求，信息不畅也导致企业对于科技成果的需求无法被有效传递给供给方。在中介端，科技要素市场体系发育迟缓，科技要素的中介服务力量薄弱、转化平台功能单一，市场规则不健全，从而导致科技成果无法有效匹配和转化。因此，如果能够改革科技体制，在供给端做对激励，在需求端做大需求，在中介端做好平台，则可以促进一大批科技成果的诞生和有效转化，带来极大的生产力改进。

第八，向"国家治理能力"要改革红利。突如其来的新冠肺炎疫情暴露出了国家治理能力方面的诸多问题。这些暴露的问题，都应成为顺势进一步改革的契机，在此次疫情中吸取的种种教训，都应化为进一步改革的动力和决心。例如，此次疫情暴露了地方政府治理能力和社会治理体系方面的不足。而国家治理能力不足，一方面表现在硬件基础设施的缺陷，例如信息集成能力不足导致的反应能力滞后等；另一方面表现在软件基础设施的缺陷，例如媒体监督缺乏、信息披露不及时等。如果以此次疫情作为契机，通过大数据、智慧城市、5G等硬件基础设施方面的布局和建设，推动政府治理、信息披露、媒体监督等软件基础设施方面的改革，则可以大幅度提升国家治理能力，启动大规模市场化改革，为未来高质量发展做好布局。

总之，如果能够"向改革要红利"，布局好重启大规模市场化改革，就可以重新释放出新一轮的增长动力，在真正解决"不平衡、不充分"难题的基础上，为高质量发展提供充足保障。所以，不能够简单地得出中国经济增速一定会下降的结论，这种结论是有一定的前提条件的。如果改变了这种前提条件，对于改革有重新的布局，是完全可以化解经济增长压力的。

（作者单位：中国人民大学全国中国特色社会主义政治经济学研究中心）

中国土地要素的空间错配及优化策略

刘修岩

我是研究城市经济学的，所以从自身所在学科视角来分享一下关于"经济增长的潜力和新动能"这一主题的一点思考，主要想讲的是关于中国的空间错配问题。

要素配置的扭曲即错配，会损害经济效率，降低经济增长的潜力。要素的错配可表现为多种形式，第一种是产业间的错配，第二种是地区间错配，比如城市和城市之间，还有第三种是城市内部的错配。今天，我想重点从城市间和城市内部的错配讲起，也就是主要从空间上，而非产业间的视角来关注错配，我们称之为空间错配。为什么会有错配？其中一个原因就是存在要素流动的壁垒，使得劳动、资本、技术等要素的流动不自由，从而造成错配问题。当然，即使上述要素是完全自由流动的，也依然可能导致错配，这是因为现实中存在着对于土地市场的管制。由于土地是一种不可贸易品，还有依附于其上面的住房，它是不可流动的。所以，如果存在政府对土地进行管制，就可能造成劳动、资本和技术等要素没有办法流向生产率更高的地方，为什么？因为城市经济学中讲空间一般均衡，就是说，如果在生产率更高的地方配置更少的土地指标的话，就会造成这些地方的住房供给缺乏弹性，导致房价过高。而房价高了以后会挤出高素质劳动力，挤出创新企业，从而导致空间错配。

中国对土地市场有大量的管制政策，如耕地保护红线、地方政府土地指标配给，等等。有的学者研究指出 18 亿亩的耕地保护红线管控总量就可以了，但实际上我们每个地方政府在进行土地市场管制、在耕地保护红线制定的时候，要限制到具体的每一块地，这可能会造成很多的错配。如果允许土地指标在一个省份内部的城市之间调剂的话，就是所谓的占补平衡，这在一定程度上可以降低错配。目前来看，省与省之间的土地调配现在还没有完全放开。这里的问题就是，生产要素由于土地市场的管制没有办法流向生产率更高的地方。由此带来城市化进程中的一个关键问题，我们说城市化是未来中国经济增长的一个重要动力来源。每年将近有 1000 万的人口要进入城市，这 1000 万的人口流向哪里？是应该进入大城市还是中小城市？有学者强调中国的大城市还不够大，应该让北京、上海进一步变大，为什么呢？因为北京、上海这些地方生产率很高，土地指标限制了它们没有办法扩展，所以放开土地指标以后会有更多的人流进来，效率自然提升了，这是降低扭曲。

但是，从城市经济学原理的角度分析，不仅要看生产率的高低，还要看生产率增长的快慢，用经济学术语说就是要看生产率的集聚弹性。北京、上海的生产率很高，但是北京、上海的生产率增长不一定是最高的，也就是不一定具有更大的生产率集聚弹性。很多学者测算发现，中等规模的城市具有更高的生产率集聚弹性。所以从动态来看，农村剩余劳动力流到这些中等规模的城市更有利于经济增长。如果能够形成一个多中心的城市体系，像在长三角、京津冀和珠三角等城市群，不要都挤到上海、北京和广州。在长三角，上海、杭州、南京、宁波等相对均衡发展，形成多中心，各个城市之间可以相互借用规模和功能，发挥城市群集聚经济，在效率提升的同时可以克服大城市的拥挤。城市的发展，城市群的发展，不要走过于极化和单一的模式。

另一个问题，就是存在城市内部的空间错配。现在很多城市都在发展新城，地方政府对于推动新城的发展都非常积极，为什么？因为土地财政。目前没有开征房产税，地方政府可以通过卖地来获得直接的收入，从而弥补财政不足的问题，这也是一直被经济学家诟病的一个问题。很多城市的老城城建投入不足，发展严重滞后，特别是一些古城。我前几年去保定，发现老城衰落非常严重，开封也有类似情况。即使是一些发展较好的大城市，像南京，甚至北京，老城发展滞后问题同样突出。老城更新是一个棘手的难点问题，实际上这也是土地要素在城市内部的一个空间错配，为什么？因为土地资源是稀缺的，早期对于土地的开发在当时是最优的，过去受到建筑技术的限制，受到土地价格的影响，当时土地相对比较便宜，城市内的建设可以用土地来替代资本，所以房子盖得不够高。

　　现在不一样了。现在土地资源越来越稀缺，土地价格迅速提高，从而造成需要用更多的资本来替代土地，也就是说房子应该盖得更高。对老城而言，即使在过去是最优的土地开发强度，但现在已经不是最优开发强度了。不过，资本没有进去推动老城更新，为什么？是因为这个地方更新时的收益没有办法全部内部化。通常说房地产开发商热衷于开发新城，因为在新城拿了地以后拆迁成本很低。而且对地方政府而言，周围的地想捂住，一块新的土地开发会带来邻近区域其他地块价格的提高，因此很容易将土地开发投资的收益内部化。但是在老城里边，对一个老旧小区的外立面改造也好，或者对一个棚户区的推倒重建也好，改造以后会发现周围房子价格提高了，但周围房价提高的收益政府没有拿到，参与城市更新的企业也没办法拿到，而是被在周围拥有房产的居民获得了。所以在存在较大的外部性的情况下，对于老城的更新改造很难达到其最优规模。这其实造成了土地要素在城市内部的一种空间错配，我认为这是一种非常严重的错配。

　　对于城市间的空间错配，可以考虑放开土地的跨地区交易。比如像重庆的"地票"制度，能够推广到更多的城市。并且，要发挥市场和政府的作用，而不能完全依靠市场。市场本身也存在失灵。比如说放开市场以后，北京、上海是不是能够变得更大？有可能。因为这可能是市场失灵的一个表现。如果完全由市场来配置资源可能会造成我们的城市规模偏大，城市的均衡往往在其最优规模的右侧，这是城市经济学经典理论揭示的。因为每个人在进入城市的时候考虑的都是自己所承担的成本，没有考虑进入后，自己给其他人施加的成本。如果把这些成本内部化以后，可能城市规模偏大了。所以不能完全放开市场。政府能做什么呢？政府应该去寻找那些生产率增长更快的明星城市，像长沙、南昌、合肥、南京、无锡、青岛，等等。在世界范围内它们已经是大城市了，在中国也是大城市，但是相对于北京、上海来说，还是更想把它们定义为中等规模城市。如果这样的城市人口规模能够发展到1000万人，或者更大，就比较容易形成多极的网络多中心城市体系。比如南京一直是在规模前10名城市里面排在倒数第一位，为什么？因为它的面积是倒数第一。南京面积只有六七千平方公里，比杭州要小很多，杭州接近1.7万平方公里。南京的人口没有突破900万人，这么多年了，从我开始到南京至现在，基本上是600万—800万人的规模，在江苏省内就被苏州超越了，苏州常住人口已经有1100万人左右。如果是让南京变成1000多万人，而不是让上海变成3000万人，这样可以更好一点。因为南京的生产率增长集聚弹性可能更大，即它在边际上会比上海增长得更快，虽然上海从静态水平上可能更高。所以说，政府应该去寻找那些生产率增长更快的地方，然后去给它们配置更多的土地指标。另外，也要加强对土地的严格开发管控，好处是可以避免城市的无序蔓延。中国的城市和美国的城市有很显著的区别，中国的城市在土地使用上更集约。中国特色社会主义制度要求我们有更严格的耕地保护，这是我们的制度优势。土地集约以后，经济活动高密度集聚就可以带来高的生产率。这是对城市间空间错配矫正的一些思考，总结一下就是，政府要去寻找那些生产率高且集聚弹性更大的地方，配置更多的土地指标，并创造一个土地跨区交易的市场。

对于城市内部的错配问题，可以考虑开征房产税。开征房产税以后可以使得外部性内部化。因为房屋增值了以后，政府就可以征税了，所以政府就有足够的动力去进行城市更新。同时，这些原来已经在城市的人，好像觉得房产税开征以后，房子要缴税了，收益会下降，不一定。为什么？在这个时候，政府有足够的动力去更新破旧房屋，更新以后提高了房产的价值，肯定比缴的税要高很多。也就是说当开征了房产税以后，地方政府和企业更有动力去进行城市更新，企业和政府之间的合作，即所谓社会资本参与到城市更新，然后使得城市里面的土地利用也更加有效，进而提高城市总体的生产效率。

　　以上是我从空间错配视角对中国经济增长动力来源的一点自己的思考。总结一下就是，降低错配，减少扭曲，特别是矫正空间错配，是未来中国经济增长的一个重要动力来源。

（作者单位：东南大学经济管理学院）

优化营商环境需要转型升级

罗　知

经济未来增长的关键动能来源于民营企业的发展。对于政府而言，税收增长的根本路径不在于减少支出的"节流"，而是扩大税基的"开源"。所以，政府创收的关键是激发各类市场主体的活力，尤其是促进民营企业的发展。但根据笔者的企业调研发现：近几年，特别是新冠肺炎疫情暴发以来，民营企业的经营难度较大，民营企业普遍表现出利润较低、投资动力不足的特征，甚至部分被政府认定为发展潜力较大的"金种子"与"银种子"的民营企业也存在现金流极度短缺的情况。如何扭转民营企业发展的困局呢？笔者认为，解决这一问题的关键在于地方政府要进一步解放思想、优化营商环境。

2017年开始，我国正式采纳世界银行《全球营商环境报告》的营商环境指数，以此作为激励政府提高营商环境排名、提升国家形象的重要手段。在中央政府强有力的推动下，我国在世界银行《全球营商环境报告》中的排名获得了迅速的提升，从2017年的世界第78位跃升至2020年的世界第31位，而2006—2017年，中国的营商环境仅从第108名提升到第78名。

在我国营商环境优化取得巨大进步的同时，也要认识到其中存在的一些问题。世界银行《全球营商环境报告》中公布了10个一级指标下的二级指标和三级指标分解。根据各类分级指标，可以将10个一级指标分为两大类：一类是主要依靠定量分析的一级指标，包括开办企业、办理建筑许可、获得电力、登记财产、纳税和跨境贸易。这类指标主要根据办理时间、办理环节和办理成本来度量。另一类是依赖定性分析的一级指标，主要包括获得信贷、保护中小投资者、执行合同、办理破产。如果从营商环境的内涵来对这些一级指标进行分类，则可以发现依靠定量分析的一级指标主要是营商环境中的政务环境指标，而依赖定性分析的指标则主要是营商环境中的市场环境和法治环境指标。

根据2018—2020年中国在世界银行《全球营商环境报告》中10个一级指标的得分可以发现，2020年我国营商环境中得分较高的指标分别是：开办企业、获得电力、跨境贸易，这3项一级指标的分数均超过85分，且开办企业和获得电力的分值高达94分和95分，可以说已经达到世界顶尖水平。而分值提高最快的两项分别是办理建筑许可和获得电力，三年内分别提高了36分和29分，跨境贸易也提高了16分。但应当注意到，我国营商环境中分数较高或者提升较快的是与政务环境相关的、可定量度量的指标，而与市场环境和法治环境相关的获得信贷、执行合同、办理破产等指标，在2018—2020年几乎没有多少改善，最多提高7分，最低的是0分。这充分显示出，我国营商环境的优化主要体现在"硬环境"即政务环境上，而营商环境中的"软环境"——市场环境和法治环境，则是改革中难啃的"硬骨头"。

通过分析中央文件的精神，可以发现高层对我国营商环境取得的成绩和存在的问题有着十分清晰的判断。在2020年9月21日中共中央办公厅印发的《关于加强新时代民营经济统战工作的意见》中第18条指出，"优化营商环境"是以促进市场公平竞争、平等保护产权为关键，推动构建市场化、法治化、国际化的营商环境。教育引导民营经济人士树立法律意识，坚持守法经营，自觉维护公平开放透明的市场规则。加强民营经济统计和监测分析，大力推进服务管理创新。充分发挥工商联和商会的优势作用，积极参与营商环境评价，主动配合有关部门开展依法甄别纠正侵害民营企业产权错案冤案、防范和处置拖欠民营企业账款等工作。该文件中优化营商环境的主要落脚点是市场环境和法治环境。同时，在《中华人民共

和国国民经济和社会发展第十四个五年规划和 2035 年远景目标纲
要》中有关市场环境和法治环境的内容是"建设高标准市场体系"，
全段共 204 个字。而关于政务环境优化的内容是"深化简政放权、
放管结合、优化服务改革，全面实行政府权责清单制度"和"推进
政务服务标准化、规范化、便利化，深化政务公开"，共计 55 个字。
从两者字数上的区别也可以发现，规划中关于营商环境建设的核心
仍然是市场环境和法治环境。

而促进市场环境和法治环境发展转变的关键，是解决很多地区
存在的"路径依赖"问题。所谓"路径依赖"，是指地方政府在推
动地区发展时，在经济上长期过度依赖少数关键企业，尤其是国有
企业，为保障这种经济增长路径的稳定，进而演化形成一种头部企
业优先的制度运行模式，这又导致了民营企业的成长困难，从而进
一步强化了地方政府对少数关键企业的过度依赖，如此恶性循环。
根据国家统计局的数据，中国有 13 个省份的国有企业的资产占到总
资产的 50% 以上、有 9 个省份的国有企业的营业收入占到全省企业
营业收入的 50% 以上、有 8 个省份的国有企业的利润占到所有企业
利润的 50% 以上。但是目前国有企业在各省的数量占比仅在 2%—
3% 的水平，即数量很少的国有企业为地方政府贡献了大量的 GDP
和税收。在这种经济增长模式下，地方政府必然在制度设计、行政
体系、办事方式与政务服务上倾斜于国有企业或少数关键企业，而
民营企业或中小企业难以享受到政府的优惠和服务。

地方政府形成这种"路径依赖"的底层逻辑之一就是地方政府
官员的晋升激励。由于地方官员面临着在有限时间内争取晋升的激
励，而上级政府的政绩考核往往围绕着经济规模与经济稳定这两大
方面，所以争取在 3—5 年内保证辖区经济的稳定与快速增长便成为
当地官员的目标。在这样的目标下，地方官员必然要追求有限公共
资源的效率最大化。但民营企业天然存在着数量多、规模小、风险
大的特点，所以地方政府很难偏好选择花费较长的时间改善营商环
境，去培植优秀民营企业，更愿意选择将资源分配给少数、大型企

业，既可以保障经济的稳定，也更容易推动经济的短期增长。

营商环境是长期演化形成的经济与制度生态，优化营商环境是一个长期的生态变迁过程，尤其是促进市场环境和法治环境的良好发展，则更需要各级政府与市场主体的长期努力。一个可行的方法是通过改进地区政府的绩效考核体系，引入和强化市场主体增加量等考核指标，激励地区政府对优化营商"软环境"进行长期投入，培植更多更加优质的民营企业以提升地区经济的活力。此外，在未来营商环境的建设上，地方政府需要明确政务服务"减证便民"只是营商环境优化的初级阶段，而建设高标准的市场体系、法治环境，提高企业获得感，才是优化营商环境的升级版本。当然，这并不意味着改善政务环境不重要。虽然我国营商环境在世界银行《全球营商环境报告》中的排名已经大幅提升，但是该报告中仅关注北京和上海两个城市，而各地政务环境的差异性极大。所以，对于很多地区而言，对标一流城市、提升政务服务效率，仍然需要付出相当大的努力。但是，对处于中上游的城市而言，则应该积极探讨如何升级优化营商环境的建设模式，从偏重提升政务效率转向市场化、法治化、国际化和提升企业获得感。

（作者单位：武汉大学经济与管理学院）

理顺激励机制是经济增长的持久动力

尹志超

在经济增长过程中，理顺微观激励机制，是经济增长的持续的动力。回顾一下中国改革开放历程，就知道改革开放从农村改革开始，释放了农民的生产积极性，通过包产到户的方式，极大地释放了每一个农民劳动的热情，然后改革一步步推向城市。在改革开放之初，政府官员也是以敢闯敢干、敢破除各种思想的禁锢而著称，经济特区就是这样发展起来的。所以，通过改革开放，一步一步理顺农民、城市居民、政府官员的激励机制。从微观的角度来讲，这可能是经济增长的重要动力源泉。目前，很多人在讨论中国经济增长是不是到了一个瓶颈？是不是就没有改善的空间？我觉得可能还没到那一步。尽管经济增长可能很难像以前那样靠出口、靠投资拉动快速增长，但我觉得经济增长的潜在空间还是很大的。那么，为什么这一轮的经济周期延续得如此之长，影响如此之大，我觉得从微观的角度来思考一下，激励机制是不是有一些需要改进之处。

第一个微观主体是家庭。从几大微观主体来看，家庭可能受到的影响略微小一点，我做中国家庭金融调查，长期关注家庭，现在家庭面临的制度约束不多，但是家庭面临的是经济发展的后果，那就是差距过大，家庭之间出现很大的分化。少部分高收入家庭，大部分中低收入家庭形成一个不均衡不平衡的发展模式。长期跟踪这个问题，发现大多数家庭受到严重的流动性约束。有40%左右的家庭调查当年始终负储蓄，也就是当年入不敷出，连续5轮的调查数据揭示了这个现象，和其他数据也基本可比。这一部分负储蓄家庭受到严重的流动性约束，他们没有足够的收入进行消费。所以要启动消费，但是只要这部分家庭不启动，提升消费非常困难。高收入群体没有动力消费，甚至没有时间消费。我们接触一些企业的管理层，他们有很高的收入，但整天非常繁忙，连消费的时间都没有。中产家庭面临太多的不确定性，尽管已经做了很多的改革，但是家庭面临的不确定性依然较大，家庭储蓄率也没有显著下降。所以，中产家庭不敢消费，而大量的低收入家庭没钱消费。2019 年"两会"之后，李克强总理说有 6 亿人口月收入在 1000 元以下，这是一个非常残酷的现实，大多数微观数据都支撑这个结果。月收入 1000元以下，年收入 12000 元，三口之家就是 36000 元，对城市家庭来讲，维持基本的生活都非常困难。对于这部分家庭，如何帮助他们发展，也是世界银行追求的长期目标，要促进共同繁荣，其实就是我们讲的共同富裕。共同富裕最核心的就是解决最低收入 40% 人群的提高生活水平的问题。2020 年完成极端贫困的消除，这对人类是一个伟大的贡献。在完成这个目标以后，更大的一个挑战就是最低收入 40% 人群，如何让他们也能享受到经济增长的成果，如何让他们也能够尽快接近中产的生活，还是有很多可以做的事。

第二个微观主体是企业。最近这些年，民营企业发展的环境有不确定性，内在的动力也受到了一些动摇。所以，党和政府才一再强调，民营企业也是自己人。如何让民营企业能够有一个稳定的预期，无论是产权的保护，还是各种财产的保护，都需要给他们一个更加稳定的预期，使得他们能够对未来充满信心，使得他们愿意投资。如果民营企业的投资没有上来，国有企业无论怎么努力，经济要持续增长都是一件不容易的事。另一个企业主体是国有企业。国有企业是公有制经济的主体。据了解，国有企业可能花了大量的时间和精力在非生产性的活动中，包括微观治理结构的一些变化。也就是说，大量的时间没有用在生产经营，提供更好的产品和服务，而是用在了一些非生产性的活动上，这当然也会影响经济的增长。所以，从企业层面来讲的话，我觉得微观的激励机制还需要进一步去完善。

　　第三个主体是政府。地方政府债务问题，这是一个长期被关注但是实际上也没找到很好答案的问题。现在有些地方政府的财政比较紧张。为什么会出问题？北京、上海算状况好的，但是财政形势依然严峻。如果利润的创造者企业没有真正活跃起来，没有真正走上健康良性的发展道路，地方政府的债务问题可能也是一个长期的隐患。地方经济发展也与微观的激励机制有关。这些年对地方干部的约束机制在强化，但激励机制在减弱。所以，如果把微观的管制政策放松以后，也许经济增长还有很大的空间。

　　总体来说，我觉得从微观视角来看，制度上其实还有很多改善的空间，如果能够降低制度运行的成本，降低交易的成本，经济增长就是一个顺带的结果。所以，理顺激励机制是经济增长的持久动力。

（作者单位：首都经济贸易大学金融学院）

前古典经济学的公平观

张 琦

关于公平观的这项研究，其实是在国家治理体系现代化、国家治理能力现代化这样一个大框架下来考虑的。为什么选择前古典时期？不是刻意选择的，因为同时又接到另一个任务，要研究中国经济学知识体系构建的问题。我说这个问题我研究不了，但是我可以研究西方经济学是怎么构建的，所以选择了前古典时期。

关于国家治理体系和治理能力现代化，有各种各样的解读。但我在阅读文献和思考之后得出一个判断，国家治理体系现代化有一个重要的内容，就是经济体富起来以后必须变得更加公平。能不能做到这一点，是国家治理体系是不是现代化的一个重要标志。所以就要看看，公平这个概念在经济学当中到底有没有它的地位。当然公平和几个概念，比如正义、平等这几个词，有时候界分得不是很明显。这里讨论的公平，其实接近于另一个概念，叫作分配正义。

主流经济学对公平是很忽视的。经济学在罗宾斯界定为是资源配置的学科之后，公平就被归到了伦理学和哲学的范畴，经济学对这个问题不研究了。卢卡斯甚至明确表示：对良好的经济学有害的种种趋势当中，最具诱惑力的、在我看来最有毒害的是关注分配问题。这是他的原话。他认为这个问题不仅不应该关注，而且关注了反而有害。

经济学对公平的现有研究，我把它归为两类：一类是关于不平等或者收入分配的研究，也包括财富分配。这方面，斯蒂格利茨、阿特金森、皮凯蒂等人都有研究。另一类就是行为经济学和实验经济学对公平问题的研究。例如卡尼曼和塞勒，他们从行为经济学的角度，1986 年就讲到公平偏好的问题。但他们的意思是说由于发生雪灾以后，商店老板不会发灾难财（他为了长期做生意，所以不会涨价），所以导致市场无法出清。为什么不会涨价？因为他知道人们会觉得涨价不公平、觉得他发灾难财，和 2020 年疫情初期反对口罩涨价的道理是一样的。

但阿克洛夫和希勒说：不管在公平方面有多少文章，也不管经济学家认为它有多么重要，在经济学思维模式中它一直备受冷落。这是事实。

原因何在？我认为一个很重要的原因是主流经济学对亚当·斯密的误读，或者说片面解读。经济学对斯密的理解主要是两方面：一个是经济人，另一个是看不见的手。像施蒂格勒 1971 年讲到的，包括弗里德曼、卢卡斯，就强调他的经济人、自利和看不见的手，这是经济学家对他的解读，也包括哈耶克。另外还有所谓亚当·斯密问题，是说他的两本书《国富论》和《道德情操论》是矛盾的，一本书在讲经济人、讲自利，另一本书在讲同情，虽然不能说是利他，但最起码是对他人的一种关心。亚当·斯密问题最早是德国人在 19 世纪提出来的，意思是，斯密先写了《道德情操论》，后来跑到法国待了三年，和物质主义者也就是法国重农学派接触了以后，再回到英格兰又写了《国富论》，所以两本书不一样。原来是这样的解读。但是到 1895 年，坎南发现斯密的《法理学讲义》以后，就把这个结论推翻了。因为《法理学讲义》是在他去法国之前写的，而《国富论》的主要思想在《法理学讲义》里已经出现。

总之，经济学家对斯密的解读可以概括为"经济人 + 自由放任"，这叫所谓芝加哥的斯密。

但 20 世纪 80 年代以来，西方学界对斯密进行了再解读。其中有一些著名的学者，包括洪特和伊格纳季耶夫，还有艾玛·罗斯柴尔德，她是阿马蒂亚·森的夫人，他们重新解读后发现不是这样。他们的共识是什么呢？就是反对把斯密的思想解读为"经济人 + 自由放任"，这是经济学界对斯密的误读，而且认为公平正义问题在斯密的体系中占有重要的位置。

选择前古典经济学，时间上我是截至亚当·斯密。那么前古典时期，中世纪的公平观是什么？这里面很复杂，只说一个领域，基于财产的正义理论，公平价格理论就不说了。从中世纪晚期的经院哲学开始，对这个问题的讨论基本上有两方面的思想来源：一方面是基督教的道义论，另一方面就是亚里士多德的政治学说。

他们的正义理论，包括阿奎那的理论，首要任务是要论证私有财产权为什么符合正义。但他们的论证是非常功利主义的。为什么要保护私有财产权？理由很简单，因为私有财产权可以更好地激励人的努力，避免纠纷，说白了就是这些，非常功利的理由，并没有任何神圣的东西。所以"私有财产神圣不可侵犯"的观念绝不是中世纪，也不是启蒙运动时期出现的，是很晚才有的。

他们也知道会有贫富差距，会有穷人，怎么办？他们有一个概念叫"必需品权利"。情况危急的时候，可不可以用别人的财产来满足自己的需求？可以的。按基督教伦理来说，所有人都是有原始产权的，因为造物主把整个地球的资源交给全人类作为共有财产。人到了活不下去的时候，作为原始共同财产的所有者，他的那部分产权是可以恢复的，也就是说抢别人不算抢，这就是必需品权利。这是它的基本逻辑，到后来的自然法学说，到格老秀斯、普芬道夫这些人，都是这样的框架。

所以正义的框架就是"私有财产权 + 必需品权利"。但是对必需品权利有越来越多的限制，必须得极端紧迫，必须尝试过其他方法，这些都不行再去用别人的财产。这是中世纪经院学者和自然法学家的共识。到了洛克，他论证私有财产权很简单，因为财产加入了人的劳动，而劳动天然是私有的。但是他又认为不平等是很有限的，因为如果人口很少，资源很丰富，每个人都不会妨碍其他人获得资源，就不会有过度的不平等，这是他的逻辑。必需品权利在洛克这里已经很弱了，他只把它作为一个道德上的义务，而不是一个法律上的义务。

到了启蒙运动的时候，我选了两个人，一个是休谟，另一个是斯密。启蒙运动这些人关心的问题和现在想的有点不一样。通常认为，一个国家只要富裕肯定是好事，"富裕"和"好"本身就可以画等号。但在启蒙思想家看来不是这样，"一个富裕的社会为什么更好"，这是需要证明的。因为当时确实比以前更富了，但同时不平等也扩大了。为什么一个富裕的但不平等程度更高的社会，一定比一个贫穷的但更平等的社会好？这是需要证明的，也就是所谓"商业社会悖论"。这是休谟和斯密他们共同面临的问题。也就是说，为什么创造出更多财富的商业社会要比之前的封建社会更有德性、更有美德，怎么证明这一点？

斯密的证明有两条。首先就是他经常讲的，商业社会或者文明社会的普通工人，也比野蛮部落的首领生活得更好。其实就是经济学当中常说的涓滴理论，那时候没这个提法。但这还不够，所以他又提出了财政税收的逻辑，也就是著名的税收四原则，第一条就是公平原则。斯密的税收公平原则，同时蕴含了量能原则和受益原则。现在的比例税、累进税，都可以在量能原则下展开。他还举了很多例子，比方说累进税，斯密是赞成的。他说富人不仅应当按照他们收入的比例做贡献，而且应该高于那个比例，这没什么不合理，这是他的原话。更重要的一点，它标志着公平观的转向。

在亚当·斯密之前，西方的主流思想是什么呢？穷人之所以穷，是因为他们有罪，是他们太懒、太笨。换句话说，穷人穷是活该的，没必要去管他们，这是当时的主流思想。但是斯密并没有这样认为，他对穷人的态度比前人更加尊重和同情。我们现在的公平观或者再分配，是基于人的贫穷本身，而不管他为什么穷，是因为懒还是因为不幸。这是现在的分配正义，只要穷，就应该给他再分配。这个理念其实仅有200年的历史，以前不是这样。但现在很多人仍然有这种中世纪的想法，穷人活该受穷，因为他笨，因为他懒。但是斯密把这个观念扭过来了，包括税收的具体原则、国家进行再分配，等等，很多东西是他提出来的。虽然经济学在理论基础上，后来发生了从古典到新古典的转变，但是现在讨论再分配还是这个框架。也就是从中世纪的"私有财产权＋必需品权利"，转到了"私有财产权＋财税再分配"，是一种从财产正义到税收正义的转向。现在讲再分配，基本上仍然是财税再分配这个框架。

为什么这个问题需要讨论？有人说现在可能还不够富，考虑公平问题是不是过早？我觉得不是，现在总比100年前的英国要富，但那个时候西方国家已经开始考虑这个问题了。包括累进税、福利制度等，也都是19世纪末20世纪初建立起来的。前资本主义时期这个问题不是很严重，反正大家都很穷，但工业革命以后，贫富差距拉大，所以商业社会悖论的问题出现了，经济学上也反映出对这个问题的讨论。从理论基础上讲，自然法逐渐让位于功利主义。从客观环境上讲，由于民族国家兴起、民权伸张，税收制度和中世纪比有了一个很大的转变。当然西方国家在建立民族国家过程中，这些税也是收得不顺畅。

最后我想说的一点是中国经济学的构建。

梳理关于古典经济学诞生之前的西方经济学说，会发现一个什么现象呢？拿亚当·斯密来说，他既有破的一面，又有立的一面。破的一面提得比较多，就是他反对重商主义、主张自由贸易，等等。但是立的一面，谈得比较少。其实在他那个时代，这两种传统是并行的。大学里真正感兴趣的是自然法传统，就是格劳秀斯、普芬道夫这套传统，而且包括中世纪的经院学者对一些概念的死磕，什么叫价值？什么叫价格？什么叫效用？这些人几百年就在死磕这些概念，而这些恰恰是亚当·斯密继承的一面，也就是立的一面。我们特别重视的破的一面，其实是政策层面，就是反对重商主义这些东西。这些在当时只是一些小册子，而学院派对此是不太愿意搭理的。对经济学构建来说，立的一面更重要。所以说，如果讲学科体系构建的话，能不能几百年死磕一些概念？磕出一些跟西方不一样的概念来？如果能的话，那么构建一套和西方经济学不同的理论体系，才是有可能的。

（作者单位：中国社会科学院经济研究所）

中国经济发展中的变化及其影响

董志强

当考虑中国经济当前问题挑战和长远发展机会时，我认为有几个变化一定会产生深刻的长期影响，值得充分关注。

第一，发展的外部环境急剧恶化。这是我们当下正在经历的变化。无论是经济贸易冲突，还是军事冲突的潜在威胁，都为我国经济发展带来了很大的不确定性。当今世界正处于"百年未有之大变局"，不确定性导致国际关系、国家行为乃至各国内部的不同利益集团都进入了难以预测的行为模式，各国经贸合作和国内经济发展都面临巨大挑战，甚至糟糕的经济形势让一些国家极右势力抬头、社会日益撕裂而带来了新的全球安全风险。从全球大衰退这十余年的经历看，我国经济发展韧性较足，但是全球经济举步维艰，经济全球化的脆弱性从来没有像今天这样严峻地呈现在我们面前。

第二，中国人口结构的变化。人口结构变化问题，不像前面一个问题那样紧迫，它的变化毕竟是渐进的，不是急速变化，但是它的长远影响可能比前一个问题更深刻更深重。人口结构变化，主要是性别结构和年龄结构的变化。我国人口出生性别比在过去十多年持续有所下降，但性别失衡仍然比较突出。我国进入老龄化社会已经二十年，人口老龄化还在进一步加剧。这些结构变化，反映在需求层面，就是需求结构的变化，比如消费储蓄等行为的变化；反映在供给层面，就是劳动力供给数量和结构的变化，包括劳动力人口占比和绝对数量的下降，人口红利的消失。供求两个层面的变化，都会影响我国经济的长期增长。要解决这些问题，需要以动态平衡为目标的人口政策调整。国家已经在几年前开始启动此类政策调整，比如放开生育二孩的限制。今后还需进一步解除生育限制，并且考虑教育政策等涉及人力资本质量调整的政策。

第三，数字经济时代的技术进步带来了巨大机遇和挑战。现在，以大数据和人工智能为代表的技术进步，有时也被称作"第四次工业革命"，正在迅速兴起。我国政府充分关注、高度重视发展数字经济和人工智能，已经把开发新一代人工智能、助力高质量发展视为应对当前不确定发展环境的重要战略举措。这也被认为是赶超西方发达经济体实现民族复兴的重要机遇。

2017年7月，国务院印发了《新一代人工智能发展规划》，这个规划对于我国构筑人工智能发展的优势具有非常重要的作用。有理由预期，人工智能势必成为国家经济发展的新引擎，成为新一轮产业变革的核心驱动力。今天大家谈经济潜力，谈增长的新动能，人工智能技术进步就是可以为增长赋予新动能的动力源之一，也是可以极大发掘的增长潜力。所以接下来，我重点谈人工智能这一方面，我们要怎样或者需要怎么样做一些准备，以便迎接人工智能时代的到来。

人工智能的定义，到现在并没有完全统一。国内较多研究人工智能经济影响的经验研究文献，往往以机器人化、自动化来代替人工智能。但很显然，人工智能和机器人化、自动化并不是一回事，尽管它们之间有千丝万缕的联系。我个人把人工智能看作是更高级的自动化，或者说是智能化的自动化。自动化这个术语由来已久，但过去的自动化主要是指程序性的替代。一些固定程序的工作，通过编写机器工作程序，就可以由机器来完成，这种程序是固定不变的。虽然机器工作时偶尔也会涉及一些简单判断，但是这些判断实际上也由固定的程序来完成。这些程序或者自动化机器自己并不学习，也不会从工作信息中学习，它也无法代替人的决策。

人工智能作为一种高级自动化，它跟过去的自动化不同，就在于它可以由大数据驱动学习，而且它可以实现跨媒体跨平台协同，呈现出深度学习、跨界融合、人机协同、自主操控的特点，所以它不只是简单地执行和判断程序，而是可以代替人脑进行决策和判断的智能程序。这样的特点意味着，一旦生产领域大量采用人工智能技术，那么生产组织方式、产品交换方式、产品流通方式乃至于价值分配方式都几乎注定要发生一些革命性的变化。

人工智能的兴起可能会带来什么？经济循环包括生产、分配、交换和消费多个环节。人工智能的兴起，对以上各个环节都会带来重构。这个重构无疑会提高经济运行效率，但是人工智能发展也有一些不确定性，可能会带来一些新的挑战。作为影响面极广、几乎无所不在的颠覆性技术，人工智能必定会带来就业结构和经济结构的变化，它也可能会冲击整个社会的法律伦理，比如现在人们常提到大数据杀熟之类的问题，甚至还有可能挑战国际关系的准则，等等。人工智能将会影响到社会的方方面面，从个人的生活，到产业的组织，乃至政府的管理和经济的宏观调控，都不可避免地会受到人工智能技术发展的影响。时间关系不能面面俱到，我比较关心就业和收入，所以接下来就人工智能对就业和收入的潜在影响谈谈个人思考。

从就业方面来看，现有研究基本上强调人工智能有两种潜在效应，一是负面的就业替代效应，二是正面的就业促进效应。究竟是就业替代还是就业促进，取决于人工智能本身的性质。借助人工智能，医生可以更准确更迅速地判断病情，提高工作效率，这体现出人工智能与劳动力的互补性；而无人驾驶技术，则替代了劳动力，使得对司机的需求下降。宏观上笼统地说人工智能技术，很难笼统地说哪一种效应更大。技术进步一方面破坏工作，另一方面也创造工作，比如京东金融利用大数据（而非雇用大批信贷员或律师）对贷款协议进行评估，这毁灭了传统（信贷员）岗位，但同时它也创造了3000多个与风险管理或数据分析相关的工作岗位，用以完善数字化借贷的算法。从过去技术进步的历史经验来看，技术进步在长期中创造出的岗位和就业远远超过其破坏的岗位和就业，但是在短期中，技术对劳动力的替代效应可以带来很大的阵痛。这种阵痛有多痛，往往取决于人力资本调整速度能在多大程度上追赶技术进步的速度。人力资本调整的过程有时候可以很漫长，所以有时需要劳动政策来做一些促进。

从长期来看，人工智能带来的就业促进效应一定是更大的。长期来看，技术进步带来就业增长也是经济发展中的事实。但是技术进步在短期内确实会带来就业冲击，甚至这个冲击很大。当然，长期短期只是一个说法。大家都知道，经济学中的"短期"是指某些生产要素不能调整，一般教科书里默认为资本要素不易调整而劳动力容易调整。其实，劳动力容易调整只是针对数量而言，在质量维度，人力资本的调整是很不容易的。当技术进步带来对人力资本需求的结构性变化，而人力资本供给结构又不能迅速调整，短期的暂时的失业可能会迅速飙升。虽然我们用了短期、暂时这样的词语，但它仍然意味着沉重的代价。因为这个短期很可能是好几年甚至很多年，对于在人工智能技术发展中失去工作的个人来说，这也是不可承受之重。所以，有必要通过公共政策来平滑短期冲击，使得就业结构能够比较平稳地转换。从既有研究来看，人工智能不仅在短期内会加剧中等或低等技能劳动力失业，也会影响短期的就业总量，这意味着有必要加强并激励劣势工人参与培训和再就业。人工智能这种前所未有的技术，具有持续性的冲击，所以劳动力的持续学习能力对于适应人工智能社会变得很重要，这意味着相关的教育改革也应在政策的考虑之中。为了让劳动力获得更充分的知识基础助长其持续学习能力，过早的普通教育和职业教育分流可能并不合适。我自己最近在一篇文章中也提出，面临革命性的人工智能技术进步，为了走向共同富裕目标，有必要延迟选拔教育的时间节点，延长普及教育年限（如将高中教育也纳入普及教育体系）。新技术对岗位的破坏不足为惧，真正值得忧虑的是社会中有相当一部分人不能尽快适应和掌握新技术。若社会能够普及更多更好的教育，民众都因此获得更强的终身学习能力，技术进步对发展的负面影响就会弱化，甚至烟消云散。另外，讲到失业就必然要讲到社会保障，人工智能社会来临，导致工作性质发生了很大改变，灵活工作会大量增加，但灵活就业者几乎不会进入现有的针对正规就业的社保体系，社会保障制度可能面临着新的挑战，需要更大覆盖面（甚至全民覆盖）的托底性保障。

从收入方面来说，人工智能技术发展带来的问题会更加复杂一点，很多问题尚无定论，我也没有答案。它们属于需要研究的新课题。以要素收入为例，在人工智能经济研究文献当中，考察要素收入有两种方式。一种方式就是在新古典生产函数中纳入人工智能作为生产要素，这不过是增加了一种新要素的生产函数，然后去考察人工智能对劳动力是替代性质还是互补性质，以此考察它对劳动收入份额的影响。基本观点是，当人工智能技术和劳动力互补，劳动力工资和就业就随人工智能生产率提高而增长；若替代效应占主导地位，则失业将增加、工资率将快速下降，增长将会提速。也有一些学者尝试在世代交替模型（OLG）中嵌入新古典生产函数，来研究长期发展中人工智能技术对经济的影响，基本结论是，人工智能在长期中将导致经济增长放缓甚至衰退，社会福利将降低；对就业和收入的影响则不太确定，需要视低技能劳动力和高技能劳动力的组合情况而定。不过，这种直接套用新古典生产函数的分析是比较粗糙的做法，和真实世界有较大差距。

另一种方式是考虑工作任务创造，也就是在生产函数中引入新任务创造。这看上去似乎更接近现实：在数字经济、平台经济中，资源可以在更大的时空范围内进行配置，结果是分工进一步细化，过去的一份工作现在可以被分解为诸多任务，进一步分工和专业化。人工智能替代的不是一个劳动力或者一份工作，而是某些工作任务。此类模型的基本结论是，如果新任务的创造速度快于自动化替代速度，要素收入的差距其实是会趋于某个稳态。当然，除了要素收入之外，我们还发现人工智能也会带来其他的与要素收入有关的很多新变化，比如说超级明星企业以及与此联系的收入分布格局。由于大数据和人工智能技术的兴起，超级平台顺势而生，当代超级明星企业中有很多是属于超级平台。超级平台现象带来要素的超级集聚，进而必然影响收入分配格局。

还有，数据要素参与分配，怎么参与分配？从劳动者收入的角度，人工智能是否带来了技能溢价问题？这些都需要研究。在公共政策方面，由于人工智能的兴起，也需要有一些新的政策考量，比如说征收所得税或者是征收机器人税，这些税它最终会带来一些怎样的影响，其实都是现在还不太清楚的问题。

我今天就讲这么多。主要是谈到我国经济发展需要关注的几个重要的变化，包括外部环境变化、人口结构变化，还有技术进步，特别是大数据和人工智能技术带来的第四次工业革命，给我国未来经济发展带来的一些需要思考和应对的问题。很多问题现在还没有成熟的答案，需要研究者去回答。

（作者单位：华南师范大学经济与管理学院）

收入分配与共享发展

结果公平有所改进但城乡差别仍然过大

陈宗胜

学界有专家提到，中国下一步的收入分配可能是 K 形变化。所谓 K 形变化，是近几年美国学者描述国内收入差别扩大的一种形象说法。自金融危机后，美国不平等程度加剧。这也是特朗普当选总统的一个社会背景。在应对蔓延全球的新冠肺炎疫情失败的影响下，美国失业率上升，领救济的人群越来越多，即穷人越来越多、越来越穷。假设富人收入不变或上升，那么，美国富人与穷人的分配比例就类似 K 形。这里主要看 K 形往下这一画怎么画，看起来在美国这一画画得比较重，也就是说穷人越来越穷了。

对比而言，中国与美国情况有很大差别。党的十八大以来，我国致力于通过精准扶贫消除绝对贫困，到 2020 年底已经成功完成了这一任务。按现行标准，国家级贫困县已经全部摘帽，消除了绝对贫困人口。也就是说，中国的最贫穷阶层的收入是上升的，或者至少是不变的。疫情暴发以来，中国是全球应对最为成功的国家，以保民生保就业为基本策略取得了社会稳定，居民生活也保持稳定。所以在我国，穷人收入变动的这一画可能还是平的，如果硬要用 K 型表达，看来在我国这最后一画是平着的或者是往上的一个倾向。这样一来就不是 K 形的，而更与倒 "F" 形相似。即原则上说社会中高层与低层的收入都有增长，而不是一个阶层增长，另一阶层不增长甚至下降。即我国收入分配具体的表现形式跟美国还是不一样的，这是大致的一个想法。再看看收入分配差别数据，似乎也支持我的看法。

一些基本数据显示，现在收入差别已经过了最高点，开始呈现倒"U"形向下转变。过了最高点是说，此后再没有超过 2008 年的最高点。自最高点之后，虽然下降幅度不是很大，也是下降了，下降过程当中当然还有上升的波动，但是没有上升到最高的程度。下降程度的确也不是很大，但是要下降得很大，那恐怕政策体制都要有大的变化，而在现有的政策体制下不扩大就是一个改进，就得认可为倒"U"形的，就是对公有主体经济收入分配倒"U"曲线理论的证明。收入差别总量上没有持续扩大这一点大家都承认，即总体基尼系数没有扩大，是在下降过程中呈现波动，城市内部是在下降的，城乡之间也是这样。唯有农村呈现的还是一个逐渐的但是非常小幅度的上升态势，所以总体看起来是变动不大。因此可以下一个结论：我国居民分配的结果公平已经有所改进，虽然改进的幅度不是很大。如果在这点上能够取得共识的话，是很重要的一个判断，这说明改革开放 40 多年，我国在取得世界认可的经济增长成就的同时，居民分配不但没有发生两极分化，而且大致是处于适度的区间。这说明中国的故事是很成功的。

另外，我想讨论一下，为什么中国居民的总体差别还比较大，为什么全球排名较靠后。大家近些年可能也注意到，国际上最近几年公布了全球不平等指标及其排名等，其中可以发现中国总体基尼系数在全球还是比较高的，在 0.4—0.5。但是我提醒大家要注意总体基尼系数的各个组成部分，即注意中国的城市内部和乡村内部以及城乡之间的差别是多少。总体看来，从 1981 年到现在，城乡内部基尼系数差别都是在 0.3—0.4，没有超过 0.4，这是谁都不能否认的事实，是无论用什么数据库测算都一样的结果。那么，按国际学界公认的常识，这是比较公平的区间，即用基尼系数衡量来看是比较公平的区间，我们平时生活不是在农村就是在城镇里，是我们能够感受得到的收入差别程度。那么，为什么我国居民的总体差别比较大，而且在全球排位还比较靠后呢？这里的差别在哪里呢，是什么因素导致的？

我的研究表明我国最大的差别是城乡之间，这可以通过中印比较来说明。我利用国际学界提供的资料来说明，特别找到了同中国国情最有比较性的印度的资料。中印人口差不多，基本的收入水平略有一点差别，20世纪末中印也几乎是同步启动发展的。印度的总体基尼系数比中国略低，最高到0.49，平均为0.45上下。两国农村内部差别差不多，印度略高一点。城市内部差别印度高多了，印度城镇基尼系数在0.53以上的年份有多年，甚至高到0.7。再看城乡之间，印度的城乡收入差别比中国低得多。为什么印度的各种差别格局是这样的？我觉得主要是其实施的资本主义制度和市场经济制度决定的，在私有经济制度中城镇内部差别都是最高的，因为在那里资本的集中程度高，而农村主要生产资料是土地，物质资料的集中度要小些，所以印度农村土地私有制的收入差别也小于城镇。而为什么印度的城乡差别比较小呢？因为市场经济制度下，其人口向城市流动是较自由的，没有制度限制。换句话说，在城镇收入高时，由于人口较自由地流动到城市去，所以城市里边穷人增加，贫民窟扩大，收入差别一定大过农村，城市内部差别最大。这样一来，由于城乡差别较小，全国总体差别就成为城市内部与乡村内部差别的折中，成为小于城镇内部而大于乡村内部的总体差别，即城镇内部差别是全国最高的，而总体差别却不是最大的。

但是我国的情况不同。与印度作为一个私有经济为主的国家相比，我国是以公有制为主体的国家，两国的基本制度决定了收入差别格局的不同。我国城市以国有经济为主体，农村实行土地集体所有、农户承包经营的基本制度，决定了我国农村内部差别虽然略低于印度农村，但是仍然高于我国城镇内部差别。我国城乡两种公有制决定了我国农村差别高于城镇差别的这样一种基本格局，同时决定我国城乡内部差别不可能很大，都在0.3—0.4。这是一个由基本制度决定的格局。同样，我国城乡之间的过高差别也是由制度决定的。即我国城乡两种公有制决定着二元经济体制，并进一步决定着中国的城乡差别始终比较大，因为二元体制阻滞了人口向城镇的自由流动，从而城乡差别就不会缩小。我国的城乡收入比最高倍数超过三，甚至有时候超过三倍半，近些年即使下降也在接近于三倍（当然有些数据库显示的城乡收入比严重低于两倍，这显然不符合中国城乡差别事实，据此也不可能得出符合国情的研究结果）。印度最高的时候也就是接近于两倍，一般在一倍多。这里面最重要的原因就是我们的这种二元体制。因为我国的两种公有制度决定了二元体制，决定我国城乡在许多方面都是二元的，二元户籍制度、二元社保制度、二元投资体制等。总之，我国的城乡二元制度导致了城乡差别过大并且僵化不变形，近些年有变化但变动不大。于是，虽然我国城乡内部差别都比较小，且都小于印度的城乡内部差别，但是我国城乡之间差别过大就导致总差别是最大的。总差别中大于城乡内部差别的部分，就是过大的城乡差别导致的。所以这样一来，就得出一个结论，我国总差别的确是高于印度，高于其他若干国家，但是原因是什么呢？原因不是城镇或农村内部差别过大，而是城乡差别过大导致的，是二元制度导致的。这样通过比较，就能够找到我国总差别过大的根本原因。

最近这几年，有一部分学者认为财产差别扩大，是导致中国现在收入差别较高，从而收入差别过大的很重要原因。我觉得财产差别的确对收入差别扩大起了一定的作用，但是不能简单用财产差别大于居民收入差别来解释，因为财产差别不论在哪个国家都大于收入差别，这是基本规律；更为重要的是，如果财产差别是总差别扩大的主因，则毫无疑问其首先应当导致城镇内部差别上升，因为城镇内部财产集中度一定较农村更高。所以其逻辑是，如果是财产差别导致总差别扩大，则其首先使城镇差别高于农村内部的，然后高于全国的，即类似印度的情况。然而我国现实中不是如此格局。所有数据测算结果都统一地证明，在我国城镇差别是持续低于农村的收入差别，而城乡内部差别又持续低于全国总体差别这样的格局。可见收入差别格局否定了上述这个推测。

诚然，财产差别的影响可能越来越大，有的专家推算过我国私有民营经济对收入差别扩大的影响大概接近10%。在居民收入中财产收入逐渐增高，目前也就占10%，从而在总收入差别中影响程度实际上并不大，尤其不是最大的。这里面可能还有人注意到统计上有漏洞，一些令社会上关注的巨富的财产和收入，可能没有包含在其中，这是可能的。但是统计分析也表明，这些人在全国14亿人口中，其人口比例及财富和收入比例还是很小的。即使因此使收入差别进一步扩大，也无论如何同城乡差别的影响程度是不能比的。同时还要注意一个角度，就是不能只看到促进收入差别扩大的因素，还要看到我国推行的若干缩小收入差别的因素。比如我国从20世纪80年代末开始，举全国之力推动扶贫、精准扶贫等这些措施，是切切实实提高了低收入群体的收入。即使按照中国的较低标准，贫困率的的确确每年在减少，在降低，这使收入差别缩小了多少？也需要测算。应该把扶贫对收入差别的降低因素加进来，这样看起来，我国居民收入差别可能的确不会很高。因为假定财产收入使总体差别扩大了一部分了，那么扶贫减贫可能又缩小了一块。二者的正负影响程度可能大致抵消。而余下的因素，即导致差别最大的原因还是城乡差别。所以，这样一来就应当找到中国总体收入差别高于其他国家的根源，应当把政策导向针对缩小城乡差别，针对农村二元体制改革。据测算，城乡差别在我国总收入差别中通常要占40%—50%。也就是说，在总差别当中城乡差别基本占一半。应当主要通过乡村振兴真正缩小城乡差别，才能进而真正缩小总体差别。

这里还有一个统计口径可以讨论。这几年看起来我国城乡差别开始下降，下降好像还挺大，但仔细研究可以发现有几个口径不一致。首先，农村的收入差别之所以下降不大甚至仍然有所扩大，是因为把户籍是农村但是实际在城市工作的人的收入，都算在农村户籍上，所以农村差别肯定扩大，反过来城市差别缩小了，城乡差别也缩小了。可是我们公开的城镇化率约为60%，而户籍城镇化率只是40%左右，差距是20个百分点。这里的确有一个统计上的算法问题。如果像现在把这个部分算在农村，则公开的城镇化率就应当是

40%。但如果公布60%的城镇化率,即把这部分算在城市,则城市收入差别肯定扩大,城乡差别下降的可能就没那么大,可能也会下降,但下降幅度不会那么大,也可能是一个平的。从基本规律上看,随着经济发展水平提高,应该是城市收入差别扩大,农村差别不变或者是波动;到城镇化接近完成的时候,农村居民都融入城镇中,农村居民比例缩小以致最后消失,从而总收入差别同城市内部的差别一致,那时候全国都城镇化了,所以全国总体就成为一个差别程度了。趋势肯定是这样的,到那个时候,城乡差别基尼系数就没有了,即变为零。而所谓城乡平均收入比就是1了,即1:1。目前的收入分配差别变动大致是符合这个规律,总体收入差别越过倒"U"拐点而转向缩小,城乡差别开始下降,这说明再过若干年是很有可能的,比如到2035年城镇化率达到70%,城乡差别比率下降为一倍多。再经过十几年到2050年,也许就全部城镇化了,即全国只有统一的低于0.4的总体差别,收入分配格局接近橄榄形,即实现共同富裕。

我的结论就是,近些年来中国居民的分配结果公平已经有所改进,总体收入差别在波动中下降。虽然差别程度仍然很高,但主要是城乡二元经济体制所致,即是制度导致的机会不均等在规模分配上的反映,从而使中国城乡差别过大及总体收入差别过大。所以今后的努力方向,就是真正加速乡村振兴及其城镇化,加速城乡一体化新农村发展,才能逐步解决问题,最终实现民族复兴与全体人民的共同富裕。

(作者单位:南开大学)

公共投资与治理效率提升

王 震

随着我国经济的发展，公共领域的投资必然会加大。然而，加大公共投资的同时，必须提高公共资金的治理效率。否则，在治理效率低下的情况下，不仅不会带来公共投资的效果，而且还因为公共领域的治理扭曲产生新的一系列问题，如公共领域的腐败等。如果没有治理效率的保障，即使有公共投资也不一定能够得到想要的结果。这种情况在经济史上曾出现过。一些国家，实际上它的公共投资非常高，也是福利国家，但最后免不了破产。如希腊，福利非常高，整个公共投资也不低，但还是出现了很大的问题，整个经济秩序被破坏了。

因此，加大公共投资，提高再分配政策力度，得到想要的平等结果，需要有良好的公共服务供给体系和公共治理体系。如果缺少有效率的公共治理体系，即使投了很多钱进去，可能也不一定有好的效果。近年来从中国对民生领域的投入看，公共资金的投入占比很高。即使与一些OECD经济体相比也不低。我长期从事社会保障、医疗卫生方面的研究，财政投了大量的资金到医疗卫生领域，但是没有看到明显的效率改进，各种扭曲还在，看病贵看病难并没有得到有效的缓解，反而更加集中到一些大医院、大城市。所以我觉得背后还是需要一个非常良好的公共服务供给体系和公共治理的格局。

公共服务供给体系效率低，当然有旧的问题，有计划经济时代残留的问题，包括我们一直争论的在公共领域政府和市场职能到底怎么划分等。除了这些老问题，还有一个很重要的是需要面对新经济到来给治理体系带来的挑战。

这个挑战是什么呢？新技术冲击下，产业组织的变化和就业模式的变化，以及由此带来的一系列的冲击，包括对统计体系的冲击、税收体系、社会保障体系的冲击。公共治理原来一整套的体系，都要适应这个新的变革。这个变革以"互联网＋"为代表，包括平台型的经济、数字经济，使产业组织有一个非常大的变化。从理论上而言，企业的规模和边界依赖于企业内部组织成本和交易成本。随着新技术的出现，整个市场交易成本下降，由此导致企业规模忽大忽小变动，用原来的统计方式衡量企业的规模不太合适。如淘宝网的规模到底有多大？卖小商品算不算淘宝网企业的规模？如果按传统的统计，开网店就是几个人坐在办公室里。

另外，服务业快速发展实际上有一个"泛服务业化"的过程。大量制造业变成了服务业，而不是服务业替代了制造业。一些工厂大多数生产流程都外包了，研发是外包的，管理是外包的。这种企业组织的变化，冲击了就业模式。原来的就业和社会保障制度得以建立的基石是单位—职工之间的雇佣关系和劳动关系，以及在这个基础上建立的社会保障制度。随着新技术和新产业组织的出现，基于雇佣制的就业关系发生了变革，出现了大量的新就业形态。

新就业形态大量的出现，使原来一整套公共治理的工具以及公共治理的结构，都发生了很大的变化。没有明确雇佣关系的就业，在中国叫灵活就业，在国际上叫非正规就业，现在出现的新就业形态可能和原来的灵活就业和非正规就业理论基础是不一样的。原来的灵活就业，国际上叫非正规就业，隐含的意思是"不好的就业"。政策的趋向，整个政策设计的方向是让它变成正规的，这种所谓的非正规就业没有效率基础，这种没有效率基础的就业随着经济发展是要被消灭掉的，要纳入到正规就业体系。但现在出现的新就业形态可能是有效率基础的，是未来就业的主流模式。当然，这方面的研究还没有给出一个确定的答案。世界银行的报告《工作性质的变化》，主题就是零工经济等就业模式变化。其主旨有所改变，之前的政策取向是将非正规的就业变成正规的，现在是强调社会保障的制度要适应新的就业模式。

这种新就业形态，在中国的情况还不一样。新就业形态大量出现，叠加了传统的灵活就业，包括大量农民工的就业，他们的就业很多也是非正规就业。这两个问题叠加导致公共治理和公共社会保障体系面临非常大的挑战。在疫情期间，一个问题就是出台了很多应对疫情的政策，"六稳六保"，第一个就是保就业，保就业中最主要的一个政策是失业保险的稳岗返还。但失业保险参保率只有40%，也就是有60%的就业人员根本就不在这个政策覆盖之下。保就业，投了这么多资金，但不一定能够进入到需要的人手里。很有可能那些最需要帮助的人已经被排除在外了。

还有基本医疗保险的问题。城镇企业职工医疗保险，覆盖有正式单位就业的人员，居民医保覆盖非就业居民。职工基本医疗保险覆盖了大概3亿人，居民医保覆盖10多亿人，但职工医保的基金总盘子比居民大很多。但是现在职工医保面临最大的问题就是参保率长期维持在较低水平。根据制度设计，职工医保应覆盖城镇7亿多就业人口，但实际上只覆盖了3亿人左右，再去掉八九千万退休人口，在职职工只有2亿人左右。此外，每年大概还有3000多万人不再参保。这3000多万人中，很多是没有明确的劳动关系。比如，滴滴司机，他们建立的不是劳动关系，没有职工社会保险。即使去诉讼，也很难确定是劳动关系。如果硬要确立为劳动关系，就会影响行业的发展。这一段时间也考虑是不是构建一个和原来基于正式的雇主雇员关系不同的社会保险体系，把所有的人都能够覆盖进来，建议以居民的社会保险为基础建立一个新的不依赖于就业关系的社会保险体系。

总之，当前面临新的产业组织和就业模式的冲击。这导致即使在社会领域投入大量公共资金，但如果整个治理结构、治理模式不变革，治理效率就提不上去，最终的公共投资也达不到应有的效果。因此，整个公共服务的供给体系和社会保障的制度底层的结构需要变革，提升治理能力和效率。当然，这也需要一些更深入的研究。

（作者单位：中国社会科学院经济研究所）

重新审视社会保障在缩小财富不平等中的作用

封 进

财富分布不平等通常高于收入不平等，例如根据法国经济学家皮凯蒂及其合作者的计算，在中国，2015 年最高收入的 10% 的人收入占总收入的比重为 41%，而最富的 10% 的人财富占总财富的比重为 67%。在美国也是如此，1% 的最高收入的人拥有 5% 的总收入，而最富的 1% 的人拥有 30% 的总财富。可见，缩小财富差距已经是不可忽视的问题。

社会保障作为一项收入再分配政策，其政策设计和功能定位是政策层和学术界都非常关注的问题。尤其是养老保险制度对财富不平等有直接影响，一般认为，养老保险会起到缩小财富不平等的作用，但事实上，养老保险制度对财富不平等的影响体现在两个方面，一是会扩大金融财富不平等，二是会缩小金融财富和养老金财富加总形成的总财富不平等。

已故美国著名公共经济学家费尔德斯坦早在 1976 年所发表的一篇文章中就指出了上述两方面的影响。通常，低收入家庭由于养老金收入占退休前工资比例较大，养老金的存在使得他们没有必要为养老储蓄，这可以由生命周期理论解释；对于高收入家庭正好相反，因为预计到退休后的养老金占退休前工资的比例较低，他们在工作期内会保持较高储蓄率，由此平滑一生的消费。所以，养老保险制度本身会带来金融财富度量的不平等程度扩大。但另一方面，如果将一个人一生的养老金财富加到金融财富中去，形成总财富，我们会发现，养老保险制度会缩小总财富。由此可见，如果仅计算一般家庭资产，忽视养老金财富，则会高估财富不平等，同时也高估了养老保险对缩小财富不平等的作用。

而且，养老金财富还有养老金总财富和养老金净财富之分，养老金总财富是指一生领取的养老金总额，养老金净财富是指养老金总财富减去一生所缴纳的养老保险费之和。很多国家养老保险的缴费是根据个人工资的一定比例，而待遇中的一部分是和社会平均工资挂钩。如果一个人的工资很高，则存在养老金总财富较高，但净财富却很少的情况。因而，养老保险对于财富不平等的影响需要结合缴费总额看才更合理。

上述分析对于社会保障制度的政策设计而言有以下几点启示。

第一，养老保险的主要功能是消除老年贫困，难以大幅度消除财富差距。养老保险具有代际和代内两个维度的再分配功能，代际再分配通过年青一代缴费赡养老年一代，旨在让老人分享经济增长成果，消除老年贫困。代内再分配则是在不同收入水平的同代人之间存在再分配，具体而言，退休前工资收入较低的老人获得的养老金占退休前收入的比例（养老金替代率）较高，而退休前收入较高的老人的养老金的替代率较低。若代内再分配力度过大，则会带来诸多问题：一是较高收入的人参保激励不足，同时对于较低收入的人有提前退休激励；二是会出现费尔德斯坦文章中指出的情况，即较高收入群体的储蓄率高于较低群体的储蓄率，出现财富不平等扩大，一般公众常常不能理解这种财富不平等背后的合理因素，反而影响社会和谐发展。

第二，养老金待遇是与缴费相联系的，城乡养老金待遇差距很大程度上体现的是缴费差异，未来可通过增加缴费在一定程度上缩小城乡养老金差距。经常有媒体报道我国职工养老金和居民养老金（大部分为农村居民）差距很大，前者是后者的约 20 倍。但这种差距在多大程度上算不公平，是需要深思的。首先，需要注意的是，职工养老平均缴费水平是居民的 15 倍，而且居民缴费中政府补贴占比超过三分之二。从这个角度说，这一差距很大程度上体现了多缴多得。其次，如果按一生的养老金收入减去一生的养老保险缴费所得到的净收益衡量，一部分高收入者的净收入是低于低收入者的，有些高收入者甚至是负数，而居民养老保险的净收益，因为存在政府补贴，是不可能为负值的。因而城乡养老金待遇差距不能简单归为不平等，更不能下定论为不公平。

然而，居民（包括农村居民）的养老金水平的确太低，难以满足基本生活需求。通过提高财政补贴的方式是解决方法之一，但财政收入增速从2012年以来开始下降，近年来又开始实施减税降费政策，未来大幅提高财政补贴的空间并不大。因而，适当提高缴费水平，且根据居民人均收入增长速度增加缴费，是提高居民养老金水平、缩小城乡养老金待遇差距的较为合理的做法。

第三，新业态下社会保险安排应更具灵活性和包容性。随着平台经济迅速发展，新就业形态劳动者的社保问题引起广泛关注。对劳动者而言，首先，社会保险不是免费午餐。社会保险由雇主和雇员共同缴费，完全劳动关系一方面增加了企业的劳动成本，另一方面，企业也可将部分缴费以降低工资的形式转嫁给员工。如果对平台就业劳动者一刀切地采用完全劳动关系形式，则会产生两方面影响：一是企业将减少劳动力雇佣，以控制成本，从而对劳动者就业有不利影响。例如，2021年3月西班牙通过的一部法律将外卖平台的骑手变为正规雇员，导致一些平台企业退出市场，一批骑手失业。二是劳动者收入会下降。企业转嫁缴费的程度取决于劳动力市场中的供求关系，对低技能或容易被替代的劳动力，企业转嫁缴费的能力更强。通常这类劳动力也是收入水平相对较低的群体，因此参加职工社会保险反而使得当前收入差距扩大。其次，不同劳动者的社保需求不同。我国养老保险有职工和居民两类，职工养老保险缴费率比较高，为24%（雇主16%＋雇员8%），而居民养老保险缴费水平要低很多，而且居民缴费中有较多政府补贴。有些十分看重未来养老的劳动者，可能更愿意参加职工养老。对很多年轻劳动者来讲，他们当前面临结婚、生育、购房等压力，恐怕更愿意选择缴费负担比较轻的居民养老保险。因而不能简单通过比较不同劳动者领取的养老金的多少判断某种养老保险是否保障程度更高，我们有理由相信，劳动者会选择对自己最为有利的社保安排。

（作者单位：复旦大学）

要更加重视共享发展

赖德胜

"十四五"时期我国将进入新发展阶段，贯彻新发展理念，构架新发展格局，实现高质量发展，开启全面建设社会主义现代化国家新的新征程。结合今天会议的主题，我想就共享发展问题谈三个观点。

第一，"十四五"时期共享发展应该在国家发展战略中处在更加优先的地位。我国是全球第二大经济体，但人均GDP才1万多美元。要成功跨越中等收入陷阱、实现第二个百年奋斗目标，保持经济中高速增长仍是一个非常重要的任务。未来五年，国家还会采取很多措施确保一定的增长速度。最近几年国家采取的重大的改革发展措施，如供给侧结构性改革，现代化经济体系建设，创新驱动发展，构建以国内大循环为主体、国内国际双循环相互促进的新发展格局等，背后都有经济增长的逻辑。但是跟以前比起来，在增长与收入分配，或者共享发展之间的关系上，收入分配、共享发展将会处于更加重要的位置。这有三点原因：一是以人民为中心的发展思想要求人民更好共享改革发展成果，发展依靠人民，发展也是为了人民，要更好满足人们对美好生活的向往，增强获得感、幸福感和安全感。相信"十四五"时期将有更多政策安排、制度安排围绕以人民为中心而出台落地。二是构建新发展格局，内需是关键。我国有全世界最大规模的中等收入群体，有最大的消费市场，但这个消费潜力能否转换为增长动力，收入分配比较平等是一个重要前提，如果差距太大，市场潜在优势可能转化不了现实优势。构建新发展格局要求我们收入分配更加平等。三是现在的收入差距还比较大，包括城乡收入差距、地区收入差距和人群收入差距都还处在高位运行。未来随着科技的进步，就业岗位可能会出现"极化"现象，中等技能劳动者可能会被人工智能等替代，这会影响到中等收入群体的基础。如何确保收入差距比较小，在可控范围之内，"十四五"时期应该推出专门的政策。希望在座各位能够多呼吁把收入分配和共享发展问题放到更加重要的位置上去。

第二，共享发展的实现需要更好发挥政府作用。大家都知道库兹涅茨假说，即在经济增长过程中，收入差距会先扩大，只有经济增长到一定阶段后，收入差距才会缩小。改革开放初期，邓小平同志提出了"先富共富"的发展和共享的构想，即让一部分地区、一部分人通过辛勤劳动和合法经营先富裕起来，并通过先富带动后富，最终实现共同富裕。经过几十年的发展，我国的先富效果显著，但共富的步伐还有待加快，收入差距还比较明显。如何实现共享发展，当然需要继续发挥市场在资源配置中的决定性作用，激发各类市场主体的积极性和创造性，但要更好地发挥政府作用。实际上，共享发展不仅包括经济收入上的共享，还包括教育、医疗、卫生、文化、生态等方面的共享，使基本公共服务更加均等化。对此，仅有市场力量的发挥是不够的，必须让政府更好地发挥作用，比如制度建设、税收调节、转移支付、兜底保障等。在共享发展中如何处理政府与市场的关系，更好地发挥各自的作用，也是需要面对的问题。

第三，要找准实现共享发展的政策着力点。对于如何实现共享发展，国家也实施了很多政策措施，比如"限高、扩中、保低""两个同步"等，并取得了一定成效。这里我想结合国家倡导的"三个优先战略"来谈，分别是教育优先、就业优先、农业农村优先。这三个"优先"对于我国进一步缩小差距实现共享非常重要。

关于教育优先发展。教育能促进经济增长，这是已经被证明了的。因此，教育是一种投资，是一种有比较高回报的投资。教育又是伟大的平等者，有助于实现社会流动，促进公平和共享。因此，党的十六大报告就提出教育"必须摆在优先发展的战略地位"。我国教育事业发展迅速，建设了世界最大规模的教育体系，为经济社会发展提供了数量充足的合格劳动者。但我国教育发展还不平衡不充分，特别是落后地区、低收入群体还不能很好享有优质教育资源。因此，要深化改革，使教育更好地优先发展，加强教育资源均衡化配置，促进教育公平，提高共享发展的能力，使每一个孩子都有梦想成真的机会和渠道。

关于就业优先战略。工作是收入的源泉，有稳定的工作就有稳定的收入，有体面的工作就有体面的生活。就业既包括数量，也包括质量，要采取各种措施推动就业扩容提质，实现更加充分更高质量就业，特别是要为低收入群体创造更多就业机会，使他们有更大比例进入中等收入群体。为此要强化就业优先战略，将就业置于经济社会发展和宏观经济政策的优先位置。财政政策、货币政策等宏观政策要更好盯紧就业目标和指标，更好地支持就业吸纳能力强的制造业和服务业发展，积极发展新经济、新业态、新模式对于就业的促进作用。保护好市场主体，激发市场主体创造就业岗位的动力和能力，发挥创业带动就业的能力。补齐法律短板，加强对新就业形态从业者和灵活就业人员的权益保障。

关于农业农村优先发展。民族要复兴，乡村必振兴。农业能否得到加强，农村能否得到发展，农民能否富裕起来，事关全民共享发展。在党中央坚强领导下，经过多年努力，我国脱贫攻坚战取得了全面胜利，现行标准下农村贫困人口全部脱贫，贫困县全部摘帽，贫困村全部出列，区域性整体贫困得到解决，完成了消除绝对贫困的艰巨任务。这是一个彪炳史册的人间奇迹。"十四五"时期，要扎实稳步推进"乡村振兴战略"，使"乡村振兴战略"与"新型城镇化战略"更加协调推进，使城镇资源更多地流向乡村，促进城乡融合发展。

最后我想表达一点看法，即现在正在推动中国特色社会主义学科体系、学术体系、话语体系的构建。我国的共享发展实践需要好好总结，提炼出中国特色的共享发展理论，这也是中国经济学理论对现代经济学贡献的一个重要方面。

[作者单位：中共中央党校（国家行政学院）社会和生态文明教研部]

劳动收入分配、人力资本配置与企业发展

孔东民

现阶段随着人口红利逐步消失，我国进入经济结构转型攻坚阶段，劳动力成本与人力资本配置将对经济增长产生重要影响。习近平总书记指出，企业作为市场的主体，是我国经济活动的主要参与者、就业机会的主要提供者与技术进步的主要推动者，在我国发展中发挥着重要作用。因此，我将从微观的企业层面，结合自己在公司金融方面的研究，对劳动收入分配与人力资本配置展开探讨。

第一，企业内部员工薪酬差距的问题。企业内部高管与普通员工间的薪酬差距可能对企业创新能力与要素生产力产生重要影响。一方面，薪酬差距的增加可能促进企业创新与生产效率。基于锦标赛理论，组织层级中某一阶层的薪酬水平能够激励本层级和更低一层的员工。因此，收入差距的增加有助于激励管理层，并激励普通员工参与创新与生产活动。另一方面，过大的收入差距可能对企业造成负向影响，这主要是源于公平理论。因为个体期望其回报与贡献对等，员工可以通过参照他人的收入水平，评价自身与企业交换关系的公平性。如果企业内部薪酬差距过大，会引起员工被剥削的感觉，并降低工作的努力程度和合作意愿，对企业不利。我们的研究也证实了这一结果，薪酬差距有助于创新与要素生产率的提高，但过高的薪酬差距则会产生显著的阻碍作用。

第二，在人力资本越来越受重视的情况下，劳动者的合法权益正得到保障，员工的福利待遇也逐步提升。劳动保护力度的增强固然有助于激励员工劳动积极性，提高企业生产率，但同时也可能造

成人员冗余,加重企业负担。与此同时,机器人产品的技术进步与降低的成本,可能吸引企业引入更高效率的机器人,取代相应岗位的劳动力。然而,企业对机器人的使用可能冲击劳动力市场,导致就业挤出效应,尤其是在低学历员工占比较高与劳动力保护较弱的地区。此外,对于更加精巧、更加依赖于人类自主决策的工作,机器则无法进行完全代替,而企业出于劳动成本的压力不得不进行这一替代,因此机器使用不一定能促进企业创新与要素生产率的提高。由此可见,人力资本与机器等物力资本之间配置的平衡也将对企业发展产生重要作用。

由于我们的研究大部分基于国泰安上市公司数据、万得数据、微观调研数据与工商局企业数据等数据库展开,因此主要从企业层面探讨了收入分配、人力资源配置等因素带来的深远影响。除此之外,要促进企业长远发展,还需要引导企业创新发展,大力弘扬企业家精神。我们利用居民城镇保险等事件作为外生冲击发现,财富的增加或是就业保障的落实,均有助于企业家精神与创业水平的提升。总而言之,要激发市场主体活力,应当从优化企业内部薪酬结构与人力资源配置、改善企业外部宏观环境两方面入手,从而推动企业发挥更大作用,并更好地应对新发展格局下的机遇与挑战。

(作者单位:华中科技大学)

强大国内市场促进中国产业链发展

李小平

我想就产业发展这个话题谈一点自己的一些想法。怎么促进产业高质量发展？逆全球化浪潮加上疫情影响对我国产业发展造成较大影响。中国是制造大国，但是大而不强。理解和寻找中国产业链发展的契机不能脱离国内市场。一方面，根据新贸易理论的"母国市场效应"，在一个存在垄断竞争和规模报酬递增的世界中，那些拥有相对较大的国内市场需求的国家将成为净出口国。这意味着"国内市场"将是一个国家进行全球产业链竞争的内生动力。另一方面，尽管中国经济长期遭受"两头在外"的诟病，但是随着时间的推移，中国上游投入与下游需求依赖国外的弊端正在改善。就生产中的上游投入来源而言，2002—2015 年，中国出口来自国内的增加值率已由 60.41% 提升至 76.58%，G7 经济体则是维持 74.53%—92.01%。就下游需求去向来看，2002—2015 年，国内需求对于中国经济总量的贡献比重已由 76.13% 上升至 83.29%，国内需求对 G7 经济体经济总量的贡献比重则是维持在 69.59%—92.49%。除美国和日本外，国内需求对中国经济总量的拉动作用都高于多数 G7 经济体。显然，无论是在投入来源还是需求去向方面，国内市场对中国经济的支撑作用都在稳步提升。考虑到中国的经济总量已经跃居全球第二，庞大的国内市场或是中国抵消外部风险的重要抓手。

国内市场推动中国产业发展的特点。将国内市场分为本地市场和外地市场，就上游投入来源而言，本地增加值率在数值与趋势上都占据优势。2002—2015 年，本地增加值率与外地增加值率分别为

35.73%—58.55%与15.80%—24.68%；相较于观察期初，观察期末的本地增加值率与外地增加值率分别变动了19.92%与－3.75%。这意味着，随着时间的推移，国内增加值率的提升更多依靠本地增加值率进行支撑。就下游需求去向而言，本地需求贡献率提升明显、外地需求贡献率停滞不前。2002—2015年，本地需求贡献率与外地需求贡献率分别为61.97%—70.24%与12.35%—15.92%；相比观察期初，观察期末的本地需求贡献率、外地需求贡献率分别提升了5.40%与1.41%。显然，国内需求贡献率的提升同样来自本地需求的支撑。对比以上两个指标，我们发现：一方面，由于外地增加值率呈现衰减之势，外地市场并未有效参与中国产业链的上游分工；另一方面，由于外地需求贡献率远在本地需求贡献率、外地增加值率之下，这意味着外地下游市场的整合同样困难。鉴于本地市场不可能无限扩大、国内各个省市因为禀赋或历史因素存在巨大差异，进一步加快外地市场整合、挖掘外地市场潜能将是充分利用国内市场的关键所在。

如何做强国内市场？第一，借助城市群战略，进行跨界融合。本地市场外地市场没有融合起来，很多贡献都是靠本地市场，进行跨地融合。第二，借助互联网模式，建立数字化转型。数字化经济发展势头相当突出，应考虑新的业态产生，发展"互联网＋"的模式。第三，借助新基建东风，促进存量优化、增量创新的产业链调整。

（作者单位：中南财经政法大学）

进一步开放城市权利，实现农民共享发展

刘守英

　　共享发展是新发展理念的重要议题，农民共享发展是实现共享理念的关键，也是解决"不平衡、不充分"的重大难题。中国是一个农民占总人口比重过大的国家。第七次全国人口普查数据显示，居住在乡村的人口有 5 亿，占中国总人口的 36%。如果不能解决好城乡的收入差距问题，要扩大中等收入群体规模，实现橄榄形的分配结构，建成社会主义现代化强国的目标等，都是不可能实现的。第二次世界大战以来的发展教训表明，一些绩效不佳的经济体不是没有增长，而是因为出现了频繁的收缩，其根本原因是这些社会的政治经济权利没有向多数人开放，造成底层人不能分享发展的机会和利益，从而引起不满，造成暴力和社会的失序。中国的城乡差距问题仍然是未来影响中国社会秩序的重要问题，解决这一问题的关键是农民能分享城市化创造的机会并获得基本的城市权利。

　　第一，向农民开放城市经济活动权利是改革开放的基本经验。1978—1984 年，农村改革率先向农民开放权利，包产到户制度改革将集体所有土地使用权赋予农民，提高农产品收购价格增大了农民农业经营的剩余权利，农村居民人均纯收入由 1978 年的 134 元增长近两倍至 1985 年的 398 元，城乡居民收入比由 2.57 降至 1.86。1985—1996 年，乡镇企业异军突起，开放了农民从事非农活动的权利。农村非农产业发展大幅提高了农村居民收入。另外，这一时期中国的经济体制改革重点转向城市，经济特区建设、沿海开放城市设立、国有企业改革也随之展开。但是，由于城乡二元体制的阻隔，农民对城

市权利开放改革产生的机会分享有限，导致城乡收入差距拉大，城乡居民收入比由 1985 年的 1.86 扩大至 1994 年的 2.86，1996 年降至 2.51。1997—2009 年，中国的城镇化显著提速，15 年间城镇化率由 29% 增长至 46.6%。但是，这一时期城市对农民仅仅开放了打工权，农民对城市的其他权利无从分享，我国城乡不平等现象也从 20 世纪 90 年代中期开始快速攀升，1997—2003 年城乡收入比由 2.47 扩大至 3.23。2003 年后尽管因取消农业税、推进城乡统筹改革有所缓解，2003—2009 年，城乡居民收入比仅增加了 0.1，但也达到了 3.33。2010 年后，农民的权利开放进程加快，更多促进公平性的措施施行，尤其是农民市民化进程加快，对农民的公共服务和社会保障制度完善，带来城乡差距有所缩小。2010—2019 年，城镇居民人均年收入增长率为 6.5%，同一时期农村居民收入的年均实际增速则达到 9.0%。该阶段，城乡收入比由 3.23 降至 2.64。

第二，要进一步缩小城乡差距，必须让农民在城市实现更公平的收入和财富增长。只有让农民融入城市，更多地参与到城市的经济活动中，才能根本解决城乡两个群体的财富差距问题。农民群体如果继续留在农业和农村，他们的收入和财富的增长怎么也不可能比城市人口的收入和财富增长得多。一是因为农业在 GDP 的占比越来越低，农民若是继续留在农业和农村，城乡之间的收入和财富差距只会越来越大。二是农民在农村的生产要素不能成为财富的来源。比如农村的土地不能用来从事非农经济活动，只能通过政府将土地进行征收以后转让。城市却可以通过土地资本化形成的资本进行积累，而农村的生产要素不能进行资本积累，于是城乡之间的差距越来越大。

第三，必须实现农民更广泛的城市权利。农民和城市市民之间权利不平等是造成城乡差距的根源。权利的本质是机会——从事经济活动和分享公共服务的机会。农民群体没有享受到与市民同等的住房、医疗、养老、教育等公共服务。在子女教育方面，20% 以上的农民工子女无法进入全日制公办中小学校。不少在城市接受过完整义务教育的农民工子女，无法参加中考和高考。在医疗社会保险等方面，农民工参加职工基本医疗、城镇职工基本养老保险、失业保险的比率很低。在住房保障方面，城市保障性住房基本不对农民工开放。在以实现共同富裕为目标、正确处理好效率与公平的关键阶段，必须推动城市权利向农民的开放，以包容、公平推动进城农民融入城市社会。农民的城市权利，包括进入城市的权利、居住在城市的权利、参与城市生活的权利、在城市积累财富的权利、平等参与和塑造城市的权利，以及在城市改变自己和家庭在城市的命运和提高在城市的质量的权利。

每个社会的历史发展进程都有一些由自身发展埋下的隐患。对中国而言，城乡二元分割导致的农民权利问题，就是我们已有发展模式遗留的大问题。农民的城市权利是关系中国转型和建立现代国家的重大权利安排。能否妥善解决好农民的入城平权问题，关系着中国现代化的进程和国家的前途命运。

（作者单位：中国人民大学经济学院）

我国基本公共服务均等化面临的问题和机制

刘学良

在严重的疫情之下，为什么我国的失业情况不管从统计数据还是直观感受来看，都比其他国家轻得多？其中有几个方面原因，更主要体现了中国社会主义制度的优越性。疫情缓解后，通过多次去地方调研，和地方政府部门、企业家座谈，考察了就业的基本情况，发现我国的就业情况较好，有以下三个方面原因。

第一，在疫情暴发后，中央提出扎实做好"六稳"工作，全面落实"六保"任务，在"六稳""六保"中，就业都是放在首位的，国家空前加大了"保就业"政策的实施力度，这对就业市场产生了积极影响。具体到地方政府，他们普遍通过正式或非正式的政策文件、具体指导和沟通来建议企业不要解雇员工，保持就业关系的稳定，因此不管国有还是非国有企业的用工都较平稳。

第二，企业家的道德约束或者说企业社会责任。在防控疫情战役中，尽管很多企业的生产经营受到影响，但企业家的社会责任感被充分调动起来，他们采取各种方式为应对疫情做出贡献。其中，一个重要贡献途径，就是照顾好企业员工在疫情中的生活，因此，很多企业家明确提出，会义无反顾地承担起自己的社会责任，竭尽所能不让员工失业，与员工共渡难关。很多企业即使员工尚未返岗工作，也正常发放基本工资来保障员工生活不出现困难。

第三，企业基于我国疫情应对预期的理性选择。对基层的调研发现，企业家之所以不解雇员工，不仅是因为企业家所激发的社会责任感，也是企业家基于对疫情应对和经济恢复预期的理性选择。

疫情暴发后，由于我国立刻采取了十分迅速、强力的应对措施，给予社会很大的信心、决心来对抗疫情，社会普遍相信我国一定可以尽快打败疫情。企业家根据自己对疫情的预期，认为"只要我坚持两个月，就可以恢复正常生产经营了"，这样企业就无须解雇员工。如果因对疫情的恐慌而解雇员工，疫情却很快平复，那么疫情后被解雇的员工很可能不会再回到原就业岗位，企业必须再招聘和培训新员工，这反而带来很多困难和增加成本，影响企业的生产经营效率。因此，企业基于对疫情的预期而理性选择不解雇员工。反过来说，如果企业预期疫情迟迟得不到控制，生产生活秩序恢复遥遥无期，那么恐怕再有责任感和道德感的企业家也无法长期担负把员工养起来的责任，而不得不选择解雇员工。

以上是大家讨论比较多的疫情之下中国失业的问题。今天会议的主题是收入分配，下面就这个主题再讲一讲自己的观点和看法。从研究分配公平角度，不管收入分配还是财富分配研究得比较充分，但在社会的公共服务均等化方面的研究仍然相对不足，关于基本公共服务均等化，或者基本公共服务不平等的问题，是各界现在特别感兴趣的问题。但是公共服务均等化方面研究面临一些难点，公共服务包括很多的维度，不像收入就是收入，只是分几个不同的来源，财富就是财富，只不过有不同形式，但都是高度同质的，都可以货币化衡量。公共服务的一个难点在于公共服务维度很多，很难相互比较。同时，在公共服务供给上，中国和其他国家有很大的差别，较薄弱的一些方面与城乡二元体制有关，城市和农村在公共服务上有较明显差异。但我国在一些方面又做得比其他国家好，特别是一些带有商业化性质但一定程度上又可归类为公共服务的内容，如邮政电信和交通网络，一些国家这些产品或服务的商业化很强，这导致无利可图，公共服务就得不到保障，但中国的体制决定了哪怕比较偏远的地方，也要把电信基站建上去，也要把路修上去，特别是脱贫攻坚后偏远困难地区的公共服务进步特别大，这是很有中国特色的地方，是值得去分析研究的内容。基本公共服务均等化与很多问题直接相关，在收入分配领域有横向公平，还有纵向公平或者说代际公平，基本公共服务均等化与两个公平都有十分密切的关系。

除了区域间基本公共服务的差异，城市内部公共服务水平的差异也十分重要。我国城市的土地财政机制是导致城乡间公共服务差异的一个重要原因。城市土地出让获得收益被用于向城市提供公共服务而不是农村，这与土地财政是激励相容的，因为这样归政府所有或控制的城市土地才有更高的价值，才能获得更多财政收入。向农村提供公共服务带来政府公共服务的资本化收益可能较为有限，反而，向农村提供公共服务可能会导致将来土地征收更加困难、成本更高，这是导致城乡公共服务供给二元特征的重要原因。因此，中共中央办公厅、国务院办公厅印发的《关于调整完善土地出让收入使用范围优先支持乡村振兴的意见》指出，土地出让收入中的"土地增值收益取之于农、主要用之于城"，导致"对农业农村发展的支持作用发挥不够"，在《意见》中明确要求要提高土地出让收入用于农业农村的比例，对于增强农村基本公共服务提供有重要意义。

此外，房产税也是地方政府公共服务提供正向激励机制的措施。房产税提供的激励机制和土地出让是不一样的，土地出让促使政府压低农村土地征收价格，抬高城市出让价格。因此，一些区域若没有土地征收和卖地的潜力，增加公共服务投入不会带来资本化效应，政府可能就倾向于减少此地区的公共服务投入，反过来，有很大土地开发潜力、可以带来高额土地出让收益的地区，政府就会加大公共服务投入，从而获得土地出让收入回报。这造成了城市内不同区域间公共服务提供的不平衡，因为可供征收和开发的土地资源分布和人口的分布并不必然是重合的。而房产税可以一定程度上纠正土地财政这种激励机制，通过房产增值获得财政收入，从而激励地方政府向人口（房产）的所在地提供公共服务，而不是向土地开发资源的所在地提供公共服务。

（作者单位：中国社会科学院经济研究所）

为了机会公平而流动

罗楚亮

我今天发言的主题与代际流动有关。[①] 现有的研究大多把代际流动当作一个结果来看，所关心的问题是哪些因素影响了代际流动，把代际流动的重要性当作一个给定的前提。这就导致对于代际流动性何以重要的问题缺乏讨论。我们试图对这方面做一些讨论，基本的想法是，如果人们可以选择流动地点，大家可能会倾向于选择去流动性高的地方，不愿意待在流动性低的地方。也就是说，代际流动会影响到劳动力的选择，如果代际流动衡量了机会公平，人们的行为选择表明大家不喜欢不公平的状态，而是通过流动行为寻求机会公平的环境。之前对劳动力流动的解释，大多强调工资差异，这些年也有一些研究讨论房价、环境污染等因素的影响。从机会公平的角度来解释劳动力流动选择，也是对劳动力流动的新的解释视角。

研究的数据来源主要有两个：第一，中国流动人口动态监测调查数据，以此度量流动人口在不同城市之间的选择，这是我们的因变量；第二，2005年1%人口抽样调查数据，这一数据包含了个人收入信息，以此来估计城市层面的代际流动性。在解释个人在不同城市之间的选择时，还控制了一系列城市层面的特征变量。这些控制变量都是根据《中国城市统计年鉴》《中国区域经济统计年鉴》《中国房地产年鉴》等整理得到。

城市层面代际流动性的具体估计方法是，根据家庭成员关系识

---

① 本报告根据作者与上海大学曹晖老师合作的成果提炼而成。

别出相应的父辈与子代组合。为了避免识别偏差，我们将父亲样本限定在 80 岁以下，子代样本限定在 20 岁以上，父辈和子代的年龄差在 16 岁以上。为了保证每个城市有足够多的父辈—子代组合样本用以估计城市层面的代际流动性，我们剔除了个体观测值小于 50 的城市。为了避免人口流动对收入代际流动性造成的逆向因果性，我们还剔除了父辈或子代离开了户口登记地的样本。在此基础上，估计每个城市内部的代际收入弹性系数，以此作为收入代际流动性的度量指标。代际收入弹性系数越高，则收入流动性越低。在各城市收入流动性的估计中，基本的估计形式是 log – log，即子代收入对数对父辈收入对数的回归，并且控制了孩子性别、教育和城镇类型，还采用了年龄多项式分别控制父辈和子代年龄，以剔除生命周期效应对估计结果的影响。根据我们的估计，不同地区之间的代际收入弹性均值为 0.42，这个数据与现有的一些文献结果比较接近。对于城市内部的代际收入弹性，我们只保留了具有统计显著性（t 统计量大于 1.96）的结果，所得到的城市数量一共为 141 个。除了对 log – log 形式的收入函数进行 OLS 回归得到的代际收入弹性外，我们还采用了分位数回归估计中位数、25 分位数和 75 分位数的代际收入弹性，以衡量收入（条件分布）不同分位点的代际收入弹性。当然，这些不同的代际收入弹性之间具有非常强的相关性。

我们采用条件 logit 模型来拟合劳动力向不同城市的流动选择。这一模型的基本设定是，劳动力基于不同城市的特征来做出自己的选择行为。这一模型的估计系数表示的是，某个变量增加一个单位，对选择该城市的胜算比所具有的影响大小。如果估计系数是大于 1 的，则表示该因素增加的边际效应倾向于提高胜算比，也就是该因素会提高劳动力选择流入相应城市的概率。

我们的估计结果表明，代际收入弹性对于劳动力的流动具有显著的影响。如果某城市的代际收入弹性较高（代际收入流动性较低），则流动人口选择该城市作为目的地的可能性将会下降。代际收入弹性的估计系数为 – 1.8557，转换为胜算比为 0.1563。也就是说，如果某城市的代际收入弹性比另一个城市高出 100 个百分点，那么选择该城市的概率将是选择另一个城市的 0.1563。我们估计的各城市代际收入弹性，最高的是 0.77，最低的为 0.15，两者相差 62 个百分点，选择该城市（代际收入弹性高）的概率是另一个城市（代际收入弹性低）的 0.0969 倍，也就是低 91.31%。从到达目的地城市的时间的分年份估计结果来看，代际收入弹性对劳动力流动的这种影响仍然存在，并且这里估计的胜算比有上升倾向，也就是说代际收入弹性对于劳动力流动的不利影响有所下降。

代际流动包括向上流动和向下流动两种可能，这代表着不同的未来发展预期。向上流动性越高，可能意味着更多的改善机会；而向下流动性越高，则可能会导致人们形成对未来不良的发展预期。因此，向上流动与向下流动对于劳动力流动选择也将具有不同的影响。我们根据年龄组内的相对位次构造了向上流动和向下流动度量指标。也就是根据父辈和子代各自在年龄组内的排序等级（rank）进行比较，将子代的百分位排名比父辈高至少 10 个百分位点定义为向上流动，将子代的百分位排名比父辈低至少 10 个百分位点定义为向下流动，然后在城市层面分别计算向上流动和向下流动的百分比。研究发现，向上流动的估计系数显著为正，也就是向上流动比例越高的城市，明显更有可能成为劳动力流动选择的目的地城市；而向下流动的估计系数显著为负，因此向下流动比例越高的城市，劳动力流动选择时将更为回避。

总体来说，代际收入弹性越高的城市，即收入流动性越差的城市，流动人口选择作为流入目的地城市的可能性越小。即使将样本限定在务工经商、跨省流动的人群中，这一效应依然存在。对于跨省流动的人群而言，他们对于代际收入流动性差的城市的回避程度更高。我们采用不同的代际收入弹性测度方式，得到的估计结果相似。这一结论并不会因为流动选择的内生性、暂时收入偏差和同住偏差等而改变。

更进一步地，我们发现代际收入弹性对于劳动力流入选择的不利影响会因为户籍门槛而被强化。从流动人口的个体异质性来看，男性以及年龄较大的流动人群，其流动选择行为受到城市代际收入弹性的影响相对较低，但高技能人群对于城市代际收入弹性的反应将会更为敏感。这也意味着，高技能劳动力在不同城市之间的流动选择更看重机会公平。相对于已有的文献，我们的研究结果具有重要的社会意义。劳动力在不同城市之间的选择可能不仅受到工资水平、环境状况等特征的影响，也与机会公平的社会环境这种"软"要素密切相关。这对于城市层面吸引劳动力流入具有重要的启示，同时也揭示了社会流动的重要意义。

（作者单位：中国人民大学劳动人事学院）

关于技术进步增长与分配效应的思考：
农业机械化视角

杨汝岱

生产要素成本（要素市场一体化）、生产和销售规模（产品市场一体化）、技术含量是一国产业国际竞争力的主要来源。改革开放以来，中国主要依靠要素市场一体化带来的低生产要素成本驱动对外开放与整体经济增长。随着经济快速发展与全球化进程的进一步深入，传统低要素成本驱动的增长模式已难以为继，技术进步正日益成为产业结构升级与经济高质量发展的决定性因素。但技术进步在促进增长的同时也会产生一定的分配后果，容易出现强者恒强、弱者恒弱的马太效应，这给新发展阶段经济均衡发展与共同富裕带来了重大挑战。农业机械化是技术进步的一大体现，近年间机械化通过直接替代劳动投入，有效保障了劳动持续转出的中国农业发展，也在一定程度上重塑了农业生产模式。我结合近年间中国农业生产结构性变迁，以农业机械化为切入点，谈一下技术进步的增长与分配效应。

（一）结构转型时期的中国农业生产

农业劳动投入持续下降是转型时期中国农业发展的最重要特征。首先，不同于世界其他国家，中国在一个较短周期内经历了世所罕见的规模农业劳动力流出，40多年间中国农业从业比例从70%下降至25%左右，同期美国、英国、日本等发达国家农业从业比例下降不超过5%。即使与同期经济结构转变迅速的韩国与印度相比，中国农业从业比例下降的速度与幅度也是史无前例的。

近年间伴随着工业化和城市化进程的迅速推进，农业劳动力持续快速转出至非农部门，2002—2019 年农业劳动力绝对量下降超过 1.7 亿人，农业劳动力结构老龄化趋势日益严重，这给农业生产带来了巨大挑战。

转型时期中国农业生产模式在经营主体、整体效率与要素投入等方面均经历了剧烈结构性变迁。从经营主体来看，中国农业生产由单一农户家庭经营转变为家庭经营为基础、集体经营、合作经营与企业经营等多种经营形式并存，40 多年间农户农业生产从专业化转向兼业化，又再次走向专业化发展道路。与此同时，农业生产效率增长明显，1986—2017 年农作物亩产量实现翻番，亩均劳动投入下降 50%，1995—2017 年农业生产全要素生产率上涨 79%，整体农业部门稳定发展。从要素投入来看，劳动投入持续下降，中间品等投入持续上升，土地经营呈现出规模化与分散化并存趋势。1995—2017 年农业增加值率从 78% 下降至 52%，农业生产土地投入份额从 0.38 下降至 0.22，中间品份额从 0.24 上升至 0.40，劳动投入份额从 0.28 下降至 0.24，资本投入份额始终维持在 0.02 左右的较低水平。

总结来看，改革开放以来的 40 多年间是农村土地制度、农业生产、劳动力就业剧烈变化的时代。农户内部持续分化、专业分工进一步深化，传统农业朝着现代化方向发展，中国农业部门的剧烈结构性变迁，为讨论技术进步增长与分配效应提供了一个很好的研究背景。

（二）中国农业机械化道路演进

中国的农业机械化发展与农业生产组织模式直接相关，更离不开工农、城乡关系的大背景变迁。自中华人民共和国成立以来，中国就一直在不断探索适合国情的机械化发展模式。1959 年，毛泽东同志提出农业发展的根本出路在于农机化的重要论断，自此全国形成了农业机械化运动浪潮。在计划经济体制与"公有化"的农业生产经营模式下，生产队为农业经营主体，农业机械化政策主要向大型农机倾斜。通过给予购买农业机械的补贴，以国营拖拉机站的

"机耕定额亏损补贴"的方式实现对农业机械化投资的直接激励。1962年后,"三级所有、队为基础"的经营体制在客观上缩小了基本经营主体的规模,农业机械化发展逐渐向小型农机具倾斜。1978年家庭联产承包责任制后,生产组织方式由原来的集体大规模作业,变革为以家庭为单位的小规模农业生产,原有的农业机械和相关制度已不再适用,对农机的需求逐渐转向小型化方向发展。但当时农业劳动力短缺矛盾并不突出,农业机械化发展相对缓慢,农业生产主要由化肥、农药与种子等高强度中间品投入主导。

从20世纪90年代末期至21世纪初,在工农、城乡关系迅速演变的大背景下,大规模农村劳动力离土离乡的流动模式给农业生产带来了巨大压力,使用先进适用的农业机械替代农业劳动力投入已经迫在眉睫。在此背景下,中央财政在1998年通过设立了大中型拖拉机及配套农具更新补贴专项资金,主要对过去老化陈旧的大中型通用农机设备进行更新。2004年,我国出台了第一部促进农业机械化发展的法律《中华人民共和国农业机械化促进法》,为后续进一步完善农机购置补贴、农机社会化服务提供了相对完善的法律保障,真正拉开了中国现代农业机械化发展的序幕。

(三) 社会化服务:中国特色农业现代化道路

中国农业在人均和单个农户耕地规模没有实质性扩大的条件下,走出了一条以社会化服务为代表的特色农业机械化道路。20世纪90年代后期,中国大中型农机跨域社会化服务开始兴起,并从小麦向其他粮食作物、从机收服务向机耕机播等农业生产其他环节扩展。2000年以来,农业社会化服务体系逐渐完善,服务领域不断扩展,社会化服务的公益属性与经营属性进一步结合,在促进传统农业现代化转型过程中发挥了重要的作用。

以农业社会化服务为代表的现代农业技术进步,也使农业生产经营活动的可分性不断增强。在劳动力大量非农转移背景下,农业生产劳动成本迅速上升,传统小规模农户封闭的生产经营活动不再具有比较优势,农业固定投资激励较弱。农业社会化服务的快速发展，使小规模经营农户无须支付大额固定资本投资，直接通过购买农机社会化服务的形式融入分工经济，有效节省了农业生产与交易成本，解决了农业小生产与大市场之间的矛盾。作为中国农业机械化的重要组成部分，农机社会化服务是近年间小农户与现代农业有机衔接的关键所在，对巩固完善农村基本经营制度、保障粮食安全与促进农业稳定发展意义重大。

（四）技术进步的增长与分配效应：农业机械化视角

研究显示，以农业机械化为代表的农业技术进步同时具有增长效应与分配效应。从增长效应来看，农业机械化发展能够有效提升农业生产效率。农业机械化作为典型的劳动节约型的技术，能够直接替代农业生产中的劳动投入，有助于降低农作物生产的单位成本并提高农业劳动生产率以及农业全要素生产率等。

农业机械化发展的同时存在显著的分配效应，恶化了收入不平等程度。农业机械化具有一定的规模偏向性，需要匹配以相应的耕地规模，大规模经营更能从机械化发展中受益，资本密集型小规模经营模式会丧失比较优势进而利益受损。研究发现，相比于小规模经营农户，大规模经营农户的家庭农业总收入、劳均农业收入与劳均总收入受机械化冲击增长更多，且能够释放出更多农业劳动投入，机械化发展恶化了农业收入与村级整体收入不平等程度，主要源于低收入农户相对收入水平恶化。由于中高收入农户的主要收入来源为非农部门，对于农业收入依赖程度相对较低，但对于低收入农户家庭而言，农业收入仍然是其重要的收入来源，机械化冲击的收入分配效应拉大了低收入农户与中高收入农户之间的收入差距，进而恶化了农村整体收入不平等。一些研究同样认为，劳动集约型技术的广泛使用，在劳动力迁移方面已经产生了严重的公平后果。

农业社会化服务的发展能够有效缓解机械化冲击的收入分配效应，显著降低农户农业收入与整体收入不平等，各经营规模农户均能从社会化服务发展中受益。机械化发展只有在促进农机社会化服务水平提升时，才能有效缓解其收入分配效应，促进各类经营规模农户共享机械化发展红利，实现更加公平且有效率的农业现代化发展。这一研究结论同时说明，尽管技术进步是经济增长的重要驱动力，但技术进步归谁所有、由谁受益、技术配套条件等问题非常重要。技术进步存在收入分配效应，只关注增长而忽视分配会恶化收入不平等，让各主体共享技术进步成果是走向共同富裕的重要组成。

（五）关于技术进步与农业发展的思考

技术进步增长效应和分配效应并存的背景下，产业规制问题重要性提升。技术进步并非中性和普惠的，不同个体受益程度存在明显差异，且强者恒强、弱者恒弱的马太效应屡见不鲜。近年间我国在互联网等领域推行的包容性监管政策，尽管培育壮大了一批具有国际影响力的头部企业，但在一定程度上也造成了赢者通吃等现象。新发展阶段，技术进步带来的收入分配效应会进一步加剧，应严防垄断失序，充分重视产业规制等问题，推动有效市场和有为政府更好结合。

以产品市场一体化为基础，充分发挥超大规模市场优势，构建新型产业国际竞争与经济高质量发展驱动力。传统以人口红利、高投资高出口为主的要素成本驱动增长模式已难以为继，且国际市场拓展空间进一步被压缩，产品市场一体化正成为深化改革与促进增长的重要依托。近年间我国各地区间不平衡发展与地方保护现象有加剧趋势，这严重阻碍了超大市场与规模经济红利的发挥。未来应进一步畅通国内大循环，打破地方保护与市场分割等现象，依托超大国内市场优势充分发挥规模经济，进一步以要素市场一体化和产品市场一体化为基础，内生技术进步与创新。

进一步完善社会化服务支撑体系，促进效率与保障兼顾的农业农村发展。尽管农业收入占比持续下降是经济社会发展的一大趋势，但农户经营仍然占据中国农业生产的基础性地位，对于低收入农村家庭而言，农村土地与农业收入仍具有重要的基本保障作用。未来应警惕机械化等的分配效应，进一步完善农业社会化服务支撑体系，促进各类主体平等共享技术进步红利，推动效率与保障兼顾的农业农村发展。

（作者单位：北京大学经济学院）

深入研究收入分配变化，加快收入分配改革

李　实

我先向大家汇报一下收入分配课题组最近的活动。收入分配课题组还在继续做调查，现在有了新的数据——2018 年调查数据。数据还处于清理和分析阶段，但课题组有老师已经做了一些研究工作，发表了一些工作论文，分别涉及全国的收入分配问题、城市工资差距问题、农村收入差距问题、教育对扶贫和收入分配的影响等。

现在我想讨论近期收入分配的变化。从整体上来看，收入差距在 2013—2018 年没有出现缩小也没有出现扩大，计算出来的这两年的基尼系数几乎是相等的，处于一种非常稳定的状态。这个结果和我们原来的预期有差距。原来预期这一时期全国收入差距会进一步缩小。我们计算出来的这个结果并不吸引人，没有变化就没有多大的意思。但是想一想，还是有点意思的。没有变化意味着什么？意味着影响收入分配背后的一些因素，有扩大收入差距的因素，有缩小收入差距的因素，各种各样的因素相互作用可能使得收入分配差距处在一个相对稳定的状态。在这一时期，缩小收入差距的因素在发力，如政府的再分配政策力度有所增强，同时扩大收入差距的因素也在发力，两种力量汇合到一起，最后可能使得收入差距保持在一种稳定状态。

如果是这样一个结果，需要做什么？怎样做进一步研究？我们需要回答：到底有哪些缩小收入差距的因素？这五年间它们起到什么作用？有哪些因素在扩大收入差距？对这些扩大收入差距的因素

进行一些分析，列出缩小差距的因素有几个，扩大收入差距的因素有几个？在它们当中哪一种因素会起到更加直接的作用，或者作用更大一些？能不能对这些因素进一步做相关的分析和研究？当然这可能是第二步工作，第一步工作基本上是对收入差距变化的基本事实及其一些结构性的特点进行描述和分析，包括对背后影响因素的简要分析。我们下一步进一步研究的问题很多。比如在这五年中一些分配和再分配政策不断强化，包括低保制度、养老保障制度等，可以针对这些政策因素做进一步量化分析。

更重要的是需要对未来变化做一些量化研究。未来收入差距到底会出现什么样的走势，是会缩小呢？还是扩大呢？一些影响因素，未来会不会发生变化，如再分配政策到底会有什么样的走向？两年以前我确实比较乐观，认为再分配政策只能加强不会削弱。但是新冠肺炎疫情暴发以来，我对未来再分配政策的走向有些把握不准，因为我国经济受到很大的影响和冲击，相应的财政收入受到影响。为了缓解疫情所带来的民生困难、就业压力，政府已经在扩大财政支出。到底财政支出能扩大多少，取决于下一步财政收入的状况。但财政收入总体来看是不乐观的。

从这个角度来说，再分配政策想像前几年那样继续提高其调节力度的可能性很小，至少在两三年以内维持现状已经很不错了。我认为现在能够改变收入分配或者能够不断缩小收入差距的办法，主要还是要素市场的进一步改革。为什么说要素市场进一步改革有助于解决收入分配问题？从我们的研究中可以看到，城镇职工的工资收入差距一直保持扩大势头，而且几乎各个维度的工资差距都在扩大，包括性别工资差距扩大，不同学历人群的工资差距扩大，不同行业间工资差距扩大，不同职业间工资差距扩大。只是区域之间工资差距略有缩小。区域之间工资差距缩小反映了什么情况？它表明劳动力市场的一体化程度提高了，劳动力跨区域流动和就业更加自由了。这一点大家都能感受到，除了北京、上海等超大城市外，一般城市的劳动力市场基本都放开了，这对于东西部地区工资水平趋同化过程起到了非常好的作用。如果大城市的劳动力市场进一步放开，消除劳动力流动障碍，消除社会公共服务的不均等化问题，等等，工资差距慢慢还会有缩小的可能性。这是劳动力市场需要完善的一个问题。再来看资本市场。这个市场是不完全的市场，不完善的市场。大资本、国有资本在市场上如鱼得水，而民间资本在市场处于弱势地位。土地市场更不用说了，所谓"土地市场"是只有土地，没市场；有交易，没市场。政府从农民那里征地，并给予补偿，也是一种交易，但不是一种市场交易。在没有市场的情况下，真正能够从土地交易中获益的是政府、大开发商、大企业。这样来看，需要把要素市场的改革进一步推进下去，要建立真正的要素市场，让市场机制在要素配置和要素报酬决定上发挥更大的作用，起到决定性的作用。这是党的十八届三中全会上提出的改革方向，现在应该推进落实。

还有一个问题我也比较关心，就是代际流动性问题。如果把眼光放在 20 年以后，那时收入分配格局会出现什么样的变化？现在收入分配的问题可能和市场不完善有关系。假设 20 年以后，要素市场的改革能够完成，形成了相对比较完善的要素市场；一些再分配政策不断完善，穷人能够得到救助；税收制度能够完善起来。这种情景，20 年以后是可以期待的。那时的收入差距、财富差距，主要来自什么？主要来自人和人的能力差距。现在欧洲国家工资差距、收入差距主要来自受教育程度不同，高学历人才和低学历人之间存在明显的收入差距，也就是说，收入差距、财富差距最后都来自人与人之间的能力差距。基于这种认识，现在我们需要考虑的是缩小个人能力上的差异。怎么做呢？现在就开始，就是从孩子开始，从小就让孩子"不要输在起跑线上"。现在很多家长都有这个愿望。他们都意识到，孩子早期的发展至关重要。政府需要做什么？需要给贫困地区的孩子、困难家庭的孩子提供均等的受教育机会，使他们享受更优质的教育资源，免费的学前教育，以及更好的医疗服务，等等。我们经常看到农村与城市、发达地区与落后地区在教育资源、卫生医疗资源方面有明显的差别，这些差别最后反映在孩子身上，反映为他们学习成绩上的差别、能力上的差别，他们进入劳动力市场后变成工资的差别。从缩小差别的角度来说，政府应该在这方面要多下一点功夫。新冠肺炎疫情暴发后，政府立即行动起来，采取有效的措施，表现了政府的组织动员能力，管制能力。政府也应当考虑长远问题。如果这方面做好了，20年以后等到下一代人成长起来，就能够享受到公平的优质的教育资源，能够享受到很好的营养，能够享受到公平的医疗服务，他们之间的能力差异会大大缩小，加上比较完善的劳动力市场和其他要素市场运行机制很好地分配要素报酬，收入再分配的政策体系能发挥更大的调节作用，那时收入分配问题就不成为问题了。

接下来，我讲一下收入分配制度改革的方向和重点内容。在推进共同富裕的进程中，要把收入分配制度建设与改革作为一个主攻方向。从共同富裕的标准来看，我国初次分配、再分配和三次分配都存在不同程度的问题，都需要深入改革与完善。

在初次分配方面，改革的重点是完善要素市场体系，让市场机制在资源配置和要素报酬决定中发挥更大的作用。要素市场包括劳动力市场、资本市场、土地市场、数据资源市场等。要素市场的问题有目共睹，如劳动力市场中的分割与歧视问题，土地市场中的过多行政干预问题等都造成了要素市场的缺陷。要素市场的这些问题造成了要素资源配置的低效率，也导致了要素报酬分配的不合理。因而，完善初次分配的制度，首先要进一步完善要素市场，消除市场中产生分割、扭曲、垄断、歧视的制度性障碍，建立更加完善的、公平竞争的要素市场。

在二次分配方面，改革重点是提高税收和转移支付调节收入分配的力度。政府的税收具有两个基本功能，一是为政府筹集资金用于公共支出，二是调节收入分配，缩小收入差距。相比而言，我国税收的第二个功能没有发挥应有的作用。这一方面与税收结构有关系。由于我国直接税比重偏低，间接税比重偏高，而直接税具有累计性，有助于缩小收入差距，但间接税的作用正好相反，其结果是全部税收的总体效应是扩大收入差距。因此，考虑到让税收发挥更大的调节收入分配作用，就需要提高直接税的比重，相应降低间接税比重。直接税包括个人所得税、财产税或房产税、遗产税、赠与税等。在企业和居民总体税负不变或有所下降的情况下，在充分论证的基础上，可以考虑出台房产税和遗产税，以加大税收调节收入分配的力度。同时，进一步改革个人所得税制度，扩大个人所得税的覆盖人群，覆盖到所有高收入人群，特别是资本所得高的人群。个人所得税制度改革的另一项内容是合理调节过高收入。虽然对什么是过高收入学术界还没有明确的答案，但是过高收入的问题也是无法回避的。

在第三次分配方面，改革重点是培育慈善事业发展的社会环境，建立鼓励社会组织和慈善事业发展的制度和相应的配套政策。相对于经济发展水平而言，我国公益慈善事业的发展是滞后的，不论是慈善组织的数量还是慈善捐赠的规模都有很大的提升空间。为了让第三次分配发挥更大的调节收入分配的作用，必须大力发展社会公益慈善事业，形成一种人人愿意做公益，富人乐意做慈善的社会时尚。同时，政府为社会组织和慈善事业发展创造更加友善的环境，提供更加便利的公共服务。除此之外，公益慈善事业的发展离不开政策的支持，特别是税收优惠政策。总之，在形成一个友善的社会环境，完善鼓励发展的制度和政策后，中国的公益慈善事业会进入一个繁荣时期，在第三次分配中发挥更大的作用。

最后，从长期来看，实现共同富裕的关键是提高低收入人群的发展能力和机会，让他们稳步进入共同富裕社会，成为富裕群体的一部分。当前我国的低收入人群是一个庞大的群体，他们之间的收入也有一定的差别。一部分人经过若干年的努力是可以步入中等收入人群，还有一部分收入更低的人群要经过更长时间，也需要政府的各种帮扶政策，因而加大对这些人群的帮扶政策力度是必不可少的。更重要的是要关注他们的子女未来的发展机会，想方设法地阻断这些社会弱势人群的代际传递机制。最有效的办法之一是让弱势人群的子女享有更加平等的受教育机会，分享到优质的教育资源，增加其人力资本的数量与质量。

（作者单位：浙江大学）